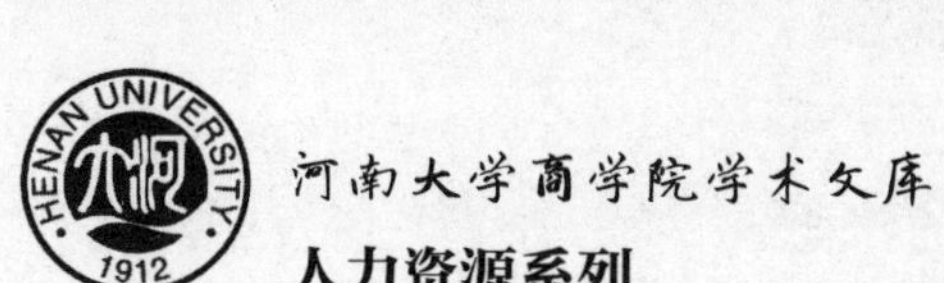

基于知识视阈下的高新技术企业人力资源管理研究

Research on the Human Resource Management of New Hi-tech Enterprises Based on Knowledge Horizon

何 静◎著

·北 京·

图书在版编目（CIP）数据

基于知识视阈下的高新技术企业人力资源管理研究／何静著．—北京：中国经济出版社，2016.5
ISBN 978－7－5136－4126－5

Ⅰ.①基…　Ⅱ.①何…　Ⅲ.①高技术企业－人力资源管理－研究　Ⅳ.①F276.44

中国版本图书馆 CIP 数据核字（2016）第 006022 号

组稿编辑　崔姜薇
责任编辑　牛慧珍
责任审读　贺　静
责任印制　马小宾
封面设计　任燕飞设计工作室

出版发行　中国经济出版社
印 刷 者　北京艾普海德印刷有限公司
经 销 者　各地新华书店
开　　本　710mm×1000mm　1/16
印　　张　17.5
字　　数　260 千字
版　　次　2016 年 5 月第 1 版
印　　次　2016 年 5 月第 1 次
定　　价　58.00 元
广告经营许可证　京西工商广字第 8179 号

中国经济出版社 网址 www.economyph.com 社址 北京市西城区百万庄北街 3 号 邮编 100037
本版图书如存在印装质量问题，请与本社发行中心联系调换（联系电话：010－68330607）

总　序

河南大学商学院具有悠久的历史，其前身是中州大学时期的经济系，设立于1927年，著名经济学家、社会活动家罗章龙、关梦觉等曾先后在此执教。20世纪80年代以来，历经财经系、经贸管理学院、工商管理学院等阶段，于2015年正式更名为商学院。在2012年教育部对全国115家参评单位的学科评估中，河南大学商学院一级学科工商管理专业名列第55位；在中国科学评价研究中心等单位组织的“2014—2015年度中国大学及学科专业评价”中，河南大学商学院的电子商务专业位居第8位。

改革开放以来，学院得到了快速发展。学院现有工商管理、管理科学与工程2个河南省一级重点学科；企业经济学、国民经济学和金融学3个二级学科博士点，工商管理、管理科学与工程、应用经济学3个一级学科硕士点；MBA、MPAcc、资产评估、物流工程4个专业学位硕士点；工商管理、市场营销、财务管理、会计学（含注册会计师方向）、人力资源管理、电子商务、物流管理7个本科专业；河南省科技厅软科学重点研究基地——河南物流与区域经济研究中心。学院现有教职工108人，其中专任教师97人，具有博士学位者50人，中国注册会计师7人，河南省创新人才培养计划2人，河南省优秀教师2人，省高校年度经济人物1人。

近年来，学院科学研究能力不断增强。“十二五”期间，获批国家社会科学基金项目、国家自然科学基金项目16项，教育部人文社科规划项目、河南省社会科学规划项目、河南省软科学项目等省部级以上课题50多项；学院教师在国内外重要期刊发表研究论文400

余篇，其中在 SCI 一区、SSCI 等发表和收录文章多篇，获得省部级各种奖励 10 余项。

近年来，学院师资队伍及其结构发生了较大变化。通过引进和选留优秀博士生、鼓励青年教师攻读博士学位，以及推荐教师到国外访学等形式，较大地提升了教师的科研能力。一批青年教师在攻读博士学位的过程中，完成了具有较高学术价值的论文。为了加强对青年教师的培养，推动青年教师的科研工作，经过院党政联席会议研究，决定以“河南大学商学院学术文库”的名义资助这些青年教师将研究成果出版。

入选文库的选题都是我院教师攻读博士学位时的研究论文，内容涉及工商管理、管理科学与工程、金融学、电子商务、物流管理等多个学科，汇集了我院青年教师对经济学和管理学前沿问题的研究成果，具有较高的学术和出版价值。

河南大学商学院
2015 年 12 月

前言 Preface

随着知识经济时代的到来，知识作为一种独特的资源在获取持续竞争优势和提高组织绩效中发挥着越来越重要的作用。知识对于高新技术企业来说是一种不可或缺的资源。高新技术企业作为一种社会组织形式，要想在激烈的竞争环境中求得生存和发展，就必须以不断创新知识为基础。但知识需要人来创造并发挥其价值，这就需要通过人力资源职能活动有效地使组织内的个人不断获取、分享和创新知识，从而使高新技术企业的核心竞争力不断增强。现有的理论研究和实践都已证明，人力资源管理活动对组织绩效有影响作用。

知识及包括知识的获取、共享、创新应用在内的知识活动是高新技术企业经营的中心内容，也是其能否持续发展的关键所在。知识活动为高新技术企业人力资源管理与开发活动提供了依据；知识活动思想应该始终贯穿于高新技术企业的各项活动与职能中。人力资源管理活动是企业管理活动中的一项重要管理职能，必须引入知识活动的观念，特别是对于处于知识密集型产业的高新技术企业来说，注重知识和知识活动显得尤为重要。

高新技术企业作为知识密集型企业，知识的获取、创造、共享和运用在企业的价值增值过程中占据着十分重要的位置。但是，归根结底，在高新技术企业以知识为基础的财富创造系统中，无论是知识的获取环节、创造环节还是共享与运用等行为都与人力资源管理紧密相关，特别是组织成员的知识创新能力。换言之，对于组织知识的管理最终需要落实到对人的开发与管理上。通过对人力资源的开发与管理，加快企业成员之间知识的交流与共享，实现知识的转化。

本书共11章，各章节具体安排如下：

第1章：绪论。主要概述了本研究的选题背景、研究的意义、研究思路、研究方法及内容结构。

第2章：相关理论综述。对本书研究所涉及的相关概念、研究内容进行综述。包括知识的相关概念、理论，已有的关于知识在企业中运用的相关理论，以及知识创新和知识共享的相关研究综述；对高新技术企业的概念特征的综述，界定了高新技术企业的核心竞争力的构成要件，进而引出对人力资本、人力资源管理理论的综述。

第3章：高新技术企业核心竞争力形成的动力机制——动态匹配。对高新技术企业人力资源管理的结构和性质变化以及高新技术企业的形成模式和成长机制进行相应的阐述，得出高新技术企业竞争力及其发展规律；运用超竞争理论和生态位理论剖析高新技术企业的竞争力；此外还进行了高新技术企业员工与组织动态匹配的资源捕获模型分析，并从中得出有关结论：根据它们之间的关系阐明高新技术企业员工与组织的动态匹配是其核心竞争力形成的动力机制。

第4章：高新技术企业员工与组织的特征及关系分析。重点分析了目前我国高新技术企业要实现员工与组织的动态匹配，必须对其员工和组织的特征及关系进行深入的了解。分析我国高新技术企业人力资源管理的结构和性质变化，并对处于不同生命周期的高新技术企业特征也进行相应的阐述，运用不同学科理论分析高新技术企业员工的特征，根据它们之间的关系阐明两者间匹配的原则和标准。最后运用博弈论的方法，通过构建特定的博弈模型，来揭示员工与组织匹配关系中的特定规律，并从中得出有关结论。

第5章：高新技术企业员工与组织动态匹配的影响因素分析。本章通过对几种常见管理风格的分析，进而对高新技术企业内部员工与组织动态匹配的影响因素进行分析，找出了不同管理风格下影响员工与组织匹配的动态因素。

第 6 章：基于知识的高新技术企业人力资源管理模型建构。本章通过对人力资源管理各项职能活动、人力资源管理高新技术企业知识创新的作用机理的阐述，建立了基于知识的高新技术企业人力资源管理模型。

第 7 章：基于知识的高新技术企业人力资源招聘。指出传统的高新技术企业员工招聘的缺点，通过分析知识型员工的工作性质，指出知识型员工招聘的具体措施。

第 8 章：基于知识的高新技术企业人力资源开发。阐述了传统人力资源开发与基于知识的高新技术企业人力资源开发，学习基于知识的高新技术企业人力资源开发的重要途径，创造基于知识的高新技术企业人力资源开发的主要内容，构建了基于知识创新的企业人力资源开发体系。

第 9 章：基于知识的高新技术企业人力资源激励。阐述了激励的相关理论，构建了知识型员工与知识创新团队的激励机制。

第 10 章：基于知识的高新技术企业人力资源绩效评价。引入模糊综合层次评价原理，对知识型员工的知识创新能力以及企业知识创新的能力进行评价。

第 11 章：基于知识的高新技术企业人力资源管理案例分析。针对开封特耐股份有限公司进行个案分析。一方面，可以从现实角度去理解模型建立的实践作用，并且个案分析可以从微观加深对构建模型的理解。另一方面，借此案例进一步挖掘其在人力资源管理方面的成功之处。

本书研究了人力资源管理活动是如何通过影响知识，进而影响高新技术企业的组织绩效的。通过分析，最终形成了人力资源管理活动通过知识对高新技术企业组织绩效产生作用的理论模型。鉴于笔者水平有限，若有分析不当之处，敬请广大读者批评指正。

目录 Contents

第1章

绪　论

1.1 选题的背景和意义

1.1.1 选题的背景

早在20世纪末，管理学家彼得·德鲁克就曾预言21世纪是知识经济的时代，知识作为一种持久性的竞争优势将在市场竞争中起决定性作用。21世纪是知识经济时代，传统的资本和劳动力逐渐被淘汰，而知识逐渐崭露头角，成为当今时代的关键性资源，能有效地发展、壮大企业，提高经济增长率，确保社会的进步与稳步发展。与此同时，企业的发展从传统的依赖于资本的积累转向对知识的积累与创新的依赖。知识的运用与创新不仅是促使企业发展的原动力，同时知识的日新月异也将改变整个世界的面貌。世界经济格局在不断发生变化，而这一变化产生的根本原因是各国经济的进步，早期工业革命就已经证明经济的发展离不开知识与技术，因此谁拥有更多先进的知识就更容易在激烈的竞争中立于不败之地。高新技术企业作为典型的知识密集型企业，知识资本的增值与积累是其发展的源泉。高新技术作为知识经济的产物，领域内的每一项知识与技术创新，都能带动周边行业的兴起。高新技术产业在我国经济发展中发挥着巨大的作用，甚至影响着我国经济、政治、文化等各个领域的深刻变革。从20世纪90年代我国第一个科学工业园区的成立，目前全国共有国家级高新技术开发区近60个，高新技术产业成为拉动我国整个国民经济快速发展的动力。同时，高新技术产业的快速发展使身处其中的企业面临生存环境、市场环境和技术环境等外部环境的巨大变化以及由此带来的激烈竞争。现今，高新技术及其产业的发展，已成为衡量一个国家综合国力的重要标志。只有快速地发现、创造、传播、运用知识才能在未来的以高新技术为主导的竞争中取得竞争优势。

据统计，在高新技术企业中，产品价值的60%以上源自知识资源。在其以知识为基础的价值创造体系中，所依赖的战略资源重点是创造知识的“人”。因此，在知识经济时代，知识是至关重要的资本，而人力资源是最为宝贵的资源。高科技企业的竞争，在本质上应该说是对人才的竞争，因为企业创造的价值归根结底都源于人力资源。

现代人力资源开发与管理理论认为，人力资源开发的最终目标是通过各种途径达到人与人之间、人与其他生产要素之间相互关系的最佳状态，借此最大限度地释放人的潜在能量并使之升值，从而创造最大化效益。现今，传统的人力资源开发已不能满足当今时代高新技术企业的发展需要。因此，有必要将知识的创新、扩散、再创新理论同高新技术企业人力资源开发管理相结合，为高新技术企业的发展及人力资源开发提供新的策略及思路。

1.1.2 选题的意义

随着知识的创新与应用在高新技术企业中的作用的凸显，人力资源管理在高新技术企业中的地位也在不断提高。知识的共享与再创新推进了技术的革新，反过来技术的革新又对我国高新技术企业的发展起着决定性的作用。知识创新与共享的主要载体是人，高新技术企业中知识的专业性与创新性使得企业对人力资源管理的需求日益增加。现代人力资源开发与管理理论认为，人力资源管理的最终目标是通过各种途径达到人与人之间人与其他生产要素之间相互关系的最佳状态，借此最大限度地释放人的潜在能量并使之升值，从而创造最大化的效益。高新技术企业中基于知识的人力资源管理，其实质就是通过各项人力资源管理职能活动引导员工重视知识的创造与共享，在企业内建立起崇拜知识的组织文化，使员工的创造性得到充分的发挥，从而体现人力资源管理在高新技术企业价值创造过程中的效用，最终实现高新技术企业的发展。

对基于知识的高新技术企业人力资源管理的研究不仅具有重要的理论

意义，同时也具有一定的现实意义。目前，依靠知识谋发展已经成为高新技术企业提高组织绩效的新的战略形式。随着知识经济时代的来临、社会的发展，知识作为企业重要的生产要素和管理的主要内容，必将成为企业发展战略计划中的“试金石”，与具有知识的人力资本一起成为决定企业核心竞争力的关键因素。因此，必须通过对知识理论的研究，建立以知识为基础的高新技术企业人力资源管理机制。本书的研究将知识理论与人力资源管理有机结合，建立基于知识的高新技术企业人力资源管理模型，对在知识经济和新形势下的高新技术企业人力资源管理提供现实借鉴，使高新技术企业的人力资源管理活动建立在以知识为基础的理论上，使企业内员工形成统一的价值理念，因而具有一定的现实意义。

1.2 国内外相关研究综述

1.2.1 人力资源管理模式的界定

要解释何为人力资源管理模式，我们可以从汉语“模式”的本义开始溯源。汉语里“模式”与“模型”意义相近。《辞海》对于“模”的解释有三：一是指制造器物的模型；二是指模范与榜样模式；三是指仿效与效法。“模型”是研究对象的替代物，与原型相对，是系统或过程的简化、抽象和类比表示。模型被运用于不同的领域。如在经济学上，模型能描述出事物实体或社会经济现象的主要特征和变化规律，是一种定量的抽象和概括。

在管理学上，一般以“模式”替代“模型”，如我们经常看到的“计划经济模式”“市场经济模式”“温州模式”与“企业模式”等。“模式”一般是指可以作为范本、模本、变本的样式，是对某种现象的理论图式和解释方案，同时也是一种思想体系和思维方式。管理模式是将管理理念、管理方法、管理工具运用于企业，使企业在运行过程中自觉加以遵守的管理规则体系。其表现形式为制度、操作程序、风格等。一个国家在一定时间内必须有相当固定的法律制度、组织结构等；同样一个企业如果没有管理模式，那么其运行将会有太多的随意性，也就很难实现稳健发展。

关于什么是人力资源管理模式，国内几种典型的观点如下：

谢晋宇认为，人力资源管理模式就是人力资源管理系统。西方的人力资源管理模式主要有哈佛模式、哥斯特模式与斯托瑞模式三种。

张一迟认为，人力资源管理模式是基于不同组织在人力资源管理模式变量上得分差异的一种分类，西方的人力资源管理模式主要有降低成本模式和提高员工承诺模式两种。我国的人力资源管理模式可以划分为降低成本导向的控制型模式和提高员工承诺导向的承诺型模式。

刘善仕认为，人力资源管理模式是一种基于管理理念的人力资源管理实践系统，人力资源管理模式有最佳与非最佳两个类别。在最佳人力资源管理模式中，还存在承诺型、控制型、内部型、市场导向型、利诱型、投资型与参与型等不同形式。

肖鸣政认为，人力资源管理模式应该是对人力资源管理实践行为系统或者活动的一种分析、归纳与高度概括。在这种分析、归纳与概括的过程中，依据某种管理理论或者管理思想，找出人力资源管理行为活动的规律或者说相对稳定的机理，突出主要因素，略去次要因素，创造出一种框架、流程图或者管理行为指导系统。肖鸣政指出，所谓人力资源管理模式，是指一定的组织或者管理者群体在长期的实践中形成的，并且得到人们认同与遵从的一种人力资源管理活动基本样式或模型，是对一定的人力资源管理目标、管理过程、管理内容与管理方法等要素的综合概括与高度提炼。它既是对相关人力资源管理思想的综合体现，又是对同类人力资源管理系统的综合概括，其操作性介于人力资源管理思想层面与人力资源管理方法层面之间，一般可以通过一定的流程图来表现。它根植于一定的组织文化与环境，依据特定的管理对象与管理思想，理论上具有一定的科学性，方法上具有一定的代表性，实践上具有一定的普遍性。

本书认同肖鸣政的观点，认为基于知识创新的企业人力资源管理模式是对企业人力资源管理实践与知识创新管理实践进行综合推演的结果。

1.2.2 国外关于人力资源管理模式的研究

(1)哈佛人力资源管理模式

1981 年，哈佛商学院的五位学者——迈克尔・比尔、伯特・斯佩克特、保罗·劳伦斯、奎因·米尔斯和理查德·沃尔顿首次开设了人力资源管理课程，并于1984年共同出版了《人本管理》一书。在该书中，他们提出了“哈佛模式”。

该模式认为，要根据企业生存与发展的各种制约因素进行决策。人力资源管理是可操作的、现实性很强的，只有这样才能解决企业所面临的实际问题，雇员的才能才可以保持在较高水平且靠工作来加以体现和发展。可以说，该模式是按照麦克雷戈的Y理论来设计的，比较重视成本效益和竞争力。其主要是基于人力资源管理政策的一些决定因素和结果，从社会的视角来研究人力资源管理的结果和问题，为人力资源管理的研究提供了一个很好的理论框架。

该模式主要由情景因素、利益相关者、人力资源管理政策选择、人力资源效果和长期影响组成，如图1－1所示。

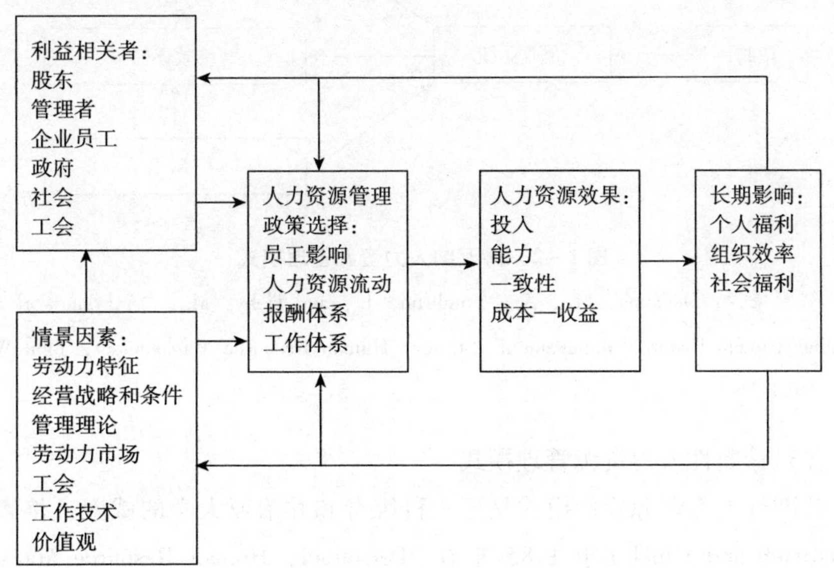

图1－1 哈佛人力资源管理分析模式

资料来源：迈克尔·比尔，等. 管理人力资本. 北京：华夏出版社，1998.

（2）德万纳人力资源管理模式

德万纳等（Devanna，M.，A.，Fombrun，J.，and Tiehy，M.）于1984年发表了“A Framework for Strategy Human Resource Management”一文，文中

提出了称为人力资源管理圈的人力资源管理模式。该模式是在长期的人力资源管理实践中提出的并集合了四项(筛选、绩效评估、开发和激励)关键的人力资源管理活动的管理模式，如图1－2所示。这四项人力资源管理实践以提供个人的绩效为中心，强调人力资源管理实践的相互关系和内在的一致性。

人力资源管理圈不仅仅是一个简单的模型，它的优点在于阐明了人力资源管理内部政策一致性的重要性，帮助人们了解组成人力资源管理的各因素之间相互作用的原理以及人力资源管理活动的性质和意义。但是，该模式的弱点也很明显，即对不同主体的利益、情景因素、管理的战略选择重视不够。

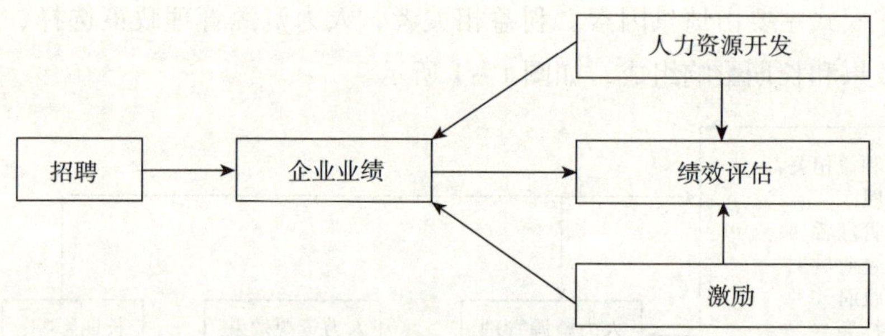

图1－2 德万纳人力资源管理模式

资料来源：Devanna，M.，A.，Fombrun，J.，and Tiehy，M.，"A Framework for Strategy Human Rsource Management". Strategy Human Resource Management，John Wiley，1984.

(3)诊断性人力资源管理模式

诊断性人力资源管理模式是迈尔科维奇和乔治亚大学的威廉·格鲁克(Milkovieh and Gluek)于1985年在"Personnel，Human Resource Management：A Diagnosis Approach"一文中提出的。该模式主要由四个部分组成，即外部环境、组织条件、人力资源管理活动和人力资源管理目标，如图1－3所示。其提出主要受到医生看病原理的启发。

医生看病是以改善病人的健康状况为最终目标。为了达到这一目标，医生会有如下的一连串行为：尽可能地收集与疾病有关的资料—对病人的具体病症进行初步的诊断并确定治疗方案—对疗效进行评估—根据情况对治疗方案进行重新调整，制订新的治疗方案。诊断性人力资源管理模式的运作原理与此类似，只是对象换成了企业。其具体的做法如下：收集与企业发展相关的资料(如财务目标和市场战略、员工的行为和工作的质量、公司经营的外部环境等因素)—确立人力资源管理目标—设计人力资源管理活动—评估、调整方案，直到产生预期的效果为止。当然，管理者除了要对出现的问题进行诊断外，还必须能够预测并防止问题的发生。这就像医生并不只是治疗疾病，同时还是一个预防疾病发生的生活指导者和保健者一样。

外部环境	组织条件	人力资源管理活动	人力资源管理目标
经济条件 政府管理 ⇒ 工会	工作的性质 ⇓ 组织的性质 ⇒ ⇒ 战略与目标 ⇑ 雇员与工作团队的性质	招聘 开发 雇佣关系 ⇒ 薪酬 绩效评估	人力资源效果 ⇒ 组织效果

图1-3　诊断性人力资源管理模式

资料来源：MilkoviCh，G.，and Gltjek，W.，Personnel，Human Resource Management：A Diagnosis Approach，Business Publications，1985：11.

从以上介绍的运作原理可以看出，诊断性人力资源管理模式的前期准备工作需要专家或专业人士耗费大量的时间和精力，透彻地、费时地、系统地对企业所受到的各种影响因素进行详细分析。这种模式的优点在于：企业一旦正确地运用了诊断性人力资源管理模式，就可以达到预期效果，这也是其他模式无法比拟的。

(4)哥斯特人力资源管理模式

哥斯特(Guest)于1987年在《管理杂志》上发表了“Human Resource Management and Industrial Relations”(《人力资源管理与工业关系》)一文，提出了哥斯特模式。

哥斯特人力资源管理模式主要由四部分构成(见图1-4)：人力资源

管理政策、人力资源管理结果、组织结果和系统整合。该模式强调人力资源管理与传统的人事管理具有很大的区别。其区别主要在于：人力资源管理注重人力资源战略与企业战略管理的整合，强调雇员应服务且忠于组织目标。该模式对适合人力资源管理模式的组织也进行了界定，它认为具有系统性结构并且愿意充分利用人力资源的组织才是合适的。哥斯特模式与哈佛模式有一定的相似性：一元化色彩都比较强烈，都重视人力资源管理与组织战略的整合，认为雇员的忠诚是组织获得高绩效的保证。但哥斯特模式更注重描述性，且将人力资源管理定义为追求战略整合、忠诚、灵活性和品质的管理活动，因而哥斯特模式的表述与理论构建要优于哈佛模式。哥斯特模式与哈佛模式的共同缺点在于其现实性比较差。

人力资源管理政策	人力资源管理结果	组织结果
组织/职位设计 对变革的管理	战略整合	高　职位绩效 高　解决问题 　　变化 　　创新
招聘、筛选、社会化 绩效评估、培训、开发 激励系统、沟通	忠诚 灵活性/适应性 品质	高　成本—收益 低　雇员流失 　　缺席 　　抱怨
领导/文化/战略（系统整合）		

图 1－4　哥斯特人力资源管理模式

资料来源：Guest，D.“Human Resource and Industrial Relations”，Journal of Management Studies，1987，25(S)

(5)斯托瑞人力资源管理模式

斯托瑞模式是从斯托瑞于 1992 年发表的论文“Development in the Management of Human Resources”中提炼出来的，该模式可以说是阐述了一种理想的人力资源管理范式。与哥斯特模式相似，该模式也是通过比较人力资源管理与人事管理之间的差异来加以建构的。

斯托瑞人力资源管理模式由以下四部分组成(见表 1－1)：

①信念和假设

人力资源管理奉行一元主义的信念和假设。斯托瑞模式强调人力资源管理要通过增加雇员的信任度和忠诚度来达到“超越合同”的目标。

②战略方面

斯托瑞模式认为，人力资源管理在企业战略计划中应处于中心地位。

③直线管理

直线管理赋予人力资源管理者组织变革领导者的角色。众多企业的经验显示，总经理和直线经理在几乎所有的人力资源管理问题上起着非常重要的作用。

④关键杠杆

关键杠杆主要是指，什么是人力资源管理研究中最核心的问题和技术。斯托瑞发现不同的企业关键杠杆存在巨大的差异。

斯托瑞模式的优点在于其实践性较强，是通过比较人事管理与人力资源管理的差异推演而来的。斯托瑞总结了25个关键性的人力资源管理变量，通过这些变量，我们可以评判一个企业从人事管理向人力资源管理转变的程度。

表1-1 斯托瑞人力资源管理模式

维度	人事与产业关系管理	人力资源管理
信念与假设		
合同	详细的用书面语言书写的合同	以超越合同为目标
规则	重视设计清楚的规则	主要看能做什么/不容忍规则
管理行为指南	程序性/一致/控制	商业需要/灵活性/忠诚
行为参考	规范/习惯	价值/任务
管理任务	监管	培育
关系的性质	多元化	一元化
冲突	制度化	淡化
战略方面		
关键关系	劳动方—管理方	经营方—消费方

续表

维度	人事与产业关系管理	人力资源管理
决策速度	慢	快
公司计划	对计划无重大影响	处于计划核心
动议	一件一件的	整合协调的
直线管理		
管理原则	人事程序	广泛的、文化性的、结构性的人事战略
关键的管理者	人事/生产关系专家	总经理/经营经理/直线经理
鼓励技巧	协商	协助
关键杠杆		
工作的关注点	人事程序	广泛的、文化性的、结构性的人事战略
筛选	单独的、不受重视的工作	整合的、关键的工作
薪酬	职位分析/多级固定评分	与绩效关联/评分等级少
劳动—管理关系	集体谈判活动	倾向于个人合同
沟通	受限制的信息流/间接的	增加的信息流/直接的
职位设计	按劳分工	按工作团队
冲突处理	达成短暂休战状态	通过管理文化和工作氛围来结束
培训与开发	对进入培训进行规定	学习型组织
与管理者的信任关系	通过培训和技巧进行规定	边缘化
雇佣条件	单独协调	一致的

资料来源：Storey，J.，Development in the Management of Human Resources，Basil，Blaekwell，1992.

(6)战略人力资源管理模式

美国人力资源管理学者罗纳德·舒勒(Schuler，R.)于1992年在美国管理协会年会上宣读了他的一篇论文："Strategy Human Resource Management：Linking the People with the Strategy Needs of the Business"(《将企业战略需要与战略人力资源管理活动联系起来》)，文中提出了战略型人力资源管理模式，该模式主要是研究人力资源管理实践对企业整体绩效的影响，其重点是人力资源管理实践与企业的整合以获取竞争优势。该模式又被称为5P模式。所谓5P模式，是将人力资源理念、政策、项目、实践和过程（五个英文单词的首字母皆为P，故而称为5P）五项人力资源实践活动与企业战略需要整合在一起，见图1-5。这五方面通过企业的各个层级而有机地融为一个整体。

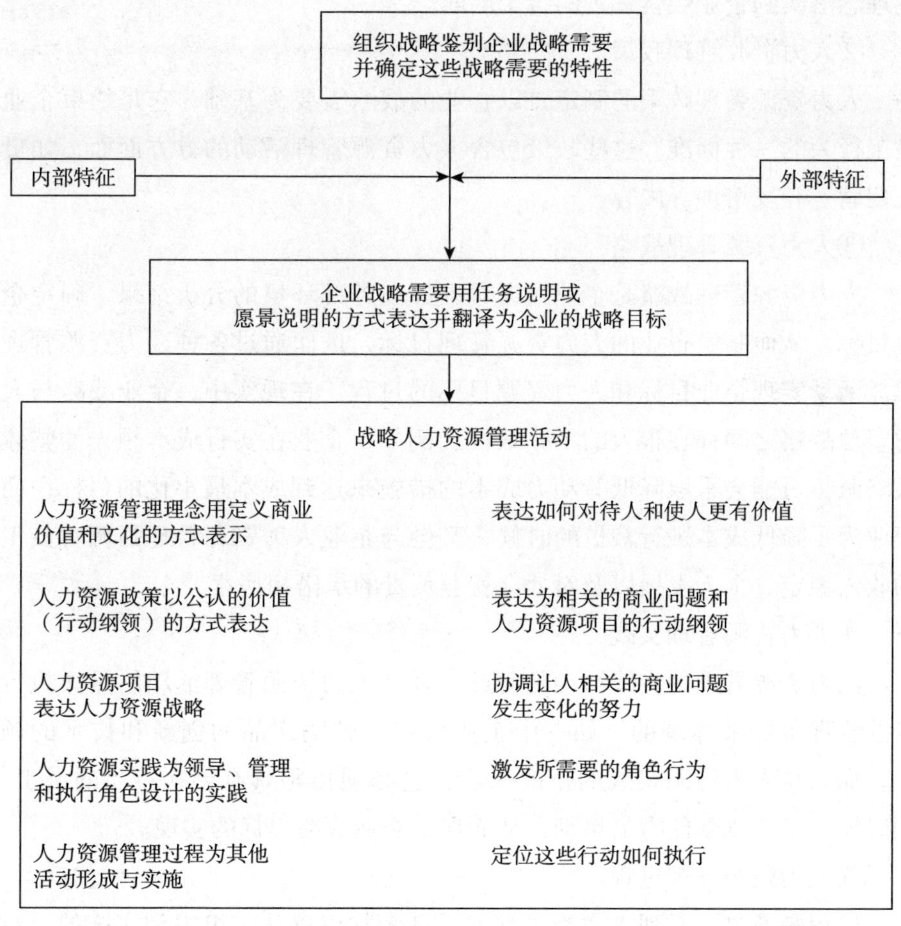

图1-5 5P模式

资料来源：Schuler，R.，Strategy Human Resource Management：Linking the People with the Strategy Needs of the Business，in Organizational Dynamic，American Management Association，1992.

①人力资源理念

理念是行动的指南。有了好的管理理念做指导，企业的经营者才能在管理实践活动中采取正确的方法，才能少走弯路。不同企业的理念是通过不同的载体来体现的，有的寓于企业文化中，有的则体现在企业的经营管理活动中，有的包含在企业的规章制度中。但不管如何，企业都必须把这些理念落实到企业经营管理的各个层面。

②人力资源管理政策

人力资源管理政策的制定要以企业的战略需要为基础，它是约束企业员工行为的一种标准。这些政策包含人力资源管理活动的方方面面，如员工招聘、开发培训等内容。

③人力资源管理战略

人力资源管理战略是企业根据对内部和外部环境的分析结果，确定企业目标，从而制定企业的人力资源管理目标，进而通过各种人力资源管理职能活动实现企业目标和人力资源目标的过程。在现实中，企业战略与人力资源战略之间存在很大的不一致性。例如，企业在实行成本领先的整体战略时，可能会采取降低劳动力成本的措施来达到成本最小化的目标，而企业为了降低成本进行裁员的时候，又会与企业人力资源管理强调对员工的收入稳定、个人发展以及对社会就业负责的承诺相违背。

④人力资源管理实践

人力资源管理的实践活动是通过一系列人力资源管理活动的具体执行者的管理角色来体现的。如一个企业战略是鼓励产品的创新和技术的领先，那么从人力资源实践的角度来看，它必须招聘具有创新特质的员工，同时加强员工创新能力的培训，从而保证企业战略目标的实现。

⑤人力资源管理过程

过程是通过一系列人力资源管理活动来加以确认、组织和实施的。对于人力资源的战略管理来讲，保证人力资源管理活动的一致性对战略的实现是非常关键的，因为组织绩效的提高有赖于人力资源管理过程同企业的战略协调一致。

战略人力资源管理模式通过规范员工的行为来实现企业的战略目标。这一模式的最大特征在于人力资源管理人员参与制订企业的战略发展计划。如果企业领导层在制定企业战略时没有考虑企业的人力资源战略，没有对人力资源做出相关决策，就很难期望企业最终形成有效的人力资源战略，企业的战略也就无法有效实施。

(7)基于胜任力的人力资源管理模式

戴维·D. 杜波依斯、威廉·J. 思韦尔、德博拉·乔·金·斯特恩等提出了一个规划和实施客户驱动的基于胜任力的人力资源管理项目的九个步骤：第一步，确认组织的经营目标和人力资源客户的需要；第二步，进行环境扫描；第三步，确认与人力资源客户有主要利害关系的部门；第四步，保持组织的经营目标与人力资源客户需求之间的一致，并定义项目目标；第五步，确保人力资源客户认可项目目标；第六步，决定下一步工作；第七步，提出项目管理方案以指导项目的长期实施；第八步，实施项目管理方案；第九步，进行过程性和总结性评估。

1.2.3 国内关于人力资源管理模式的研究

国内学者关于人力资源管理模式的研究可以归结为三个层面。

(1)宏观的(国家层面的)人力资源管理模式研究

这方面的研究主要是关于不同国别的人力资源管理模式的研究。这些宏观的人力资源管理模式可以说是基于不同价值观的必然选择，所得出的结论也大同小异。刘雅静在比较日、美两国的人力资源管理模式后认为，在人力资源配置上，美国企业主要依赖外部劳动力市场，日本主要依靠内部培训；在人力资源管理上，美国企业实现了高度专业对口化和制度化，而日本企业具有很浓的情感色彩；在人力资源使用上，美国企业采取多口进入和快速提拔的模式，而日本企业采取有限入口和内部提拔；在人力资源激励上，美国以物质激励为主，而日本以精神激励为主；在劳动关系方面，美国企业中劳资双方关系的对抗性较强，而日本非常注重劳资双方的合作关系。

(2)中观(企业)层次的人力资源管理模式

国内有许多学者从企业层面研究人力资源管理模式。于衍平提出了科技人力资源管理与激励模式，该模式强调各种人力资源管理行为之间的相互关联性由两方面构成：一方面是积极的激励过程；另一方面是维护激励的环境。它的特点有三个：一是强调互动式管理；二是突出制度化、规范化管理；三是强调环境的作用。它的局限性在于，尚未将企业文化纳入模式，过分强调管理技术的“硬功能”，将管理的柔性化和人性化放在次要地位。

孙建安和李志铭(2000)提出了6P模式。该模式由契约(Pact)、培训(Pick up)、职位(Position)聘任、薪资(Pay)分配、绩效(Performance)考核、奖惩(Promote and Punish)六个管理子系统组成，它是“以人本管理为基础，以劳动、人事、分配制度为重点，以绩效考核为保证，奖惩和培训相配套的一种人力资源管理模式，以达到人员能进能出，岗位能上能下，收入能高能低，人人有压力，人人有动力为目的”，在管理过程中，构成一个环环相扣的运行体系。其突出点就是管理技术在模式中的作用。但是，6P模式没有过多地考虑模式运作的具体条件和各种环境，如政策因素、社会因素、法律法规等因素，更多的是将人力资源管理的各项活动关联在一起。显然，这种模式的柔韧性不足，没有突破传统管理方式的羁绊。

林泽炎提出了中小企业人力资源管理的3P模式。所谓3P模式，是指从岗位职责(Position)、工作绩效考核(Performance)、工资分配(Payment)等方面来规范中小企业人力资源管理。在岗位分析方面，需要收集工作内容、责任者、工作岗位及其工作环境条件、工作时间规定、如何工作及操作工具、操作的原因、操作人员岗位职责与任职资格及与相关岗位工作人员的关系等方面的信息；在工作绩效考核方面，要注意考核工具以表格形式为主，考核结果以量化的形式展现，员工个人、部门、直接领导、间接领导共同参与考核等；在工资福利方面，要注意考虑保障员工的基本生活并符合国家政策，为相关岗位设定可变的工资待遇，并考虑企业、个人和部门的经营业绩。

刘兵和杨静蕾提出了工业企业人力资源开发与管理模式。该模式的设计旨在引导我国的制造企业尽快启动人力资源开发与管理，增强企业的竞争力。该模式将人力资源管理的运作分为三个层次，旨在具体应用中能够将人力资源管理与企业发展战略目标紧密结合起来，并能使人力资源管理的各项活动围绕这一战略目标进行调整。同时，又能运用现代管理科学的方法，对与一定物力相结合的人力进行合理的培训、组织与调配，使人力、物力配置保持最佳比例。其根本目的是为了开发人的潜能，提高员工素质，通过内培外引双轨发展，实现员工由发展型向素质提高型的战略转移。这一模式具有很强的操作性，特别适合劳动密集型的制造业，尤其是员工的培训值得同业借鉴。当然，这一模式也存在诸多不足之处，其中最明显的缺陷就是，如何留住高素质人才，如何规划员工的职业生涯，等等。因此，该模式也难以适应高新技术产业。

张一弛研究了我国企业人力资源管理模式与所有制类型之间的关系，认为国有企业在工作组织方式和外部人才引进两个方面都显著落后于民营企业与外资企业。

刘善仕等研究了西方最佳人力资源管理模式，分析了最佳人力资源管理模式的结构和基本原则，并对国内组织的人力资源管理提出了指导性的建议。

肖鸣政研究了人力资源管理模式及其选择因素，认为人力资源管理模式是客观存在的，目前的人力资源实践中存在多种人力资源模式与8个主要选择因素。

杜春荣研究了建设项目的人力资源管理模式。杜春荣对建设项目人力资源管理的内涵、特征进行了界定和表述，阐述了建设项目人力资源管理模式研究的目的和意义。在此基础上，围绕建设项目组织和组织规划、人员募集、能力开发和绩效评价进行了深入研究，并以某一公司大、中型建设项目为研究对象，进行了实证分析。

(3)微观层次的人力资源管理模式

这些模式事实上只能称作人力资源管理方法或技巧。例如，荆全忠等提出的JIT(Just in time)人力资源管理模式。所谓JIT就是准时生产制，是由日本丰田公司开发并成功地运用于生产管理的一种管理模式。JIT人力资源管理模式只是运用JIT的理念、方法而已。

陈晓波提出了内核外圈型人力资源管理模式，即根据人力资本和组织战略的相关性、人力资本的独特性和人力资本的成长性这三个维度把员工简单分为内核员工和外圈员工，并对两类员工采取不同的管理方式。

刘艳等提出了以营销为核心的企业人力资源管理模式。它要求人力资源从业人员以企业的内部顾客为目标市场，以积极主动的方式，不断提高自身的综合素质和能力，从营销的角度出发，把与人力资源部门发生关系的人员、单位看作影响本部门生存与发展的顾客，为他们提供满意的产品，满足他们的不同需要，从而真正从人力资源的角度为企业赢得竞争优势。

从以上国内外学者对知识创新与人力资源管理模式的研究中可以得出：知识创新是一个螺旋增长的过程，知识创新的各种要素的集成是保证技术创新、知识创新效果的重要条件。但知识创新与人力资源管理的集成尚是一个空白；人力资源管理模式是不断发展变化的，当应用于不同条件、环境中时，人力资源管理模式会有不同的体现。虽然研究知识经济背景下人力资源管理的文献有很多，但大多过于宽泛。本书选取知识创新作为切入点研究企业人力资源管理模式，具有一定的现实意义。

1.3 研究方法

本书的研究方法主要有以下几种：

(1)定性与定量研究相结合

鉴于研究对象的特殊性，本书主要采取定性研究与定量研究相结合的方式进行研究。因为知识是无形资产的源泉，具有动态、无形以及难以准确量化的特征，因而本书对知识的研究采取定性分析。在研究过程中，阅读了大量文献，并对相关文献进行归纳、分析和总结。然后在文献综述的基础上，对研究所涉及的相关概念进行界定，并以此为依据构建了基于知识的高新技术企业人力资源管理模式框架。

(2)规范分析法与逻辑分析方法

在高新技术企业各项人力资源管理职能活动对其组织绩效的影响部分的研究、分析过程中，主要采用规范分析法和逻辑分析法对其进行理论推演。旨在推演出高新技术企业各项人力资源管理职能活动与知识、组织绩效之间关系的理论模型。

(3)多学科相结合的研究方法

本书以人力资源管理研究理论及知识创新理论为基础，综合运用管理学、系统工程学、组织行为学、心理学和社会学等学科的知识进行研究。

1.4 本书的结构与内容

本书共11章，各章节具体安排如下：

第1章：绪论。主要概述了本研究的选题背景、研究的意义、研究思路、研究方法及内容结构。

第2章：相关理论综述。对本书研究所涉及的相关概念、研究内容进行综述。包括知识的相关概念、理论，已有的关于知识在企业中运用的相关理论，以及知识创新和知识共享的相关研究综述；对高新技术企业的概念特征的综述，界定了高新技术企业的核心竞争力的构成要件，进而引出对人力资本、人力资源管理理论的综述。

第3章：高新技术企业核心竞争力形成的动力机制——动态匹配。对高新技术企业人力资源管理的结构和性质变化以及高新技术企业的形成模式和成长机制进行相应的阐述，得出高新技术企业竞争力及其发展规律，运用超竞争理论和生态位理论剖析高新技术企业的竞争力，此外还进行了高新技术企业员工与组织动态匹配的资源捕获模型分析，并从中得出有关结论，即根据它们之间的关系阐明高新技术企业员工与组织的动态匹配是其核心竞争力形成的动力机制。

第4章：高新技术企业员工与组织的特征及关系分析。重点分析了目前我国高新技术企业要实现员工与组织的动态匹配，必须对其员工和组织的特征及关系进行深入的了解，分析我国高新技术企业人力资源管理的结构和性质变化，并对处于不同生命周期的高新技术企业特征也进行相应的阐述，运用不同学科理论分析高新技术企业员工的特征，根据它们之间的关系阐明两者间匹配的原则和标准。最后运用博弈论的方法，通过构建特定的博弈模型，来揭示员工与组织匹配关系中的特定规律，并从中得出有关结论。

第 5 章：高新技术企业员工与组织动态匹配的影响因素分析。本章通过对几种常见管理风格的分析，进而对高新技术企业内部员工与组织动态匹配的影响因素进行分析，找出了不同管理风格下影响员工与组织匹配的动态因素。

第 6 章：基于知识的高新技术企业人力资源管理模型建构。本章通过对人力资源管理各项职能活动、人力资源管理高新技术企业知识创新的作用机理的阐述，建立了基于知识的高新技术企业人力资源管理模型。

第 7 章：基于知识的高新技术企业人力资源招聘。指出传统的高新技术企业员工招聘的缺点，通过分析知识型员工的工作性质，指出知识型员工招聘的具体措施。

第 8 章：基于知识的高新技术企业人力资源开发。阐述了传统人力资源开发与基于知识的高新技术企业人力资源开发，学习基于知识的高新技术企业人力资源开发的重要途径，创造基于知识的高新技术企业人力资源开发的主要内容，构建了基于知识创新的企业人力资源开发体系。

第 9 章：基于知识的高新技术企业人力资源激励。阐述了激励的相关理论，构建了知识型员工与知识创新团队的激励机制。

第 10 章：基于知识的高新技术企业人力资源绩效评价。引入模糊综合层次评价原理，对知识型员工的知识创新能力以及企业知识创新的能力进行评价。

第 11 章：基于知识的高新技术企业人力资源管理案例分析。针对开封特耐股份有限公司进行个案分析。一方面，可以从现实角度去理解模型建立的实践作用，并且个案分析可以从微观加深对构建模型的理解。另一方面，借此案例进一步挖掘其在人力资源管理方面的成功之处。

第2章

相关理论综述

2.1 知识的相关理论综述

2.1.1 知识的概念界定及特征

伴随着知识在现代企业竞争中，特别是在知识密集型企业中的地位和作用越来越重要，企业内部的知识问题开始得到越来越多学者的关注。随着研究的不断深入，针对知识和知识管理方面的研究逐渐成为学术界竞相研究的热点。与此同时，以知识管理研究为对象的研究也已成为企业管理研究的重要领域之一。尽管以知识对象的研究作为研究热点是最近十几年的事，但对于知识的研究可以追溯到很久以前。关于知识的概念，不同的时期有不尽相同的解释，不同的学者基于各自的研究角度和个人理解对知识的概念的界定也不尽相同。最早，“知识”一词是来源于哲学领域，古希腊哲学家柏拉图认为，知识就是“被验证过的真实的信念”（Justified true belief）。17 世纪著名的政治家弗朗西斯·培根则认为知识是“经验的成果”。苏格拉底坚持从功能、意义方面定义知识，认为知识即人的智力、自我认识和道德的修炼。此后，不同学派的哲学家对知识的概念给出了很多定义。现代知识理论认为，知识早已不局限于经验的范畴，也不再局限于认识的范畴之内，而是已经成为一个更加广泛的实践范畴、经济范畴和社会范畴。

在管理学的研究领域内，学者们对信息管理和数据管理已经有了较长的研究时间，对两者已经做过大量的研究和深入的探讨，而对企业中的知识及知识管理的研究则是 20 世纪末的事情。因此，很多研究者对知识概念的界定大都是根据数据、信息、知识三个概念间的区别与联系出发的。

Beckman 提出了一个由低到高的五层知识转换模式，非常清晰、形象、明确地界定了知识的位置。他认为，数据是知识转换模式中的第一层，它是一系列文本、事实、代码、图像和声音等的集合；信息是知识转换模式中数据的上一层，是有组织的、结构化的、概括性的数据；而知识转换模式的第三层则是一些案例、规则、过程和模型的集合；技艺是五层知识转换模式中知识的上一层，是迅速而正确的意见、解释、对结果的判断和推理；五层知识转换模式中的最高层——能力是有组织的经验、知识库、整合的绩效支持体系以及非常重要的核心能力等。

除了从数据、信息、知识的区别和联系上对知识下定义外，还有很多学者从其他研究角度，根据他们对知识的理解来给知识下定义。从知识的应用角度给知识下定义的有：Turban 认为知识是被组织分析过的信息。Woolf 认为知识是被组织好的信息，可以用在问题的解决上。从知识集合的角度给知识下定义的有：Spek 和 Spijkervet 认为知识是一个集合，在这个集合中包含可以指导人的想法、行为和沟通的被视为真理的洞察、经验和程序。Wii8 认为知识包含真理与信念、观念与概念、判断与预期、方法与专业技术。而 Alavi 和 Leidner 将知识总结为六个角度，并从总结的这六个角度中衍生出知识管理以及知识管理系统所蕴含的意义，见表 2-1。

表 2-1 知识的角度及其含义

角度	描述	知识管理的含义
知识与数据和信息的区别	数据是事实的、未经处理的数字；信息是处理过的、解释过的资料；知识是个人化的信息	知识管理强调让个人去接触有用的信息，并促进信息的吸收
心智状态	知识是一种知晓和理解的状态	知识管理是通过信息的提供来促进个人学习和理解
物体	知识是一种可以被储存和操作的物体	关键的知识管理议题可以构建和管理知识存货

续表

角度	描述	知识管理的含义
过程	知识是一个应用关键见识的过程	知识管理是强调知识流以及知识创造、分享和传播的过程
信息的存取	知识是信息存取的状态	知识管理强调有组织地存取和检索内容
能力	知识是影响行动的潜能	知识管理是建立核心能力和理解战略性的专业技能

从上文的表述中可以看出，学者们对知识的认识和定义并不一致，但基于上述学者的研究讨论可得出以下结论：

①知识与数据和信息并不是相同的，尽管它与数据和信息有某种内在的联系。那些没有被处理过或组织过的数据和信息是没有价值的，但是当人们根据个人的目的对其处理后形成规律性认识后价值就被体现出来，这其中就包含了对知识的创造过程。

②对知识的具体界定可以视具体情境和研究需要而定。学者们之所以对知识的理解和定义不同，是因为学者们所处的组织情境不同，所研究的学科视角不同所造成的，各种不同认识本身并无对错之分。

③知识是蕴含外显性元素和内隐性元素的综合体。

Davenport 和 Prusak 对知识提出的定义为，知识是结构性经验、价值观念、关联信息及专家见识的流动组合；不仅如此，知识还为评估和吸纳新的经验和信息提供了一种构架。他们还提出，知识产生并且运用于知识拥有者的大脑里。对于知识在组织结构中的界定，他们认为，知识不仅存在于文件或文库中，他们同样也根植于组织机构的日常工作、程序、惯例及规范之中。在这一定义中，有两点值得注意的地方需要指出：一是知识的载体可以分为两大类，一类是个人，另一类是组织；二是知识不仅包括关联信息、经验、观念信仰和专家见识等，也包括组织的规章制度、程序和组织文化等。根据 Davenport 和 Prusak 提出的定义，本书把知识定义为一种由显性知识和隐性知识构成的动态组合，它存在于员工个人和组织中，能够不断地评价和吸收新的知识，并能够结合各种资源转化为持久竞争优势。

对于知识特征的阐述有助于我们了解高新技术企业基于知识的人力资源管理策略的研究，整体而言，知识具有如下特征：

①外显性与内隐性特征。如前文所述，野中郁次郎将知识分为显性知识与隐性知识。实际工作与生产中任何知识都具有隐性成分，因此，可以说知识的内隐性就是知识的一般特征，通过冰山理论可以很好地解释知识这一特征。我们可以感知，用文字表达的显性知识仅仅是知识显露在水面之上的冰山的很少一部分，而大部分的知识是在水面之下呈内隐形态的知识也就是所谓的隐性知识。这部分知识只能通过自身感悟与体会习得，这也是造成隐性知识传递缓慢的原因之一。

②专业性与互补性特征。这一特征与人力资本理论有一定的关联性，知识的专业性表明人力资本所掌握的知识具有其所从事领域的领域特征，这就使得知识具有专业性特征。

③知识的专有性。由于大部分的知识都属于内隐性知识，知识又具有专业性与互补性的特征，且知识的产生往往与特定的时间、地点有关，因此企业内知识的获得主要通过日常工作的经验积累而来，贯穿于企业整个生产活动，并非个人所独有。

2.1.2 知识转化理论

知识转化的过程是基于知识的企业管理中重要的环节，它既是低级知识获取、共享、应用、创新活动的终点，也是高级知识从获取到创新的起点，可以说知识转化是企业内部低级知识向高级知识转化的连接点。也就是说，知识转化的动态过程既是知识获取、分类、存储等低级习得性知识活动作用的结果，同时也是知识共享、知识应用、知识创新等高级知识应用的先决条件。英国哲学家波兰尼是最早将知识从认识论的角度划分为隐性知识和显性知识两大类的人，此后日本著名管理学家野中郁次郎与竹内广隆在对波兰尼的知识分类进行研究的基础上，结合日本企业管理实践在《知识创造的公司》一书中提出了四种知识转化的模式，全面描述了隐性知识和显性知识相互转化的模式，即 SECI 模型。他们分析了组织学习中的隐性知识与显性知识的互动转换态势。SECI模型是迄今为止最为完善的知识过程理论，该理论提出了四种知识转化模式，如图2－1所示。

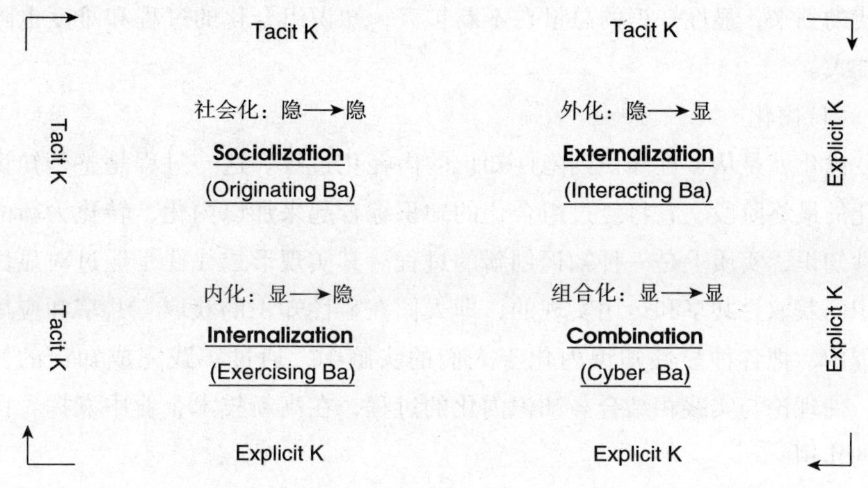

图2－1 知识转化的SECI模型

(1)社会化

社会化是指从隐性知识到隐性知识的转化。这种知识转化形式是通过共享某些经历，在知识转化双方之间建立隐性知识的过程。它通过观察和模仿获得隐性知识而非通过语言，最终实现隐性知识的社会化。例如，在高新技术企业中新入职的员工需要进行上岗培训，并在实际工作中通过观察其他在职员工的工作方式与经历来获取隐性知识。

(2)外化

外化是指由隐性知识向显性知识转化的外化的动态过程。与隐性知识到隐性知识的转化不同，知识的外部化不仅仅靠观察习得，而且需要知识转化主体通过假设、隐喻、类比等多种手段将隐性知识表达出来。如何将企业内的隐性知识转化为显性知识是高新技术企业知识共享与再创新的关键问题，这一过程是高新技术企业人力资本增值的过程，也是高新技术企业人力资源开发的重要内容。

(3)组合化

组合化是从显性知识到显性知识的转化过程。这一过程是通过获取知识，将获取的知识进行重新组合与系统化归类的综合性过程，是知识转化的高级阶段。具体而言，就是一个通过各种会议、文件等产生的语言或符号进行重新组合与整理，使之更有效率地为组织目标服务。随着知识经济时代的到来，显性知识的总量在不断扩大，知识组合化的过程和难度也随之加大。

(4)内化

内化就是从显性知识到隐性知识的内在化过程。这一过程是整个知识转化的最终阶段，它将经过组合化的知识综合起来加以内化，转化为新的隐性知识，实质上是一种知识创新的过程。其实现形式往往是通过对显性知识的获取、共享和运用实现的，即人们在显性知识的获取、共享和应用过程中，把各种显性知识内化于人们的头脑中，通过实践完成知识的修正，使理论与实践相结合。知识内化的过程，在高新技术企业中发挥着巨大的作用。

以上四种知识转化过程共同组成了一个有机整体。在高新技术企业中，知识的转化过程对员工对于知识的获取、共享、应用与创新都具有指导性作用，与野中郁次郎和竹内广隆认为的一样，在高新技术企业中，知识经过四种模式的转化，实现了员工与员工之间、员工与组织之间的知识转移，推动了高新技术企业内部的知识创造，形成了一个不断螺旋上升的知识创新。

2.1.3 知识管理理论

企业知识理论源于对企业能力理论的研究，1990 年哈默等几位学者共同发表的《企业的核心竞争力》掀起了能力研究的高潮。对于能力的认识，企业知识理论认为，能力并不等于资源的集合体，它并不是简单的、有效利用资源的功能，而是与组织结构和外部环境相关。知识是企业理论的非常重要的核心概念。本质上说，企业不仅仅是一个集获取、吸收、利用、共享、保持、转移和创造知识的综合性、多元化的学习性系统，它还是一种使知识一体化的制度。而知识对企业同样具有非常重要的作用，它能给企业创造竞争活力，使企业在不断学习、创造知识的过程中持续、稳定的发展。企业一方面要对存量技术知识充分利用，在发展、创造的过程中不断地对不同时期的新旧知识进行保持和维护；寻求外部知识源常常也是决定企业成败的关键，因此企业另一方面也要学会积极主动地学习，不断吸纳外部知识。此外，企业知识理论指出，对于知识的管理应包括显性知识管理和隐性知识管理两部分，其中尤为重要的是对显性知识与隐性知识转化过程的管理。

20世纪60年代初，美国管理学教授彼得·德鲁克首先提出了知识工作者和知识管理的概念。然而迄今为止，国内外学者对知识管理概念的认识，无论是在内涵的界定上还是在语言表述形式上，仍然存在较大的分歧。著名的知识管理专家托马斯·H.达文波特认为，知识管理是通过对人的管理来加快企业成员之间知识的交流与共享，成功实现知识的转化。综上所述，知识管理是通过对人的管理，来促使企业中不同的人对于知识的获取、共享、运用和创新的过程，是一种创造、使用、保存、提升并转让知识的管理模式，是企业实现显性知识和隐性知识的共享的新途径。企业是现代意义上知识管理的发源地。

高新技术企业作为知识密集型企业应该是知识管理研究中最重要的领域之一。这是因为，高新技术企业既要满足社会对于新产品、新技术的需求，又要面临全球化技术创新加速的激烈竞争。前者决定了高新技术企业的发展前途，无论是高新技术企业的知识管理还是人力资源开发策略，其最根本的目的就是要推动知识创新，以及由此带来的技术创新。这一特点决定了高新技术企业对以知识为基础的管理与开发的需要。大量的知识管理研究成果可以应用于高新技术企业。

2.1.4 知识创新理论

在知识经济时代，决定企业长期绩效的因素是企业的创新能力。知识的创新始终是组织进步的核心，尤其在现代高新技术企业中，只有进行持续的创新，才能在激烈的竞争中立于不败之地，这就需要将企业的发展与前沿知识相结合，不断创造出先进的知识和技术。

对于企业知识创新问题的研究，不同的学者从不同角度给出了一些模式。

前文所述的野中郁次郎与竹内广隆提出的SECI模型系统地研究了知识获取、共享、创新的过程，考虑了知识的显性维度和隐性维度。

我国学者元利兴等建立了知识创造模型。这一模型是建立在认识论和本体论之上的。他们的研究将企业知识的创新发生机制建立在四个不同的层面上，这四个层面分别是个体、群体、企业和行业，每个层面之间发生知识创造的前馈和反馈过程。

苗明杰认为，SECI 模型是存在一定不足的，其不足主要表现在没有对创新与创造的区别做出解释，模型中过于侧重对隐性知识的共享，而对显性知识共享的研究存在不足，并且缺少对 SECI 模型适用的组织特点的介绍。为弥补 SECI 模型的不足，他将知识链模型与 SECI 模型进行整合，提出了基于知识场、知识创造过程和知识资产三个基本模块的组织知识创新模型，见图 2-2。

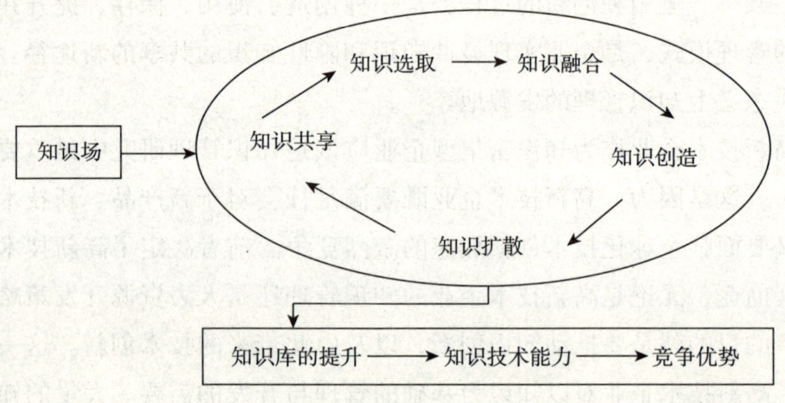

图 2-2 组织知识创新模型

本书认为，高新技术企业中的知识创新是企业维持其活力及发展的主要推动力。通过对不同的知识创新理论及模型的研究，在高新技术企业中建立有利于知识创新的组织文化与环境，是促进高新技术企业发展的重要举措。

2.1.5 知识共享理论

如前文所述，创新能力是企业绩效不断提高的保证，而知识共享则是企业知识创新的源泉。现今，知识共享对知识在组织价值中的实现有直接影响作用。国内外学术界关于知识共享的定义存在一些分歧。Senge

(1998)认为，知识共享是对新知识的学习。只有当知识被吸收时才意味着知识共享成功。正如知识管理学大师 Larry Prusak 所指出的，组织中存在由买方和卖方组成的知识市场，在这个市场中，知识共享行为遵循商品交换规律。我国学者认为，知识共享就是员工通过书面、语言或示范等方式将自身所掌握或经学习、吸收所拥有的显性知识和隐性知识分享给组织中的其他成员，从而使他们了解、掌握并且重复使用这些知识的过程。

尽管不同学者对于知识共享的界定有一定差异，但相同点也是存在的，那就是组织内部的知识共享主要是指员工拥有的工作经验、信息、方法等通过主客体的交互作用，在一定媒介的作用下进行传播，这种传播是一个知识共享过程，有利于组织成员提高工作绩效，创造新的知识。

在知识共享理论中，最具影响力的是由波兰尼提出的缄默知识理论。波兰尼在 1958 年出版的《个人知识》一书中指出，知识只能通过意会的方式传递，并通过冰山理论全面系统地阐述了意会知识问题。简言之，缄默知识理论给出了这样一种观点，即缄默知识是高度个人化的知识，它难以通过学校教育等进行培训与传递，只有在实践中不断学习和摸索才能形成，并在实践中自觉或不自觉地加以应用。缄默知识对于人力资源管理的启示就是要在组织中形成一种文化。

2.1.6 高新技术企业知识管理模型

高新技术企业知识管理模型(见图 2－3)反映了高新技术企业通过政府、大学、科研院所、其他企业以及顾客的信息从外部输入知识，这些通过购买等形式获得的外部知识与在企业内部员工本身所具有的知识和组织相关知识进行组合，通过知识的获取、创造、应用与共享四个步骤转化为新的企业内部知识，充分利用知识资产为企业创造价值，同时又通过高新技术产品或专利授权与转让将凝结在高新技术产品中的知识部分地向外输出的过程。可见，知识创新是这个循环系统的中心环节，只有围绕知识创新这一中心环节不断进行知识的共享、运用才能保证高新技术企业永远保持竞争力。

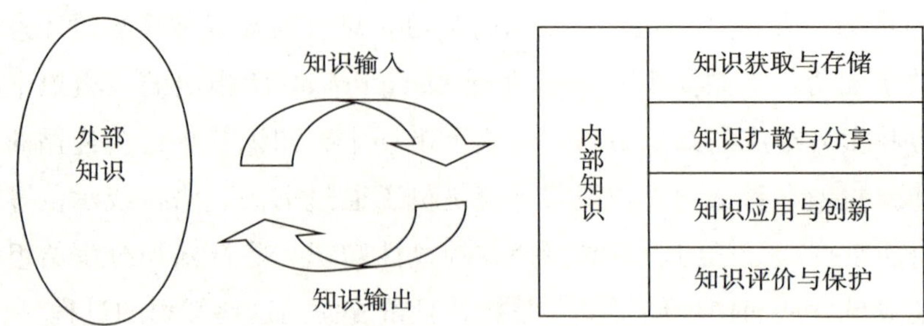

图2－3 高新技术企业知识管理模型

2.1.7 知识管理过程与人力资源开发相关矩阵

知识管理过程与人力资源开发相关矩阵将人力资源开发的典型模型与知识管理的过程相结合，其中界定人力资源开发活动包括：招聘、发展、评估、薪酬、沟通、组织设计六个方面，界定知识管理过程主要包括：知识获取、知识积累、知识扩散(共享)、知识整合，分别针对知识获取、知识积累、知识共享、知识整合在人力资源开发各个阶段的作用情况进行相关性研究。研究结果表明，知识获取仅仅在招聘环节发生，在人力资源管理过程中，除发展阶段、组织设计阶段分别涉及知识的积累与整合外，其他管理过程中，只局限于知识的扩散(共享)，知识共享环节几乎贯穿企业人力资源开发的整个环节。因此得出结论：在基于知识的企业人力资源开发过程中，知识共享是人力资源开发应关注的关键环节，见表2－2。

表2－2 知识管理过程与人力资源开发相关矩阵

知识管理过程	人力资源管理活动					
	招聘	发展	评估	薪酬	沟通	组织设计
知识获取	◆					
知识积累		◆				
知识扩散(共享)		◆	◆	◆	◆	◆
知识整合						◆

注：◆表示强相关。

2.1.8 高新技术产业知识共享路径模型

高新技术产业知识共享路径模型是杨斌等在 SECI 模型和五步骤模型的基础上构建的，他们认为知识资本是动态的，即可以通过一定的方式或途径得到增值。该模型的特点在于它指出了知识共享中知识形态的变化，并阐明共享过程中的主要环节，如图 2 – 4 所示。该模型在知识传递的环节上采用 Gilbert 和 Cordey – Hayes 的知识传递五步骤模型，指出知识创造过程包含知识获取、沟通、应用、接受及同化且结合了野中郁次郎对知识共享过程中显性知识和隐性知识的相互转化，阐述在知识共享路径中主要的形态变化。此外，该模型还指出了知识的创造和共享离不开人的活动，并提出相似的思维方式和高度的理解信任毫无疑问将对知识共享的效率起重要作用。其本质是，认为知识资本增值问题本身也是集群知识创新的问题。最后，该模型结合高新技术产业特征的分析，以知识的创新为基础，指出沟通、应用和接受是知识共享过程中的关键环节。

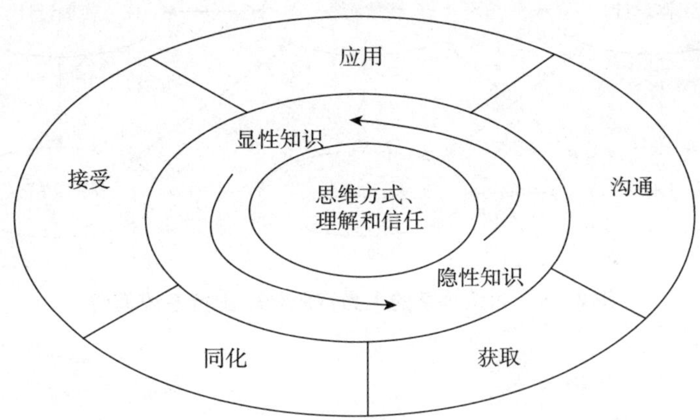

图 2 – 4 高新技术产业知识共享路径模型

2.1.9 知识分享的人力资源管理支持系统模型

知识分享的人力资源管理支持系统模型指出，工作设计是人力资源管理的第一步，是员工招聘的基础；该支持系统模型所涉及的六个方面，即工作设计、员工招聘、员工培训、绩效考核、薪酬设计、员工安置之间相互支持和各自反馈，见图2－5。知识在组织中的共享及作用，始终以员工为主体。其中，衡量组织人力资源管理绩效的一个指标就是员工知识分享质量。该模型结合社会交换理论认为，个体间沟通与合作是资源交易的过程。知识分享双方都希望在知识分享过程中获得一定的收益。不仅如此，该理论还认为组织有必要设置相应的激励措施如一定的薪酬福利措施，激发员工知识分享的需求，增加员工分享知识的动力，从而有效地保证了知识在组织内部成员间的分享。在知识分享过程中，交换的双方都能获得新的知识。而这也是知识分享能够持续进行的必要条件。然而，有效地实施知识分享仅仅依靠组织激励措施是不够的，它只能维持知识分享的短期行为，只有将知识分享中的知识交换转变成一种自发的动力，从而激发知识分享的长期动力，才能确保知识分享的长期行为。所以，知识分享的人力资源管理支持系统模式为知识分享系统的持续运转提供了有力的支持依据。

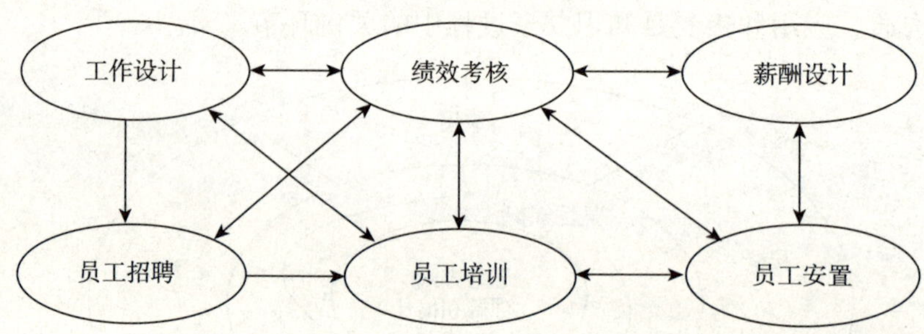

图2－5 知识分享的人力资源管理支持系统模型

2.2 高新技术企业相关理论综述

2.2.1 高新技术企业概念及特征分析

长期以来，关于高新技术企业的界定仁者见仁，智者见智，始终没有形成明确统一的定义，美国商务部、经济合作与发展组织（OECD）都基于不同指标对高新技术企业做了不同的划分。实际上，高新技术企业本身就是一个相对概念。

因此，本书将高新技术企业界定为以高新技术为基础，从事一种或多种高新技术及其产品的研究、开发、生产和技术服务的企业。

高新技术企业是以高新技术为基础的，使其区别于一般企业和传统产业中的企业，一般来说，具有如下的基本特征：

(1)知识密集性

高新技术企业是建立在最前沿的科研成果上的，是综合多学科研究的企业，因此要想发展、壮大高新技术企业就必须依赖大量高级知识综合型人才，从而汇聚众多的知识和先进技术，是典型的知识密集型企业。

(2)高创新性

高新技术企业所研究的技术是不同于传统的单一功能的技术，它并不是对已有技术的简单叠加，而是能广泛运用于多个领域，在展现现代前沿科学技术成果基础上，不断改革、创新、发展创造出新的知识领域，是在知识、技术上不断创新、扩散、再创新的有序循环。

(3)高增长性

高新技术企业的创新性决定了其产品可在较长时间内保持垄断地位。因而，使其具有高增长性特征。

(4)高效益性

相较于传统工业技术的发展，以高新技术为基础的企业是在多种自然资源几近耗竭，生态环境严遭破坏，环境危机日益加剧的自然资源较匮乏的时代中应运而生的。传统工业企业以获取最大利润为根本目的，为赚取利润、减少成本尽可能多地利用自然资源，几乎不考虑或极少考虑环境效益、生态效益和社会效益。而高新技术企业是将科学与技术融为一体的企业，具有较高的技术壁垒，因此具有高效益性。

(5)高投入性

高新技术企业是以高新技术为基础的企业。而任何一项高新技术的研究与开发，都是用大量的资金投入予以支持的。由于高新技术企业的技术等级高、设备投资巨大，再加上科技的不断发展，知识技术更新加快，随之给使用设备的更新带来了巨大的压力，增加了资金投入的需要，因而决定了高新技术企业的高投入性。

(6)高风险性

高新技术的研究与开发除了需要投入大量的资金外，还需要耗用大量的人力、物力和时间，而且其赖于发展的新技术对当代科学技术的研究是较为前沿的，因此任何一项高新技术计划都是传统技术计划的革新，拥有较多的不确定性。高新技术企业在从技术原理的探索构思到技术开发的组织实施过程中所存在的风险的不确定性，造成高新技术企业投资风险巨大。

2.2.2 高新技术企业核心竞争力界定

从上述对于高新技术企业的概念界定和基本特征分析，我们可以看出，高新技术企业的生存与发展和知识的获取、共享、运用、创新有密不可分的联系，知识是高新技术企业内部流动着的最为重要和关键的资源，是获取产业内部持续竞争优势的源泉。因此，高新技术企业的基本特征决定了其获取竞争优势的途径必然是获取掌握知识的人力资源。

核心竞争力理论是美国著名管理学家普兰哈德和赫梅尔在其1990年发表的《公司核心竞争力》一文中提出的，认为一种资源只有具备有价值的、稀缺的、难以模仿的、为组织所特有的特征时，它才能够构成核心竞争力。因此，对于高新技术企业核心竞争力的界定，不应仅仅依赖于知识，同时人力资本等其他要素也是构成高新技术企业核心竞争力的重要因素。

高新技术企业是典型的知识密集型企业。因此，在技术层面，知识是高新技术企业的核心竞争力的决定性因素，有效的知识管理已经成为维持企业核心竞争力的关键。可以说，高新技术企业的核心能力就是充分获取、共享、运用和保存企业知识，以利用企业知识和集体智慧来达到知识创新，并获取和保持企业竞争优势的目的。在管理层面，对人的管理也被认为是企业核心竞争力的重要因素。如前文所述，知识主要存在于人的头脑中，因此仅仅将知识看作高新技术企业的核心竞争力是不准确的。前文提到隐性知识是非结构化、不可符号化的知识，它的产生、交流、转化和储存都无法以信息系统作为支持，而只能依靠人。在高新技术企业创新中，多数的知识都来源于隐性知识。作为隐性知识创造主体和载体的人，在高新技术企业核心竞争力中拥有特殊地位。所以本书提出：无论是知识，还是高新技术企业中的人力资本，它们都是构成高新技术企业核心竞争力不可或缺的部分。

2.3 人力资源管理相关理论综述

2.3.1 人力资本理论

人力资本理论的提出者，美国经济学家西奥多·舒尔茨将资本这一概念细分为物质资本和人力资本两种形式。他认为，人力资本理论的基本内涵是：体现在劳动者身上的、以劳动者的数量和质量表示的资本。劳动者自身所具有的不同的知识及劳动技能、素质，决定了人力资本在组织目标实现过程中的作用不同，在宏观上人力资本的差异也直接导致国民收入增长程度的差异。人力资本是体现在个体身上的知识和技能的存量概念，它可以通过教育、培训、保健等方面的投资形成。综上，他对人力资本的概念做了如下定义：人力资本是体现在个体身上的知识、能力和健康。随着时间的推移，不同学者对人力资本理论做出了进一步的讨论：一是认为可分为初级人力资本和智慧的高级人力资本。其中，初级人力资本是指健康人自身所拥有的体力、经验、生产知识和技能，而智慧的高级人力资本则是指被挖掘出来的人的天赋、才能和资源的潜能的集中体现。二是认为人力资本具有不同的生产力形态，并根据人力资本生产力形态的不同提出了异质型人力资本和同质型人力资本的概念。

明塞尔则从微观角度将人力资本投资与收入分配联系起来，通过研究亚当·斯密的“补偿原理”，首次提出了完整的人力资本收益模型，并进一步研究了人力资源开发中培训对人力资本所做的贡献。

人力资本理论发展到后期，西方学者开始专注于人力资本对发展中国家的经济发展的贡献的研究。通过研究得出如下结论：人力资本投资是发展中国家的改革与发展的助推器，起主要作用，因而提出加强人力资源开发和人力资本投入是促进发展中国家经济发展的主要因素，进一步确立了人力资本和人力资本投资在经济发展中的重要地位。

国内关于人力资本的研究，大部分都是通过引入经济增长模型或国外的实证资料来论证人力资本在经济增长中的作用的。但是无论如何，人力资本是组织将知识、经验、技能等有机联系起来的桥梁，它在知识资本积累过程中发挥着至关重要的作用。在高新技术企业中尤其如此，没有对人力资本的充分开发，就不能实现资源的有效配置，人力资本的这一特性导致不管高新技术企业中的技术设备有多先进，只要其缺少优秀的人力资本，其也不能创造出理想的价值。如前文对于高新技术企业核心竞争力的界定所描述的那样，核心竞争力虽然由知识与人力资本共同构成，但是起根本作用的还是人这一因素。

这就印证了人力资本之父西奥多·舒尔茨对人力资本所提出的观点。在他看来，人力包括两个组成部分：人的知识和人的技能，并提出并非一切人力资源都是最重要的资源。

2.3.2 人力资源管理

同任何其他复杂概念一样，对于人力资源管理概念的界定不同学者也有不同的看法，这种界定不仅仅是简单的对于人力资源管理概念的界定，也涉及对人力资源管理内容的概括。现代人力资源开发与管理理论认为，人力资源管理就是以发掘、培养、发展和利用人力资源为主要内容的一系列有计划的活动和过程。里奥纳德·那勒将人力资源管理界定为在一段特定的时间内，为增加雇员提高自己在职位上的绩效和发展个人的可能行性，由雇主提供的有组织的学习体验。

为便于研究，本书在充分借鉴国内外文献的基础上，将人力资源管理界定为组织为实现其经济效益或发展目标，对人力资本进行投资，拓展人力资本所掌握的知识，从而改进绩效，通过采取相应的激励机制有效地促进人力资源开发与运用，实现组织目标。人力资源管理内容分为人力资源规划、招聘、员工培训、绩效管理、薪酬与福利以及职业规划六个方面。将人力资源管理的最终目标界定为通过各种途径达到人与人之间、人与其他生产要素之间相互关系的最佳状态，借此最大限度地释放人的潜在能量，并使之升值，从而创造出最大化的效益。

2.3.3 我国高新技术产业人力资源管理现状

高新技术产业是迄今为止最能够推动社会进步与变革的产业，也是知识最为密集、技术最为先进、信息最为全面的产业。高新技术产业的发展可以为国家发展注入新的活力。有数据显示，世界各国的高新技术产业增长率都远远高于各国的国内生产总值，各国对于高新技术的重视程度和投入可见一斑。我国是发展中国家中较早进行高新技术研究的国家之一。20世纪90年代以来，我国提出科教兴国战略，并出台了一系列利好措施鼓励高新技术产业的发展。近几年来，高新技术对我国国民经济的贡献越来越突出，同时国家对高新技术的投入也逐渐增大，在我国已经建立起多个高新技术园区，高新技术产业也随之完善。由于高新技术产业的发展是带动其他产业结构调整及其他产业发展的重要影响因素，因此有关学者对高新技术产业的研究越来越深入，除了建议制定各种政策鼓励高新技术产业发展外，关于高新技术产业人力资源开发的研究与建议也越来越多。

综合来看，我国高新技术产业人力资源开发工作是取得了一定成就的。首先，在思想观念上，现代企业制度的普及以及人们对于高新技术产业认识的深化，上至政府下至高新技术产业中的每一个企业，再到企业中的每一个员工，都开始意识到有效的人力资源管理对高新技术产业的积极意义。其次，我国高新技术产业从业人员数量的增加与质量的提高也从侧面反映出我国高新技术产业人力资源管理所取得的成就。2008年，我国从事科技活动的人员为48.8万，截至2013年末这一人数上升到60万，我们将从事科技活动的人员中的科学家与工程师的数量作为衡量高新技术产业人力资源的质量标准，数据显示科学家与工程师的人数由2008年的343.5万人上升到2013年的近500万人。

近几年，虽然我国高新技术产业的人力资源管理取得了一定成就，但是其存在的问题也十分突出。高新技术产业不同于传统产业，表现在其对于知识创新的要求上，同时反映在高新技术产业对于掌握高技术的知识型员工的需求上，高新技术产业所需要的人力资源具稀缺性，如何让具有稀缺性的知识型员工在产业内更好地完成知识的共享与创新需要现代人力资源管理来完成。而目前我国高新技术产业人力资源管理存在如下问题：

（1）人力资源管理未与产业战略目标匹配

虽然目前人们已经普遍认识到在高新技术产业中进行人力资源管理的重要性，但是我国高新技术产业的人力资源管理部门的管理水平不高，高新技术产业中的战略制定部门往往不能与人力资源部门协调沟通。高新技术产业战略目标与人力资源管理并无关系，或者人力资源管理与产业战略目标脱节，阻碍了高新技术产业的发展。

（2）人力资源管理效率低下

高新技术产业的人力资源管理部门的工作往往还停留在过去人事管理阶段，强调招聘、工资发放、档案管理和人事规章制度的拟定等事务性日常工作，通过下达命令的方式来支配员工，忽视了知识型员工的主观能动性。人力资源仅仅应用在制定规章制度上，缺乏对员工需要的考察与人性的关注。

（3）缺乏对于知识型员工的培训

员工培训是促进员工之间知识获取、共享与转化的重要环节。目前，我国高新技术产业人力资源管理部门往往把产业内的知识型员工当作成本来看待，从而因为重视节约成本而忽视了对员工的培训，导致人力资本的潜能不能有效发挥，反过来又限制了高新技术产业的发展。

（4）缺乏合理的薪酬分配制度和激励措施

目前，我国高新技术产业人力资源管理过程中缺少适应知识经济时代特点的绩效考核标准。高新技术产业是典型的知识与智力密集型产业，对掌握知识的人才有极大的需求，然而多数企业还往往沿用高新技术产业成立之初时订立的绩效考核标准，使高新技术产业中的绩效考核系统缺乏公平性，这直接导致了员工薪酬的不平等。另外，目前除了少数高新技术企业建立了除物质激励机制之外的多层次激励机制，高新技术产业人力资源管理过程中普遍存在激励机制不完善的问题，并将在一定程度上削弱知识型员工的主动性与创造性，进而影响我国高新技术产业的发展。

（5）高新技术产业内大量人才流失

由于高新技术产业内的知识型员工具有稀缺性特点，因此人才流失对于高新技术产业来说是一个极为严峻的问题，尤其是相较于国外的高新技术产业人力资源管理薪酬、培训的提供而言，我国高新技术产业人力资源管理在人才流失方面存在很大的漏洞。

（6）职业生涯规划缺失

在人力资源管理过程中，员工的职业生涯规划可以帮助员工更好地了解产业的愿景，建立起与产业战略目标相契合的个人职业生涯。然而职业生涯规划在我国高新技术产业人力资源管理中尚属空白，人力资源管理部门没有建立起相应的体系，因而也无法对高新技术产业中知识型员工进行职业生涯规划设计。

从20世纪90年代开始，我国政府提出科教兴国战略，国家加大了对于高新技术产业的投资，同时更加重视高新技术产业的发展。时至今日，经过20多年的发展，虽然对于高新技术产业进行过一系列的产业改革，但如前文所述，高新技术产业中人力资源开发过程仍然停留在人事管理阶段。由于没有对现代人力资源的特点做出正确的分析，目前我国高新技术产业的人力资源往往只重视规章制度、日常管理；片面强调经济效益，忽视了当今“以人为本，尊重人性”的氛围。特别是对知识型员工来说，人本管理理念可以促使他们更好地发挥自身能力，为其创新精神创造良好的环境。在人力资源管理过程中，对于员工培训的忽视也是导致我国高新技术产业人力资源管理存在问题甚至导致人才大量流失的深层原因之一。在知识经济时代，交叉学科大量出现，信息技术的传播使得知识技术日新月异，只有对员工所掌握的知识进行不断地更新才有利于员工更好地创新，从而促进新技术的产生。当前，我国的高新技术产业人力资源管理过程侧重于成本节约，不仅不利于高新技术产业战略目标的实现，也打击了部分知识型员工追求自我发展的需要与知识创新的积极性。此外，薪酬体系的不健全也是导致我国高新技术产业人力资源管理存在上述问题的原因之一。需要指出的是，这里的薪酬体系不仅包括人力资源开发的薪酬设计，也涉及了高新技术产业的员工激励手段。在薪酬体系方面，采用传统的工资制束缚了员工的创造力。在激励机制方面，与现代人力资源开发在物质激励与精神激励之间寻求平衡不同，我国高新技术产业对于知识型员工的激励经历了两个较为极端的阶段：在第一个阶段片面注重精神激励，在精神激励逐渐失去作用后，又转入以物质激励为主的第二个阶段。然而，理论与事实证明：单靠精神激励或者物质激励都不能充分调动员工的积极性，缺乏对人力资本的有效配置以及合理的激励。

人力资源管理是高新技术企业战略资产中不可或缺的一部分，人力资源管理必须与高新技术企业战略管理相结合。高新技术企业的人力资源管理，其核心思想与其他企业一样，都是以人为本，而对于高新技术企业来说，人力资源的重要性远远高于其他产业，实施战略性人力资源开发，以增强产业竞争力，能够有效地提高企业的竞争力，并实现产业整体战略目标。

2.4 高新技术企业人力资源管理相关理论综述

2.4.1 高新技术企业人力资源管理概念

通过对高新技术企业概念界定及特征的描述以及对高新技术企业核心竞争力的阐释可以看出，高新技术企业作为知识密集型企业，知识的获取、创造、创新和运用在企业的价值增值过程中占据十分重要的位置。但是，归根结底，在高新技术企业以知识为基础的财富创造系统中，无论是知识的获取环节、创造环节还是共享与运用等行为都与人力资源管理紧密相关，特别是组织成员的知识创新能力。简言之，对于组织知识的管理最终需要落实到对人的开发与管理上。通过对人力资源的开发与管理，加快企业成员之间知识的交流与共享，实现知识的转化。

因此，本书可以将知识与高新技术企业人力资源开发与管理的关系简单地概括为：以知识为依托、以创新为基础，通过人力资源开发与管理最终实现价值增值。

2.4.2 高新技术企业人力资源管理特点

高新技术企业是知识型企业，这一特点直接导致了高新技术企业人力资源管理特点与知识型企业人力资源管理特点具有相似性，同时高新技术企业人力资源的管理不仅具备一般企业人力资源的特征，包括对于人力资源的能动性的管理、对于人力资源的社会性管理以及资本积累性质之外，还具备一些其他特点。

从高新技术人力资源管理的主体来看，其主体不再是一般意义上的人力资本而是掌握知识的人力资本即知识型员工。知识型员工的概念来自于美国著名的管理大师彼德·德鲁克，他指出知识型员工就是“那些掌握和运用符号和概念，利用知识或信息工作的人”。随着时代的不断变迁，有关学者对知识型员工又有了新的概念界定。在现代高新技术企业领域内，随着知识所涉及范围的界限越来越模糊，知识型员工的概念不仅仅局限于高新技术企业内部，而是同时包含其员工、技术工作者及其他类型专家在内的一个团体，这一团体不仅仅是在高新技术企业中从事与技术相关的活动，具有与高新技术相关的专业化的知识与技能，同时也是企业内专业知识的应用者、传播者与创造者，他们在高新技术企业中扮演着重要的角色，起着至关重要的作用。因此，高新技术企业人力资源的管理要顾及知识型员工的特殊性，注重他们学习能力的发挥、极强的求知欲望的激发；针对知识型员工具有较大的创新精神，则需要在组织创造适宜知识共享的组织文化与环境；另外，由于价值观的不同，高新技术企业的人力资源管理更需要兼顾员工物质激励与精神激励。

在高新技术企业人力资源管理主体不同于一般企业这一前提下，我们分析了高新技术企业人力资源管理的具体特点：

①开发多元化。知识经济时代，随着各个学科之间的融合性不断加强，交叉学科之间的碰撞更容易产生知识的创新。这一特点在高新技术企业中表现得尤为明显，目前，单一的技术已不能满足社会的需求，这就要求高新技术企业的人力资源开发要注重人才综合素质的开发。如前文所述，与一般企业不同，高新技术企业人力资源开发的主体是具有良好教育背景，对高新技术知识有较好的理解与运用能力的知识型员工，所以开发的多元性即我们通常所说的开发复合型的知识员工，这一点对高新技术企业的发展来说尤为重要，同时也是高新技术企业人力资源开发的必然趋势。

②注重创新性。由于高新技术企业的人力资源开发与管理的主体是知识型员工，因此人力资源管理的特点就需要针对知识型员工来进行调整。知识的创新是高新技术企业人力资源管理的主要特点。这是因为高新技术

企业中的人力资本本身就具有创新性，其对于知识与技术的创新不仅是促使高新技术企业发展的持续动力，同时也是推动社会进步的主要力量。注重对知识型员工主动性与创新性的培养，使企业内部充盈着具有创新能力的人力资源，是高新技术企业实现由知识获取、知识共享、知识运用到知识创新有序发展的根本。

③个体差异性。在高新技术企业中，由于员工的从属地位没有发生改变，管理者与知识型员工之间的冲突仍然存在。知识型员工本身所具有的高文化素质及专业背景、特殊技能，使他们往往具有很强的自我意识从而不崇拜任何权威，其观点会对其他员工产生影响，因此人力资源管理需要注重对知识型员工个体差异性的充分考虑，培养其归属感。知识型员工是高新技术企业知识与技术创新的中坚力量，不仅如此，他们还可能掌握企业内的核心知识与关键技术，根据其个体差异性特点对知识型员工进行培训与激励，是防止高新技术企业人力资源流失的有效措施。

④环境开放性。由于高新技术企业人力资源开发的主体是知识型员工，他们本身具有较好的教育背景及知识技能，使得他们具有较强独立性和自主性，在工作环境的设置上，他们更乐于拥有一个更加自由宽松、更加开放的工作环境，在这种环境中更好地实现自我价值。

⑤组织文化国际化。组织文化的国际化是指高新技术企业是以知识为主导的，其核心技术仅仅靠企业内部的知识型员工的创新是远远不够的。经济全球化的同时带来了科学技术的全球化，科学技术是以发达国家为主导的，因此高新技术人力资源管理需要创造良好的组织文化。这种文化不仅是对企业内的知识进行共享、运用与创新，同时也要对企业外部，尤其是对发达国家的知识技术进行学习与借鉴，甚至在人力资源管理的最初阶段即人员招聘录用阶段就有意识地选拔跨国人才。高新技术企业内营造国际化的文化氛围，倡导人才国际化，是其通过人力资源开发增加知识技术的应用与创新的又一有效策略。

2.4.3 高新技术企业人力资源管理的内容

组织类型的不同导致人力资源管理的侧重点不同，因为任何一个人力资源管理战略只有落实到具体的企业才能真正具有价值。人力资源管理是一个通过投资来实现人力资本增值的过程，这一过程同时也是知识的获取与积累的过程。在高新技术企业内，人力知识的获取与积累不是凭空而来的，它依赖于企业内部的知识平台。因此，高新技术企业内部的知识，根据其主体不同可以分为个体知识与企业固有知识两个层面。这两个层面相互作用，密不可分。一方面，高新技术企业特有的知识是个体知识的基点，个体知识往往是通过对企业内特有知识的获取积累而来；另一方面，个体知识的获取与积累也不断地对企业固有知识进行完善，个体知识贯穿于整个企业固有知识中。然而，不论是个体知识还是企业知识，它们与高新技术企业的人力资源管理的关系是相辅相成的。如同前文所叙述的那样，高新技术企业中人力资源管理虽然具有更高于普通企业人力资源管理的特点，但其实质是相同的，即对企业内的人力资本进行投资，拓展人力资本所掌握的知识从而改进绩效，通过采取相应的激励机制有效地促进人力资源的合理管理与运用，实现组织目标。在基于知识的高新技术企业人力资源的开发中，入职教育与培训、企业环境的构造都是以企业内固有的知识为依托的，可见知识的作用在高新技术企业人力资源开发过程中是显而易见的。

高新技术企业中人力资源开发的内容包括：

(1)人力资源规划

人力资源规划，是指通过对企业内部各种资源以及现有的人力资源管理模式进行总结与分析，结合企业的发展目标，归纳出企业中未来人力资源工作的重点与方向，制订出具体的工作计划，以确保在人力资源方面保障企业目标得以有效实现。高新技术企业人力资源规划的重中之重就是全面、充分地了解目前企业内部的人力资源状况，并结合企业的发展战略制订未来人力资源工作的方案。

(2)招聘

招聘，是指根据人力资源管理和规划，从组织内部和外部吸收人力资源的过程，它是高新技术企业获取人力资源的重要手段。员工招聘分为三个环节，即员工的招聘、甄选和录用。招聘的渠道分为内部招聘与外部招聘。

招聘在人力资源开发工作中具有重要的意义，是对组织人力资源进行开发工作的第一步，直接影响到后期员工培训、绩效考核等的效果。招聘、甄选与录用环节为组织输入新鲜血液。招聘环节是针对目前组织人力资源的空缺制订完整的招聘计划。甄别录用环节则是根据招聘计划，审核应聘者的材料，通过测试等手段来公正、全面地选拔合适的人才。

高新技术企业中，严格的招聘与甄选环节可以为组织后期的人力资源管理提供高素质的人才，甚至可能给企业带来知识与技术上的重大革新。

(3)员工培训

对于员工的培训分为两种：一种是针对组织刚刚招聘的员工；另一种是对于在岗职工常态化的培训。对于新入职的员工，他们虽然经过招聘、甄选、录用环节的层层选拔，但是为了使他们尽快适应并胜任新工作，除了员工自身的努力以外，更需要公司给予其必要的、系统的指导和培训。对于在岗员工，为了满足公司的发展需要和岗位对其知识和能力的要求，公司也需要给予他们经常性的培训，从而不断地调整和提高他们的技能。

在知识经济时代，对员工进行科学、系统的培训已经成为组织发展的必经之路。在高新技术企业中，员工培训的作用表现得尤为明显。科学的人力资源开发强调以最好的方式使员工完成任务。对于新入职的员工进行培训，有利于员工将知识与实践相结合，同时通过学习完成隐性知识与显性知识的相互转化，从而加强对于企业内的原有知识与技术的创新；对在岗职工进行培训，则有助于他们掌握新技能。在高新技术企业中，由于知识型员工的自身特点，需要在对员工进行技能培训的同时注重对员工品质的塑造，而通过培训可以更好地传播组织的政策与管理理念。

(4)绩效管理

对于员工的绩效管理是通过绩效考核来实现的。绩效考核是指上级管理者对下属员工在规定时间内所完成的绩效进行考评，它是借助一个有效的体系顺利进行后续人力资源管理过程的一种有效手段。企业通过绩效考核肯定过去的业绩，并对未来组织发展方向定下基调。

高新技术企业人力资源开发中的绩效考核，不只是作为评定员工薪酬时的依据，还应更多地关注如何通过绩效考核来激励员工，提高企业业绩。通过制定行为业绩标准，告诉员工企业鼓励什么样的行为，如企业内对于知识共享、知识创新的鼓励都可以通过一定的绩效考核标准来传达给员工。在以知识为核心的高新技术企业中，要想使绩效管理能够发挥作用并起到激励作用，就必须根据企业的实际情况制定科学可行的考核指标和考核标准，并制定好与考核结果相挂钩的薪酬水平与奖惩措施，然后要依照制定的指标和标准认真贯彻执行。

(5)薪酬与福利

薪酬与福利是组织对于员工所提供服务和创造的价值的回报。薪酬直接影响着组织的人力资源。它是对员工过去业绩的肯定，而且科学合理的薪酬福利也会激励员工，使他们不断地发挥主观能动性和积极性，努力提高工作绩效。

对于高新技术企业而言，由于其对员工的管理具有感知传递性，因此薪酬与福利的公平性显得至关重要，是高新技术企业留住人才、防止人才流失的根本。另外，薪酬与福利也是员工自我价值的体现，高新技术企业的人力资源开发需要起到激励员工的作用，同时必须有利于增强企业的核心竞争力，通过适当的薪酬政策，不断提高知识型员工的满意度，增加企业内的向心力，最终实现高新技术企业的飞速发展。

(6)职业生涯规划

职业生涯规划包括两个方面：一方面是员工个人的职业生涯规划；另一方面是员工与组织共同制订的职业生涯规划。在本书中涉及员工职业生涯规划的部分，主要就第二种即员工与组织共同制订的职业生涯规划来谈。

高新技术企业作为一个经济实体，基于自身的发展制定了适当的战略发展目标和规划，并希望员工的发展方向与企业本身的发展方向相一致。为了更好地发挥知识型员工的自身潜力，需要从高新技术企业自身与员工共同发展的视角，为知识型员工设定职业发展路径，提供培训与实践机会，使员工实现自己的职业发展目标的同时，企业也能实现自身的发展战略目标，最终实现高新技术企业和企业内知识型员工的共赢。

2.4.4 高新技术企业人力资源管理的意义

人力资本与知识是高新技术企业的核心竞争力，人力资源管理是将人力资本与知识有机结合的桥梁。特别是在高新技术企业的经营与管理工作中，人力资源管理对组织日常运作和战略目标的实现具有深远的影响。高新技术企业基于知识的人力资源管理的重要意义表现在以下几个方面：

第一，基于知识的人力资源管理是高新技术企业战略目标的重要组成部分。人力资源是高新技术企业中最重要、最宝贵的资源。获得人力资源的优势，是高新技术企业的知识与技术创新的基础，也是实现经济增长方式转变的重要保障。只有高新技术企业中知识型员工的潜能得到充分发挥，才能带动高新技术企业中其他生产要素的优势的发挥，从而真正建立起适宜高新技术企业发展的企业机制。

第二，基于知识的人力资源管理能满足高新技术企业对人力资源提出的更高要求的需要。在知识经济时代，高新技术企业中知识的作用不容置疑，随着各种新技术的产生，技术与设备的生命周期在不断缩短，高新技术企业的发展离不开知识的创新，这就要求高新技术企业的人力资源管理需要将知识因素作为重要因素来考虑，以适应知识经济时代的发展要求。

第三，基于知识的人力资源管理能满足高新技术企业人力资源市场竞争的需要。随着人力资源将代替其他一切资源成为最宝贵的资源的理念不断地得到证实，现今任何一个组织从战略定位到战略的执行都要受到人力资源的制约，高新技术企业也不例外。对于人力资源的竞争变得越来越激烈，加大对于高新技术企业中知识型员工的培训与开发，设置良好合理的薪酬激励机制，为员工做好职业生涯规划，是保证高新技术企业吸引和保留有价值的员工的重要手段。

第四，基于知识的人力资源管理是高新技术企业发展的源泉。基于知识的人力资源管理是当代科学技术发展对企业尤其是高新技术企业人力资源开发提出的新要求。知识资源作为人类能力资源的核心，是高新技术企业发展的源泉。高新技术企业中对于知识获取、知识共享、知识应用、知识创新的需求高于其他任何企业。只有将掌握知识的人力资源进行充分的开发，改善知识型员工的素质，才能提高他们将知识用于实践的能力，从而提高劳动生产率。基于知识的高新技术企业人力资源开发能够促使知识型员工通过对于新知识的学习，通过知识的转化创造出更多的技术发明，应用于更多领域的生产活动中，从而有多方位的生产增长和经济效益。另外，任何一项高新技术的产生与发展，都是由具有深厚的知识背景、掌握专业知识理论的员工来发明创造的。可见，高新技术企业人力资源的管理必须以掌握知识的人力资本作为重点，如何让知识成为高新技术企业发展的推动力需要人力资源管理部门的努力。

第五，掌握知识的人力资源是高新技术企业最重要、最稀缺的资源。从20世纪中叶起，人力资源开始引起管理学界的普遍关注，有些管理学家通过对企业管理的分析与研究，区分了组织中可以用来创造价值与利润的包括人力资源、资金、原材料、机器设备、产销方法或技术在内的五种资源。随后随着现代科学技术的发展和市场竞争的日趋激烈，将时间与情报也作为创造价值与利润的资源后，管理学界关于企业重要资源的讨论一直没有停止过。经过多年的实践，得出结论认为随着企业资源研究的深化，其他资源的作用因时间不同而发生变化，其中人力资源的作用一直巨大，是企业各种资源中最重要、最稀缺的资源。需要指出的是，现代企业的人力资源不仅仅是“量”的概念，即劳动力数量的满足，而且需要同时满足“质”的需要，即在一定质量基础上的对于劳动力数量的占有、使用、培养和提高。

高新技术企业对知识的需求，要求其人力资源管理过程应更加注重知识型员工的智慧、技艺和能力的提高与全面发展，保证企业中的智力资本从自然资源的拥有者手里转移到那些拥有思想和智慧的知识型员工手中。换言之，高新技术企业经营的成功，不仅仅是依靠企业的技术进步，设备更新、资金的充足程度等资源，虽然这些资源在一定程度上对高新技术企业的经营起到制约作用，但关键还是要有赖于那些能有效地掌握、很好地利用这些资源的具有一定的教育背景与专业知识的知识型员工。高新技术企业是由人组成的。同其他企业一样，高新技术企业的运营管理，其实质是发动知识型员工去工作，将他们的潜能充分地发挥出来，在这一点上许多成功的企业家都颇有感触。日本索尼公司董事长盛田昭夫曾说：“如果说，日本式经营真有什么秘密的话，那么我觉得人就是一切秘诀最根本的出发点。”松下幸之助把松下公司的口号设定为“企业即人”，并提出要造松下产品，先造松下人的观念。

可见，人力资源不仅是高新技术企业实现其战略目标的最为重要的资源，在国家与社会经济的发展过程中也是最稀缺的资源。

第六，基于知识的人力资源管理能满足经济发展的需要。在知识经济时代下，高新技术企业的生产与运作很大程度上就是对于知识的生产，知识的生产需要通过知识的获取、共享、应用等整个过程来得到。在这样的时代背景下，我国经济增长的主要途径应当放在人力资源的管理上，同时立足于高新技术企业。高新技术企业的兴起，促使我国经济增长方式由通过各种生产要素的大量投入和消耗实现向知识集约型的转变。越来越多的管理学家认识到，人力资源开发已成为现代经济增长的主要源泉。因此，对于高新技术企业而言人力资源的投资和开发就显得至关重要了。只有高新技术企业中的人力资源得到优化配置，才能使这类企业中的人力资源不仅能够发挥现有的能力，还能极大地发掘潜在能力，推动高新技术企业和产业的发展，继而推动整个国家经济的发展。

小 结

本章主要是对本书研究所涉及的相关概念、研究内容进行综述。包括知识的相关概念、理论，已有的关于知识在企业中运用的相关理论，以及知识创新和知识共享的相关研究综述；对于高新技术企业的概念特征的综述，界定了高新技术企业的核心竞争力的构成要件，进而引出对于人力资本、人力资源管理理论的综述。

第3章

高新技术企业核心竞争力形成的动力机制：动态匹配

高新技术企业在其发展过程中要想实现员工与组织的动态匹配，必须明确其核心竞争力形成的动力机制。本章在阐述高新技术企业人力资源管理的结构和性质变化的基础上，对高新技术企业的形成模式和成长机制进行了相应的分析，得出高新技术企业竞争力及其发展规律；运用超竞争理论和生态位理论剖析高新技术企业的竞争力；最后进行了高新技术企业员工与组织动态匹配的资源捕获模型分析，并从中得出有关结论。本章内容即是在这样一个思路下展开的。

3.1 目前我国高新技术企业的发展情况分析

表3-1到表3-5从科技经费、科技产出、科技人员、高新技术产业及技术贸易和国家高新技术产业开发区等方面论述了我国高新技术企业1999—2006年的发展情况。从这些官方统计数据中可以看出高新技术企业这8年中清晰的成长轨迹，有利于我们进一步探讨其发展过程中核心竞争力的形成机制及员工与组织动态匹配的重要作用。

表3-1 科技经费

年份	1999	2000	2001	2002	2003	2004	2005	2006
科技经费支出额（亿元）	1284.9	2050.2	2312.5	2671.5	3121.6	4004.9	4836.2	5790
国家财政科技拨款（亿元）	543.9	575.6	703.3	816.2	944.6	1095.3	1334.9	1480

续表

年份	1999	2000	2001	2002	2003	2004	2005	2006
占国家财政总支出的比例(%)	4.1	3.6	3.7	3.7	3.8	3.8	3.9	3.9
研发经费(亿元)	678.9	895.7	1042.5	1287.6	1539.6	1966.3	2450	3000
占国内生产总值的比例(%)	0.83	0.9	0.95	1.07	1.13	1.23	1.34	1.4

表3-2 科技产出

年份	1999	2000	2001	2002	2003	2004	2005	2006
专利申请量(万件)	13.4	17.1	20.4	25.3	30.8	35.4	47.6	57.3
发明专利申请量(万件)	3.7	5.2	6.3	8.0	10.5	13.0	17.3	21.0
专利授权量(万件)	10.0	10.5	11.4	13.2	18.2	19.0	21.4	26.8
发明专利授权量(万件)	0.8	1.3	1.6	2.1	3.7	4.9	5.3	5.8
SCI、EI、ISTP系统收录的我国科技论文数(万篇)	4.6	5.0	6.5	7.7	9.3	11.1	15.3	16.5
科技成果(项)	31060	32858	28448	26697	30486	31720	32359	32683

表3-3 科技人员

年份	1999	2000	2001	2002	2003	2004	2005	2006
专业技术人员(万人)	2143.0	2165.1	2169.8	2186.0	2174.0	2178.3	2197.9	2209.0
从事科技活动人员(万人)	290.6	322.4	314.1	322.2	328.4	348.2	381.5	390.0

续表

年份	1999	2000	2001	2002	2003	2004	2005	2006
科学家与工程师（万人）	159.5	204.6	207.2	217.2	225.5	225.2	256.1	264.0
RD人员（全时当量，万人）	82.2	92.2	95.7	103.5	109.5	115.3	136.5	142.0
科学家与工程师（万人）	53.1	69.5	74.3	81.1	86.2	92.6	111.9	118.0

注：专业技术人员指国有企事业单位专业技术人员中的工程技术人员、农业技术人员、科学研究人员、卫生技术人员和教学人员。

表3-4　高新技术产业及技术贸易

年份	1999	2000	2001	2002	2003	2004	2005	2006
高新技术产业增加值(亿元)*	2107	2759	3095	3769	5034	6341	8128	—
占制造业增加值的比重(%)	8.7	9.3	9.5	9.9	10.5	10.9	11.5	—
占GDP的比重(%)	2.35	2.78	2.82	3.13	3.71	3.97	4.44	—
高新技术产品出口额(亿美元)	247.0	370.4	464.5	678.6	1103.2	1653.6	2182.5	2814.9
占商品出口额比重(%)	12.7	14.9	17.5	20.8	25.2	27.9	28.6	29.0
技术市场签订技术合同(万项)	26.4	24.1	23.0	23.7	26.8	26.5	26.5	20.6
技术合同成交金额(亿元)	523.5	650.8	782.7	884.2	1084.7	1334.4	1551.4	1818.1

注：“*”为规模以上企业数。

表 3-5　国家高新技术产业开发区

年份	1999	2000	2001	2002	2003	2004	2005	2006
区内企业数（万家）	1.7	2.1	2.4	2.8	3.1	3.9	4.2	4.5
年营业总收入（亿元）	6774.8	9209.3	11928.4	15326.4	20194.0	27466.0	34415.6	42317.9
净利润（亿元）	398.7	597.0	644.6	801.1	1024.0	1423.0	1603.2	1975.7
实缴税金（亿元）	338.6	460.2	640.4	766.4	964.0	1240.0	1615.8	1879.2
出口创汇（亿美元）	119.1	185.8	226.6	329.2	570.0	824.0	116.5	1355.1

注：2006 年数据为快报数。

可以看出，近几年我国高新技术产业规模继续保持高速增长，但是略低于同期制造业的增长速度。以 2006 年为例，本书从高新技术企业在这一年中的行业类别、企业所有制特点、研发投入等方面总结出以下特点：

(1)高技术产业经济规模进一步提高

2006 年我国高技术产业的总产值达到 41996 亿元，比上年增长 22.2%，对全部制造业总产值增长的贡献为 13.4%。作为“十一五”开局年，我国高技术产业的产值规模虽然继续保持着较高的增长速度，但是增长速度不仅低于“十一五”5 年间的平均增速(27.0%)，而且还低于 2006 年制造业整体的增长速度(26.0%)。

2006 年高技术产业增加值突破 10056 亿元，比上年增长 23.7%。从高技术各产业的情况来看，电子及通信设备制造业增加值占整个高技术产业增加值的比重达 50.9%，比上年增长 27.5%，高于“十五”期间平均增长率5 个百分点，在五类高技术产业中增幅排在医疗设备及仪器仪表制造业之后处于第二位；医疗设备及仪器仪表制造业比上年增长 41.4%，比“十五”期间平均增速提高了 14.5 个百分点。

(2)高技术产业在整个制造业的比重有所降低

2006年高技术产业总产值占制造业的比重略低于2005年的水平，为15.3%(见图3－1)，同时也略低于"十一五"期间的平均比重(15.5%)。高技术产业作为制造业发展的先导产业，一直以来推动着我国制造业整体的高速发展，但随着我国其他制造业的快速增长，高技术产业经济产出总量在整个制造业中的比重略有下降。

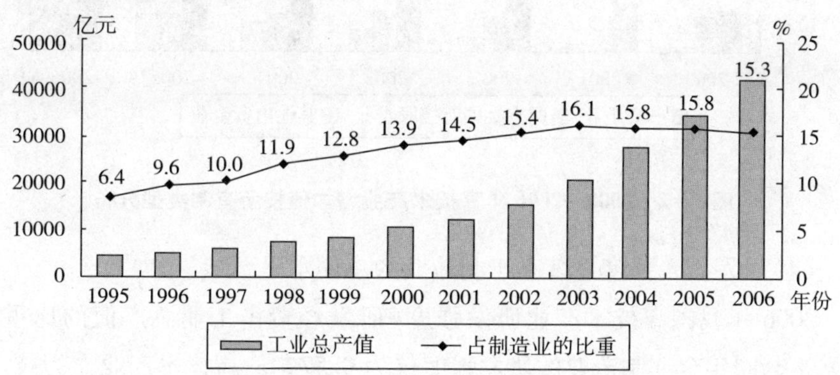

图3－1　1995—2006年我国高技术产业工业总产值及其占制造业的比重

注：该图按全部企业数据推算。

(3)三资企业持续保持高技术产业的主体地位

2006年，我国高技术产业企业共计19161家，比上年有较大增长。其中国有企业数量继续下降，共计1960家，延续了"十一五"期间快速减少的趋势；三资企业的数量和上年相比有较大增加，共计6999家，比2005年增加508家；其他类型的内资企业数量最多，占高技术产业企业总数的53.2%。

2006年高技术产业中的国有企业产业规模有明显减小的趋势，实现增加值1270亿元，比2005年降低了11%。相比之下，三资企业的产业规模呈现飞速的发展，2006年增加值达到6465.7亿元，比上年增长21.4%，不过略低于"十五"期间的年均增长率(29.9%)。三资企业与国有企业规模发展的巨大差异，使其在我国高技术产业的主体地位继续巩固，2006年的增加值占我国高技术产业总体的比重达到64.3%。2006年其他内资企业的产业规模已远超国有企业，达到2320.3亿元，比上年增长67.8%，但是增长率略低于“十一五”期间的平均增速（70.4%）。2000—2006 年高技术产业增加值按所有类型分布情况如图 3-2 所示。

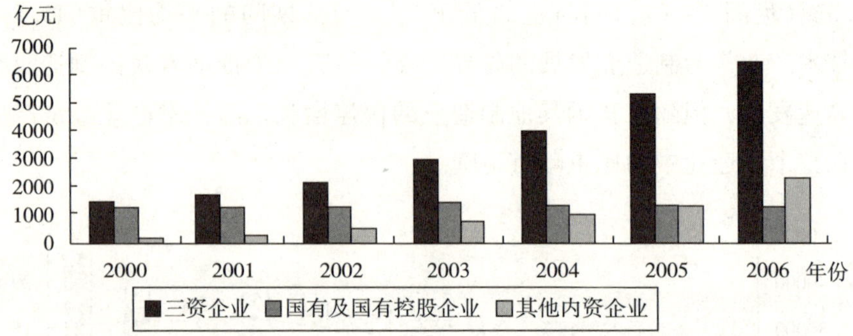

图 3-2　2000—2006 年高技术产业增加值按所有制类型分布

（4）研发投入强度显著高于制造业的总体水平

2006 年我国高技术产业研发强度（研发经费占工业总产值的比重）为 1.08%，同年全部制造业的研发强度仅为 0.57%。高技术产业作为技术推动型的产业，高研发投入是产业发展的直接动力。2004 年高技术产业研发经费支出及其增加值、比重情况如图 3-3 所示。

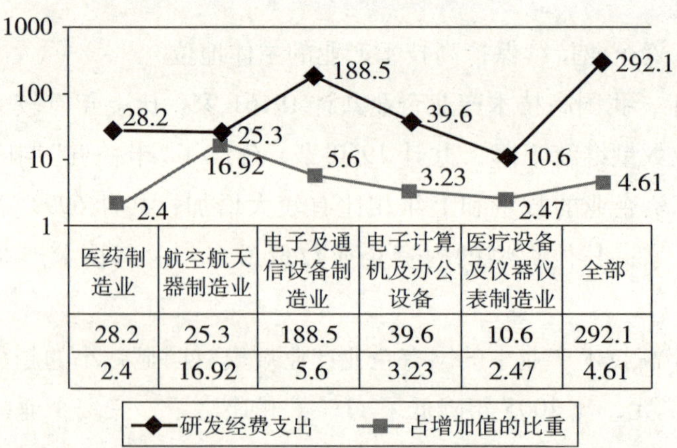

医药制造业	航空航天器制造业	电子及通信设备制造业	电子计算机及办公设备	医疗设备及仪器仪表制造业	全部
28.2	25.3	188.5	39.6	10.6	292.1
2.4	16.92	5.6	3.23	2.47	4.61

图 3-3　2004 年高技术产业研发经费支出及其占增加值的比重

从高技术产业的行业分布来看，电子及通信设备制造业的研发投入强度最高，2004 年超过 4.0%，其次是电子计算机及办公设备，研发投入强度超过1.3%；航空航天器制造业、医药制造业研发投入强度处于平均水平，都在0.9%以上；而医疗设备及仪器仪表制造业的研发强度相对处于较低水平，但据相关资料显示，2006年也达到0.65%，略高于制造业的总体水平。由此看来，我国高技术产业的总体水平虽然高于制造业整体，但各行业发展并不平衡。另外，从全世界的视角来看，我国高新技术企业在研发活动中，人力与劳动力人口的比例情况如表3-6所示。

表3-6 研发活动人力及与劳动力人口的比例

国家	研发活动人力（人/年）	研究人员	每万名劳动力中研发活动人力（人/年）	每万名劳动力中研究人员
中国(2004)	1152617	926252	15	12
美国(2002)	–	1334628	—	91
日本(2004)	896211	677206	135	102
英国(1998)	—	157662	—	56
法国(2004)	352485	200064	129	73
德国(2005)	469500	268100	114	65
澳大利亚(2004)	119384	81740	116	79
奥地利(2005)	46612	28207	116	70
加拿大(2002)	177120	112624	107	68
比利时(2004)	53938	31880	118	70
意大利(2004)	164026	72012	67	30
捷克(2005)	43370	24169	84	47
瑞典(2005)	77925	54041	169	117
瑞士(2004)	52250	25400	120	58
土耳其(2004)	39960	33876	16	14
芬兰(2005)	57471	39582	218	150
爱尔兰(2005)	16168	11151	80	55
丹麦(2005)	43545	—	151	—

续表

国家	研发活动人力（人/年）	研究人员	每万名劳动力中研发活动人力（人/年）	每万名劳动力中研究人员
墨西哥（2003）	60039	33484	15	8
冰岛（2003）	2940	1917	181	118
荷兰（2004）	91594	—	110	—
匈牙利（2005）	23239	15878	55	38
波兰（2005）	76761	62162	45	36
西班牙（2005）	173804	109753	83	53
俄罗斯（2005）	919716	464577	124	63
韩国（2005）	215345	179812	91	76
新加坡（2005）	28586	23789	119	99
南非（2004）	29696	17915	19	11
巴西（2004）	159600	—	—	—

资料来源：OECD《主要科学技术指标》2006/2；巴西数据来自瑞士国际管理发展学院《国际竞争力报告》2006 年。

3.2 高新技术企业人力资源管理水平和操作现状

早在20世纪90年代中后期，伴随着大量外资企业的进入，国外先进的人力资源管理理念已被带到了国内；同时中国经济的迅猛发展和市场竞争的日益激烈，也使国内的许多管理大师和学者们对人力资源管理在企业管理中的地位和作用进行了重新界定，由此掀起了国内人力资源管理的第一个高潮。但当时人们对人力资源的认识还仅停留在概念阶段，缺乏将先进的管理理念与中国企业的具体实践相结合。随着人力资源管理在中国的不断发展，特别是得到很多本土企业的重视和有效实践，人力资源发展已经趋于比较平稳的实践阶段。以高新技术企业为例，通过调查我们可以看到，现在有很多公司都设置了专门的人力资源管理部门，担负起了人才招聘、薪酬福利管理、绩效考核、培训发展等关键职能。人力资源部门在企业发展中所承担的责任和所扮演的角色也越来越得到员工们的认可，人力资源方面的相关政策也会直接影响员工的工作以及感受，甚至有一部分员工在选择自己将要服务的企业时，会将该公司人力资源管理水平作为对该公司整体评价的一个重要指标。由此可见，人力资源管理的概念已经深入人心，而且人力资源管理水平对于公司和员工的发展将起着越来越重要和直接的影响。

分析我国高新技术企业人力资源的状况，不能只考虑其数量规模、结构和分布，还要考虑人力资源的质量、能力和水平，同时还要注意环境对高新技术企业员工的影响(激励和制约)。高新技术企业员工所具有的素质、能力和水平只有通过在一定环境条件下的科技活动所产生的科技成果中才能表现出来。描述高新技术企业人力资源状况的相关因素如图3－4所示。

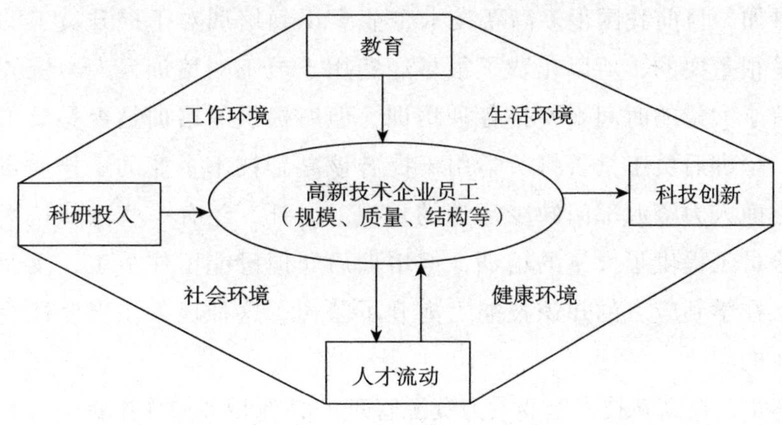

图3－4　高新技术企业员工状况的因素关联

在高新技术企业中，科技环境指的是工作环境、生活环境、健康环境及社会环境，科技环境既影响到高新技术企业员工的工作产出效率，又影响到其稳定和流动的发展变化。科研投入和科技创新是高新技术企业人力资源的输入和输出。科技人才的培养教育是高新技术企业科技人力资源队伍发展壮大的基础，高新技术企业员工的数量和质量与教育系统密切相关。同时，人才的流动也直接影响到高新技术企业员工的数量和质量。

就高新技术企业来说，现行的人力资源管理水平呈现出参差不齐的情况，在一些比较知名的高科技企业和本土的知名大公司，大多拥有先进的人力资源管理理念和比较完整的人力资源管理系统，人力资源方面的相关政策规定也比较成熟，同时有比较专业的人力资源管理人员。但这样的公司在我国国内市场毕竟占少数，市场上大多数公司的人力资源管理还处于事务性管理阶段，这使得我国的高新技术企业在其运行过程中产生了诸多问题，非常不利于高新技术企业核心竞争力的形成。例如，我们所调查的部分企业，其招聘通常是根据企业的业务发展需要和正常人员流失等方面的需求制订出企业的人力需求规划，通过一系列招聘策略和渠道，并采用适当的招聘技术，根据企业对岗位职责的要求，为企业招聘到相应的员工，但对于招聘来的员工是否就是最适合的，是否能尽快融入高新技术企业的大团队中来，是否认同公司的价值观和文化等方面的问题，人力资源部门的人关注得却太少。

再如，目前我国很多高新技术企业意识到培训对于提升员工的技能技巧是很重要的，所以花费了很多经费用于员工的培训，人力资源部门也花费了大量的时间来安排各种培训，但所提供的培训是否是员工最需要的，培训后员工是否将所学用于提升该高新技术企业的工作质量，在这些方面人力资源部门缺少足够的重视。另外，还有一些高新技术企业尽管给员工提供了大量的培训，但培训后非但没能留住员工，反而有很多员工在学到应有的知识技能后离开了公司，这种现象在当今社会是普遍存在的。

其实，在高新技术企业人力资源管理的其他相关操作中都会存在诸如此类的问题，关键是企业在其发展的过程中是否意识到问题所在，是否在推行每一个实践活动时都能考虑到该活动给组织所带来的影响，在多大程度上可以帮助组织和员工的发展。人力资源管理不能仅仅关注人力资源本身，特别是不能将每一项任务或活动割裂开来进行，而应该更多地与组织结合起来，在组织环境下，用战略性思维来指引我们的日常管理。高新技术企业人力资源唯有跳出自身管理的框架，站在一个更高的层面来看待自身的工作，才能使员工想组织所想，真正做有益于组织建设的事情。也唯有如此，人力资源管理才能发挥组织和战略伙伴的作用，从而促使高新技术企业核心竞争力的形成。

3.3 高新技术企业的形成模式和成长机制

在竞争中不断创新是高新技术企业发展的必然选择。根据对高新技术企业的形成机理的认识和实地调研，其形成过程可以总结为以下四种模式：

(1)利用独自创造的技术创立高新技术企业

这是高新技术企业发展的主要机制。一般从风险企业起步，依靠自有核心技术，逐步发展壮大成高新技术企业。由于这类企业采用了风险企业的创业组织形式，所以它们能够把创业者的人力资本与投资者的风险资本进行有机结合，符合高新技术企业发展的内在规律，是高新技术企业最为典型的成长机制。惠普、苹果、英特尔等就是这类企业的典型代表。

(2)利用引进技术创立高新技术企业

企业往往与大学、科研机构或其他企业进行合作研究或采用委托研究的方式，也可以通过合资、合作、独资经营等方式引进国内外技术或购买国外技术专利得到国外高新技术。这种方式对于在短期内提高技术水平十分有效，便于高新技术企业在发展中国家和地区的发展。

(3)政府主导型

是指政府作为主导力量参加组建或直接组建的高新技术企业。对于一些特定产业领域，即与国家利益直接相关，或涉及公共领域，或是天然垄断领域，在这些领域出现的高新技术企业必然会受到政府部门的调节、参与或直接控制。事实上，这些领域的许多高新技术企业是在国家意志的直接控制下组建并发展起来的。政府主导型企业主要有国防技术、与国家重要战略相关的企业。如美国的洛克希德公司就是在联邦政府军品订单的资助下发展起来的。

(4)转化型

转化型是指由一般企业演变成高新技术企业。高新技术企业与一般资源型企业的显著区别就在于前者拥有更强的技术创新意识和能力，以高新技术产品开发为经营核心，具有较强的前导性。目前，由于以人力资本和资源谋取优势的作用越来越小，许多资源型企业为适应技术和市场的变化，已开始向同行业的高新技术方向发展，或转向其他行业的高新技术领域。其中，最典型的例子是美国的国际商用机器公司(IBM)和韩国的三星集团。

特别是在中国，由于具体国情，高新技术企业自身的成长机制具有特殊性，主要有以下几点成长机制：一是部分大中型企业，以核心产品为龙头，实行配套技术改造，引进和培养高新技术人才，增强其高新技术的研究与开发能力；部分企业通过管理创新，建立现代企业制度，提高企业的整体素质和实力，成为高新技术企业，主要代表为：股份制高新技术企业的国有企业。二是通过引进国外先进技术和装备，实行自主开发与引进消化吸收、创新相结合，提高先进技术装备的制造能力，从而嫁接成高新技术企业，这类企业以外商或港澳合资、合作企业为代表。三是部分拥有高新技术成果的科研单位和科技人员，通过分流人才，他们或进入高新技术创业服务中心培育，或直接领办、创办民营科技企业，发展技工贸相结合的科技实体，孵化成高新技术企业，虽然创业中心组建的时间较晚，但此类高新技术企业发展速度很快，势头很好。四是有条件的乡镇企业，通过与高校和科研院所联合，大力吸收人才，增强研究开发能力，大力开发高新技术产品，加快高新技术转化的进程，创建成高新技术企业，这类高新技术企业主要是部分乡镇企业。其中，高新技术企业的主要形成机制是第一类和第二类。

高新技术企业是建立在高新技术基础上的新型企业组织，相较于传统企业，在人力资源、资金、技术、风险性、效益和变化程度等方面有所不同，如表 3-7 所示。

表 3-7　高新技术企业与传统企业的比较

特征项目		传统企业	高新技术企业
人力资源	员工教育程度	一般	高
	科技人员比重	低	高
	普通工人比重	较大	较少
	管理者技术素质要求	不高	高

续表

特征项目		传统企业	高新技术企业
资金	研究开发经费密度	低	高
	资金需求变化	较稳定	不稳定
技术	产品技术含量	低	高
	产品生命周期	较长	较短
	产品性价比	低	高
风险性	投资风险	相对较低	相对较高
	市场风险	一般	大
	管理风险	一般	较大
效益	原材料占成本比重	高	低
	人均产值	低	高
	资金利润率	一般	高
变化程度	组织结构	较稳定	变化较快
	市场需求	较稳定	复杂多变
	环境稳定性	较稳定	动荡
	发展速度	快慢不一	快

3.4 高新技术企业竞争力及其发展规律

竞争是“一个生物个体和社会组织，为了生存与发展的需要，为了获得某种利益或达到某种目标，与另外生物个体或社会组织（竞争对手）进行的角逐和较量”。而随着知识经济和经济全球化的迅猛发展，一般意义上的竞争观念必须发生改变。企业竞争力是企业在竞争环境中，在有效利用甚至创造企业资源的基础上，在产品和服务方面比竞争对手更好、更快地满足消费者需求，为企业带来更大的利润，进而促使企业持续发展的能力。因此，本书将高新技术企业竞争力定义为：作为独立经济实体的企业，高新技术企业在竞争过程中，通过自身要素的优化配置与外部环境的有机交互，使其在市场结构和竞争体系中占有相对优势，进而处于良性的可持续发展状态的能力。

一般意义上讲，任何事物的发展都离不开人才，所以企业间的竞争即是人才的竞争。具体到高新技术企业，高智能和高知识性是其基本特征，人才优势特别是科学技术人才是高新技术企业在竞争中取胜的根本保证。因此，高新技术企业竞争力主要体现在高新技术企业的技术、组织、制度等方面的竞争能力，其形成的动力机制最终还是要归结为员工与组织的动态匹配，即企业人、财、物等各种资源的优化配置方面。

每年国际机构都要公布主要国家（46～48个国家）的竞争力排名，中国1995年为34位，2001年为33位。七项指标的排名分别是：国内经济实力为12位，国际化程度为27位，政府政策导向为21位，财政金融为44位，基础设施为45位，科学技术为26位，人员素质为40位。其中，人员素质的子项目：劳动力特征为46位，教育结构为45位，生活质量为45位，劳动力的心态为42位，这说明中国的人力资源管理与开发比较落后；管理水平的子项目：生产率为38位，企业效率为45位，企业家精神和管理效率为47位，说明中国企业家管理水平低下，特别是企业经营者素质不高，企业家精神十分缺乏。从表3－8中的数据可以看出，中国高新技术企业技术人力资源数量正在逐渐增加，这是高新技术企业发展壮大的根本所在，也是从人力资源管理入手研究员工与组织动态匹配的基础。

表3－8　全国高新技术人力资源基本情况

单位：千人

年份	2000	2001	2002	2003	2004	2005	2006	2007
工程技术人员	8660	8936	9083	9275	9235	9133	9130	8660
农业科技人员	801	840	865	935	986	1027	1056	801
卫生科技人员	4708	4837	4900	5055	5189	5255	5376	4708
科学研究人员	539	518	489	489	488	468	458	539
教学人员	14553	14993	15553	16406	17190	17880	18579	14553
合计	29260	30124	30891	32160	33088	33763	34599	29260

资料来源：国家科学技术部网站。

员工与组织的动态匹配是高新技术企业竞争力形成的动力机制。实践表明，雄厚的资本、悠久的历史不再成为企业成功的必然要素，随着现代信息与通信技术的迅猛发展，人类社会正快速向知识经济型社会转变，而与知识社会密切相关的高新技术企业已成为世界发达国家竭力追求的“产业制高点”。作为具有高风险特征、属于资本密集型的高新技术企业，面对日益激烈的市场竞争，特别是入世后同时面临国内同行和国际强大竞争对手的双重挑战，能否尽快培养和建设起一支适应竞争需要、数量充足、有质量保证的人才队伍，关系到高新技术企业的生存和发展。众多成功企业的发展历程表明，重视和加强人力资源的开发和管理，形成强大的人力资源竞争力，这是企业在知识经济时代提高核心竞争力、保持持久竞争优势的必经之路。

从高新技术企业的发展过程可以总结出，其企业演进过程主要经历了四个阶段：第一个阶段是技术专属和要素推动阶段，此阶段主要取决于技术要素上拥有的优势，其次还有人力资源和资金要素等，除技术专属外，与传统比较优势理论的表述是一致的。第二个阶段是投资推动阶段，此阶段的竞争优势主要取决于资本要素；大量投资可更新设备、扩大规模，从而增强产品的竞争能力。第三个阶段是创新推动阶段，竞争优势主要来源于技术和人力资源的增强。第四个阶段是财富推动阶段，此阶段创新、竞争意识明显下降，经济发展缺少强有力的推动。

3.5 高新技术企业竞争市场的快速形成

3.5.1 高新技术企业超竞争

戴维尼认为，超竞争是指高新技术企业随市场竞争的加剧、技术创新频率的不断提高，企业竞争优势的培育与毁灭正在以极快的速度进行着，任何一个竞争者能够保持其原有竞争优势的时间正在加速缩短，这种相对于传统的竞争方式叫作超竞争。高新技术企业竞争力中超竞争时代的到来，改变了原有的竞争环境，主要表现为竞争环境的动荡逐步加剧，同时环境变化的速度也越来越快，技术更新能力也越来越快，高新技术企业总是处于不断的变化和非均衡的状态之中。在这种动态的危机变化之中，高新技术企业如果不能根据现实环境做出正确的竞争策略选择，就很难保证企业的长期生存和发展。因此，如何适应竞争环境从传统竞争向超竞争的转型，保持自身的长期生存和发展就成为每一个处于知识经济时代的企业，尤其是高新技术企业迫切需要解决的问题。

如今，超竞争是高新技术企业特有的竞争方式，其产生的动因与高新技术企业的产品和竞争特征紧密相关，包括技术的扩散和溢出效应使产品生命周期缩短，市场全球化引发竞争的加剧，等等。在超竞争条件下，高新技术企业需要全新的企业竞争理念，并不断创造出一连串的短期竞争优势以使公司始终处于领先一步的市场主导地位。

可见，超竞争既是高新技术企业竞争力演进的动因，又是高新技术企业永葆竞争力的不二法则。通过超竞争，高新技术企业的竞争力将得到不断的提升，将始终保持一种积极向上的竞争态势和引领潮流的竞争优势。同时，高新技术企业竞争力不断演进的诱因就是市场超竞争的压力，其适应超竞争的能力判断就是进行“创造性”的能力，这种能力不但需要高新技术企业具有不断超越自我的战略能力，同时还必须具有与之相应的技术创新、员工与组织动态匹配能力等。

3.5.2 高新技术企业竞争的生态位理论剖析

竞争是共同利用有限资源的个体间的相互作用，会降低竞争个体间的适合度。企业竞争实质上就是对稀有生态资源进行有效控制并产生相应效益的竞争，企业生态位是企业在整个生态资源空间中所能获得并利用的资源空间的部分。企业生态位的竞争是企业间争夺优质的资源空间和扩大可获得资源空间的幅度，是企业在特定时期和特定生态环境中能动地与企业内外部环境及其他企业相互作用过程中所形成的相对定位与功能作用。

在市场经济下，任何企业都存在力求最大限度地获取生态位中的资源和侵占更优的生态位的强烈欲望，都希望占有更高的市场份额，企业的竞争带来科学技术的进步，不断创造出新的生态资源和生态位，扩大生态空间，使整个组织的人、财、物等资源在已有的生态位中进行配置、控制和优化。

在研究高新技术企业的核心竞争力形成的动力机制中，要明确高新技术企业要成长首先要学会生存，所以说，生存是成长的首要条件。找准实际生态位，对高新技术企业的生存和成长至关重要。在市场经济下，任何企业都存在更高生态的强烈欲望，都希望占有更多的生存资源，在这种竞争环境中必然是优胜劣汰，所以其员工和组织的动态匹配具有举足轻重的作用。

高新技术企业核心竞争力的动力机制即员工和组织动态匹配的生态资源捕获模型可以由美国学者Lotka（1925）、意大利学者 Volterra（1926）提出的生态学中的 Logistic 增长模型来进行模拟。企业 Logistic 增长模型是建立在以下两个假设基础上的：

①假设有一个企业生态系统环境条件允许的企业种群数量的最大值，这个数值称为企业生态系统的环境容纳量或者负荷量，通常用 K 表示。当企业种群数量达到 K 时，企业种群将不再增长，即

$$\frac{dN}{dt}=0$$

②假设企业生态系统的环境条件对企业种群的阻滞作用随着企业种群密度的增加而按比例增加，即

$$f(N)=\frac{K-N}{K}$$

从而构建的企业 Logistic 增长模型为

$$\frac{dN}{dt}=rN(K-\frac{N}{K}) \tag{3-1}$$

企业 Logistic 方程描述了这样一个过程：企业种群密度为企业生态系统的环境容纳量所制约，当种群的密度低时其增长接近指数增长，但其净增长率同时因种群的增长而降低，直至增长率为 0。这就是说，在种群密度与增长率之间存在依赖于密度的反馈机制。

现假定有特定员工和特定组织两个种群，当他们单独成长时其增长形式符合 Logistic 模型，其增长方程为

员工种群 1

$$\frac{dN_1}{dt}=r_1N_1(K_1-\frac{N_1}{K_1}) \tag{3-2}$$

组织种群 2

$$\frac{dN_2}{dt}=r_2N_2\left(K_2-\frac{N_2}{K_2}\right) \tag{3-3}$$

式中，

N_1、N_2 分别表示员工和组织这两个不同种群的数量；K_1、K_2 分别表示生态系统中上述两个种群的最大容纳量即最大适应量；r_1、r_2 分别表示员工和组织这两个种群的内禀增长率。

内禀增长率，是指在企业的资源、生存环境和地区内其他种群企业的数量处于最优情况下某员工和组织种群所获得的最大增长率。

如果将员工和组织这两个种群放置在一起，则他们就要有一个适应的过程，在此配合中，一个种群的动态变化会在一定程度上影响另外一个种群的变化。假定员工种群 1 和组织种群 2 的竞争系数为 α 和 β，这里的员工种群 1 泛指与其相匹配的个体，其中 α 表示在物种 1 的环境中，每存在于一个组织种群 2 的个体对于员工种群 1 的种群效应。β 表示在组织种群 2 的环境中，每存在一个员工种群 1 的个体对于组织种群 2 的种群效应。同时，并假定两种种群之间的各自的竞争和适应系数保持稳定。

因此，员工种群 1 在该环境中的种群增长方程为

$$\frac{dN_1}{dt}=r_1N_1\left(\frac{K_1-N_1-\alpha N_2}{K_1}\right) \tag{3-4}$$

组织种群 2 在该环境中的种群增长方程为

$$\frac{dN_2}{dt}=r_2N_2\left(\frac{K_2-N_2-\alpha N_1}{K_2}\right) \tag{3-5}$$

从理论上讲，员工种群与组织种群的匹配以及成长结果是由这两个种群的竞争系数 α 和 β 以及 K_1、K_2 的比值关系决定的，所以可能有以下四种结果：

①$\alpha>\frac{K_1}{K_2}$或$\beta>\frac{K_2}{K_1}$，员工和组织两个种群都有可能获胜，达到协调发展；

②$\alpha>\frac{K_1}{K_2}$或$\beta<\frac{K_2}{K_1}$，员工种群将被埋没，组织种群获得发展；

③$\alpha<\frac{K_1}{K_2}$或$\beta>\frac{K_2}{K_1}$，员工种群取得进一步的发展，组织种群衰退；

④$\alpha < \frac{K_1}{K_2}$或$\beta < \frac{K_2}{K_1}$，员工种群和组织种群共存，达成某个平衡。

根据以上分析得出，每个生物物种在长期的生存竞争中都会拥有一个最合适自身生存的时空位置(即最佳匹配度)，在这种情况下，物种所能利用的资源最大化。一个物种所达到的最佳匹配度实际上就是这个物种所占有的生存资源总和。

3.5.3 竞争市场的形成过程

目前，在同质化竞争普遍存在的高新技术企业市场，仍有一些企业能够保持相对较高的利润率，重要原因之一是员工与组织在很大程度上实现了较好的动态匹配，从而成功地塑造了与企业发展相匹配的核心竞争力。

对于高新技术企业竞争力市场的快速形成，国内外关于竞争力体系和企业竞争力的研究已有很多成果，但对高新技术企业这一企业类型还没有进行系统的研究。一般而言，战略发展随着高新技术企业的生命周期和规模的不同，将经历数量扩大、地区开拓、纵向联合发展和产品多样化四个阶段的显著变化。在这样一种情况下，对员工和组织的协同发展实时地进行动态匹配就显得尤为重要了。当然，这种动态的匹配互动关系，不仅仅表现在员工自身的能力和素质为了适应企业发展及战略调整而做出一定的变化，更多地还表现在两者之间的总体匹配上，特别是在战略执行方面需要优化员工的进一步配置和流程规范。这种匹配是高新技术企业发展过程中战略有效执行的保障，而不匹配的组织架构则会在战略实施后引发流程混乱，效率低下，最终不利于高新技术企业的长远发展。

高新技术企业员工与组织间的动态匹配是高新技企业核心竞争力形成的动力机制，近年来逐渐引起学者和管理者们的重视。当高新技术企业人力资源面临组织转型、人员缩减、内部结构重大调整等问题时，管理者如何能够挑选出与组织匹配度高的员工，能够积极配合组织的经营理念，以及如何激励员工为共同的目标而努力奋斗，将是高新技术企业能够保持竞争力和弹性，以及应对各种环境挑战的关键。

在高新技术企业中，若要实现员工与组织的动态匹配，具体来说包括以下几个方面：员工的素质与组织相匹配；岗位与报酬相匹配；岗位与企业管理相匹配；岗位与管理政策、人力资源开发政策相匹配；岗位与效价相匹配；岗位的难度、明确性与岗位自身价值相匹配；岗位与空间相匹配；才能与岗位相匹配；等等。

3.6 高新技术企业员工与组织动态匹配资源捕获模型

我国高新技术企业在人力资源管理过程中，如何将人力资源管理与组织发展有机地结合起来，实现组织和员工之间的完美匹配，并在达成组织目标的同时，能够实现员工个人的自我价值，这是我国高新技术企业人力资源管理需要考虑的深层次问题。下面借鉴经典模型就高新技术企业员工与组织动态匹配的资源捕获作详细分析，借鉴 Volterra(1926)的食饵－捕食方程式，进一步说明高新技术企业核心竞争力动力机制的演变过程。

我们给出关于企业生态资源捕获的基本模型

$$\begin{cases} \dfrac{dx}{dt} = r_0 x - bx^2 - cxy \\ \dfrac{dy}{dt} = -ey + c'xy \end{cases} \tag{3-6}$$

式(3－6)中，各变量及参数的含义如下：

x——高新技术企业的资源密度。

根据 Volterra 的食饵－捕食模型，生物物种间的竞争是一种对食饵的竞争，而企业的竞争实质上就是对稀有的企业生态资源的竞争。因此，企业间为之发生竞争的食饵就是企业生存与发展所需的生态资源。具体到高新技术企业，其所需的各种资源是有限的，企业在其整个生命周期发展的过程中都在持续不断地与其他企业争夺这种资源，因此企业对生态资源的争夺而产生的竞争行为是连续的。上述模型中的 x 即表示一定区域中，高新技术企业生存与发展所需，并为之与其他有生态位重叠的企业发生竞争的企业资源密度。

y——组织竞争密度。

如果将高新技术企业间对资源的竞争看作是一种生物物种的捕食行

为，则企业竞争密度就可以看作是捕食者密度。上述模型中的 y 即表示组织竞争密度，它指的是一定范围内单位面积的组织资源数量(不考虑员工进入组织的时间差异)。

r_0——组织的内禀增长率。

组织的内禀增长率是指在企业的资源、生存环境和组织内员工的数量及质量处于最优情况下所获得的最大增长率。

$\frac{dx}{dt}$和$\frac{dy}{dt}$分别为 x 和 y 对时间 t 的导数，其中各系数都大于0。

因此，上述模型描述的是高新技术企业的资源密度和组织竞争密度之间的相互作用，即 x 与 y 的相互关系。

通过对上述方程式的变形，可以得出

$$\frac{dx}{dt}=r_0x-bx^2-cxy\rightarrow\frac{dx}{dt}=r_0x(1-\frac{r_0x}{b}) \tag{3-7}$$

方程式(3－6)还遵循以下假设：

①在企业间没有进行生态资源的竞争，即资源捕获时，企业的资源种类遵循前文所述的 Logistic 方程式，具有内禀增长率 r_0 和区域环境容纳量$\frac{b}{r_0}$。

②企业捕获资源的速率与组织密度及其区域企业生态资源密度的乘积成比例。

解方程式(3－6)可以得出，在任意时刻 t，组织竞争密度 y 与高新技术企业的资源密度 x 的相互关系。

由于上述两方程均为高阶方程，所以不易求解到其具体的函数式。为了得到组织竞争密度与企业资源密度的对应关系，可以采用相位图示方程解的轨迹。通过在任一时间 t，系统的状态为 x 及 y 的值充分描述；对每一个状态在(x，y)面上，即所谓的“相位平面”上有着相应的一点。如果给相位平面中的每一点附上一箭头，指示一个组织系统在该点将会运动的方向，则连接这些箭头而形成的图就表示了这个系统将如何运动的轨迹。由此可以得出组织密度与企业资源密度的对应关系和规则。

第一步是在相位平面中画出$\frac{dx}{dt}=0$（箭头与 x 轴平行）与$\frac{dy}{dt}=0$（箭头与 y 轴平行），因此

$$\begin{cases}\frac{dx}{dt}=0, r_0-bx-cy=0\\ \frac{dy}{dt}=0, -e+c'x=0\end{cases} \tag{3-8}$$

当$\frac{dx}{dt}$和$\frac{dy}{dt}$同时为 0 时

$$\begin{cases}x=\frac{e}{c'}\\ y=\frac{r_0}{c}-\frac{be}{cc'}\end{cases} \tag{3-9}$$

由于一个范围的组织密度和区域组织资源密度都必须大于 0，因此

$$\begin{cases}\frac{e}{\gamma}>0, \text{当 } x>0\\ \frac{r_0}{b}>\frac{e}{c'}\text{或}\frac{r_0}{c}>\frac{bc}{ec'}, \text{当 } y>0\end{cases} \tag{3-10}$$

这种状态是区域范围内组织与其所依赖的资源同时存在时的一种稳定状态。其中，$\frac{r_a}{b}>\frac{e}{c'}$表明在特定的范围内，组织资源的容纳量必须足够大，才能满足组织群的竞争需要。

由方程式（3－8）可以得出

①当 $x>\frac{e}{c'}$时，$\frac{dy}{dt}>0$；

②当 $y<\frac{e}{c'}$时，$\frac{dy}{dt}<0$；

③当相位平面中的点位于线 $r_0-bx-cy=0$ 以上时，$\frac{dx}{dt}>0$；

④当相位平面中的点位于线 $r_0-bx-cy=0$ 以下时，$\frac{dx}{dt}<0$。

因此，通过相位平面中对方程解的相应的点的轨迹进行连接，这些箭头可以连成一个轨迹，它是螺旋形的并且向固定点收敛，如图 3－5 和

图3－6所示。

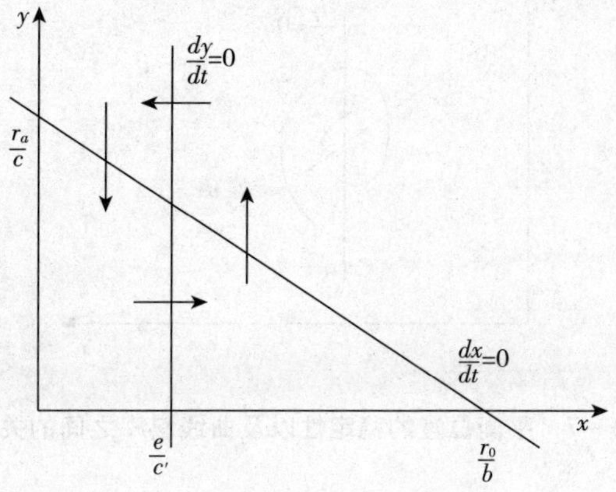

图3－5 Volterra 方程相位图解一

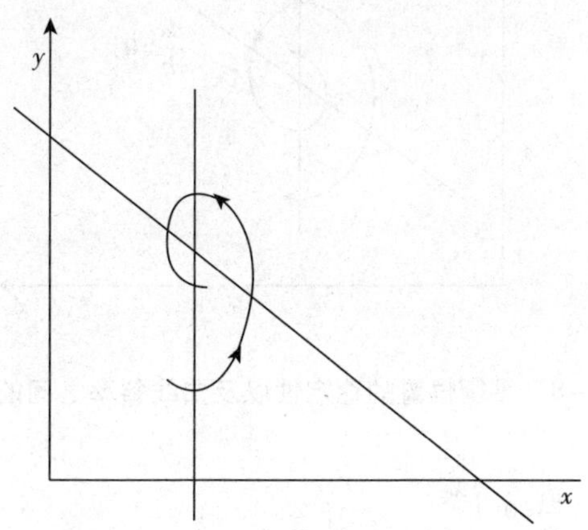

图3－6 Volterra 方程相位图解二

螺旋的收敛性质遵循$\frac{dx}{dt}=0$ 和$\frac{dy}{dt}=0$ 两条线交叉所形成的角度，如3－7和图3－8所示。

因此，方程式(3－6)的图解可以如图3－6所示那样表示出来。从图3－8中可以看出，传统组织的资源捕获方程的解用相位图的形式表现为一段螺旋形的且向固定点收敛的轨迹，该轨迹取决于$\frac{dx}{dt}=0$ 和$\frac{dy}{dt}=0$ 两直线交叉所形成的角度。

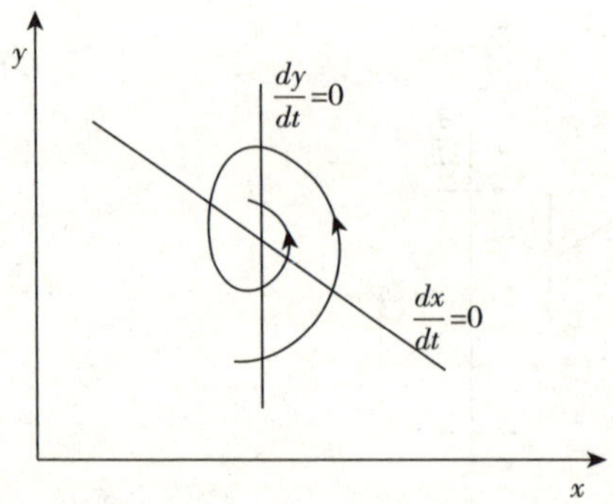

图3－7 平衡位置的稳定性以及曲线斜率之间的关系一

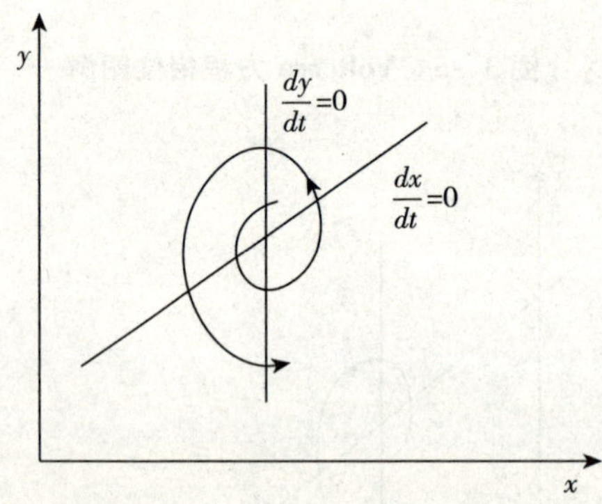

图3－8 平衡位置的稳定性以及曲线斜率之间的关系二

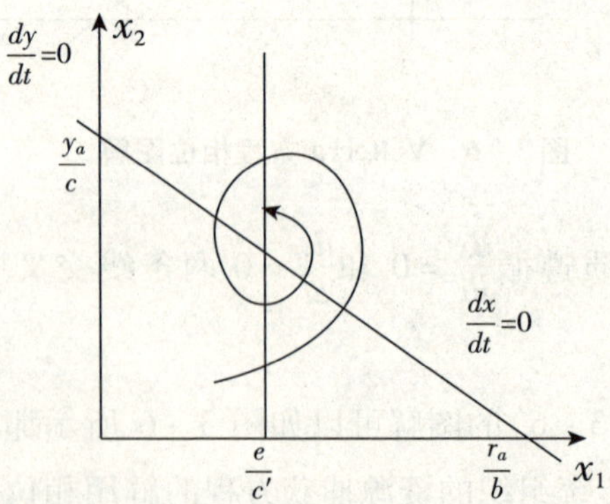

图3－9 组织资源捕获方程图解

从图 3－9 中可以看出，当今社会高新技术企业组织的资源捕获轨迹具有很大的振荡性，并且资源捕获者振荡在相位上延迟落后于资源之后，资源捕获系统处于无序状态。因此，高新技术企业的资源捕获轨迹的封闭性意味着高新技术企业资源捕获轨迹振荡的振幅取决于我国高新技术企业的初始条件。若高新技术企业在创立之初，产品与市场定位以及企业的经营战略使得其企业接近于它的稳定状态，则在企业生态资源捕获上发生的振荡振幅将始终处于小幅状态；若高新技术企业在开始就远离其稳定状态，包括对于自身资源的匹配和掌控，则它将在企业生态资源捕获上始终保持一种大幅度振荡状态。

因此，高新技术企业的核心竞争力形成的动力机制还要落脚到员工种群和组织种群的动态匹配视角中来。员工与组织的动态匹配是高新技术企业核心竞争力形成的动力机制，通过专业技术、生产要素、投资资本、创新能力和物质财富推动，形成时间和空间的动态匹配过程，从而全面提升企业绩效，如图 3－10 所示。

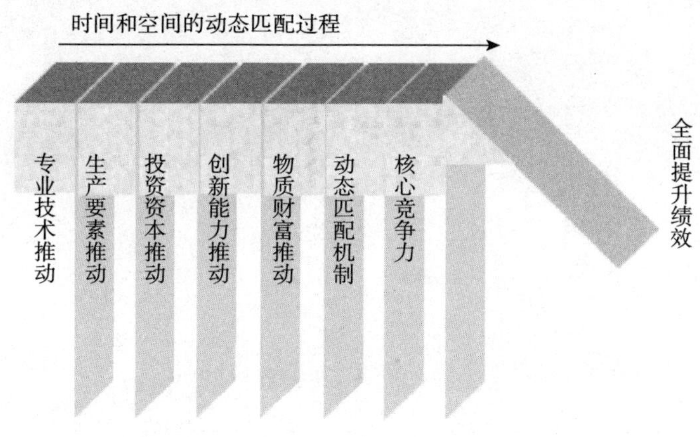

图 3－10　核心竞争力形成的动力机制

小　结

由以上几节的分析我们可以看出，我国高新技术企业要实现员工与组织的匹配，就必须对高新技术企业目前的发展情况进行透彻的分析。了解高新技术企业人力资源管理的结构和性质变化，并对高新技术企业的形成模式和成长机制进行相应的阐述，得出高新技术企业竞争力及其发展规律，并运用超竞争理论和生态位理论剖析高新技术企业的竞争力，最后还进行了高新技术企业员工与组织动态匹配的资源捕获模型分析，并从中得出有关结论，即根据他们之间的关系从而阐明高新技术企业员工与组织的动态匹配是其核心竞争力形成的动力机制。

第4章

高新技术企业员工与组织的特征及关系分析

高新技术企业的典型特征是凸显本企业中人力资本的价值，人力资本对于高新技术企业竞争优势的影响力与日俱增。这是由于高新技术企业直接经济效益的增长、市场销售能力的提高、产品研发能力的增强在一定程度上依赖于企业人力资源的各项活动。员工是高新技术企业最活跃的核心资源，是企业技术创新的源泉和发展的关键。员工的状况反映了企业技术创新的综合能力，员工的数量、素质、研发活动的组织及激励是高新技术企业规模和力量的具体体现，是企业进行创新活动的决定性因素。由此看来，对于迅速成长的高新技术企业来说，员工是形成企业竞争优势的重要来源。因为特征决定能力，能力影响绩效表现，因此在研究人与组织匹配的过程中关注组织与员工之间的特征与关系具有重要的意义。

本章主要沿着以下的思路来展开对高新技术企业员工与组织特征及关系的分析：首先，说明高新技术企业人力资源管理的结构和性质变化；其次，运用企业的生命周期理论对高新技术企业进行组织的特征分析，并运用人力资源管理、组织行为学等学科的一般理论来分析高新技术企业员工的特征，从而阐明高新技术企业员工与组织之间的关系，对于高新技术企业员工与组织匹配的基本原则与标准进行说明；最后，运用博弈论的方法，通过构建特定的博弈模型，来揭示员工与组织匹配关系中的某些规律，并从中得出有关结论。

4.1 高新技术企业人力资源结构和性质的变化

4.1.1 高新技术企业的特征描述

虽然高新技术企业的发展历史很短，并且也只是在少数发达国家才可能较为精确地进行规范的描述，但是这种企业形式集中反映了当今知识经济发展所带来的企业组织形式的特点，也表征着企业未来的发展方向。我国于20世纪80年代开始通过园区模式、高新技术计划模式等方式大规模地发展高新技术企业。目前，新型高新技术企业不断增多，传统企业改造步伐加快，其发展速度是惊人的，北京在2005年新增工业产值中，高新技术企业所创产值占78%。

总体来说，高新技术企业是指利用高新技术生产高新技术产品，提供高新技术劳务的企业。它是知识密集、技术密集的经济实体。截至2014年，通过国家高新技术区认定的高新技术企业已达到8万多家。高新技术企业的特征可归结为以下几个方面：

第一，高投入性。一般来说，高新技术企业建立的成本是传统企业成本的10~20倍，其发展需要不断投入高额的研发经费，来配置高新技术研究所需的大量高、精、尖设备和相应的高技术人才。由此可见，高新技术企业的高投入是由两个客观因素决定的：一是高新技术企业所从事的是一种创新活动，需要进行大量的探索性工作；二是高新技术企业的产品是一种引导和创造需求的产品，需要进行市场的开发与培养，即进行市场投入。

第二，高风险性。高新技术企业的风险主要来自其所面临的众多不确定的因素，不确定性主要有三个方面：一是技术与产品研发过程本身的不确定性；二是产品的研发是根据立项时对未来市场的预期，而未来的市场有很高的不确定性；三是其他不确定因素，包括社会和政策方面的不确定性。高新技术企业的高风险性主要体现在三个方面，具体内容见表4-1。

表4-1 高新技术企业的高风险性的表现

技术风险	技术本身的不确定性
	技术前景的不确定性
	生产和售后服务的不确定性
	技术效果的不确定性
	技术产权保护的不确定性
	技术寿命的不确定性
市场风险	难以确定市场的接受能力
	难以确定市场的接受时间
	难以确定市场的稳定性
	难以确定市场的扩散速度
管理风险	观念落后
	决策失误
	人力资本流失
	组织结构不合理
	资金量不足
	现金流断裂

第三，创新性。高新技术企业是典型的知识型企业，关键的经营资源是人力资源，特别是高科技人力资源，任何一家成功的高新技术企业的历史都是一部反映其高科技人才创业与奋斗的历史。按照比尔·盖茨的话说，微软公司汇集了一批重量级的思想家：有人称软件设计大师的西蒙，有精通市场规律的市场经理鲍尔默，有精通管理技术的大管家歇里，当然，还有善于开疆辟土的创始人盖茨和艾伦。可见，在高新技术领域，谁拥有了人才，谁就拥有了未来。

第四，高收益性。因为有了高风险，所以带来高收益，其高收益性来源于其技术与产品的垄断性特征。表4-2中所统计的2003年世界各国高新技术产业的总产值、增加值、研发经费内部支出额和出口额足以体现这一特征。

表 4-2　2003 年世界各国高新技术产业相关统计数据

单位：亿美元

国家	总产值	增加值	R&D 经费内部支出额	出口额
中国	2483.50	608.19	35.30(2004)	1099.19
美国	15011.65	5681.29	821.52	3372.68
日本	4180.56	1613.42	385.63	1824.83
韩国	1948.81	491.64	78.79(2004)	1045.70
德国	1627.71	604.22	146.61(2004)	1613.73
法国	1518.51	426.77	109.13	1021.09
英国	1291.11	456.96	112.51(2004)	1222.28
意大利	523.74	225.20	31.50(2004)	370.57
加拿大	406.36	143.19	41.60(2004)	347.13
瑞典	335.80	77.85	45.73	247.80
芬兰	305.63	111.29	25.26(2004)	192.14
比利时	220.10	67.60	17.90(2004)	391.87
西班牙	215.68	69.15	14.90(2004)	165.19
荷兰	206.39	48.27	24.64(2004)	731.25
捷克	91.56	18.84	1.00(2004)	54.98
波兰	64.49	25.25	0.78(2004)	33.36

资料来源：除中国外，其他国家数据引自 OECD《主要科学技术指标》2006/2，美国《科学与工程指标 2006》。

高收益是高新技术企业的真正原动力，在风险投资基金的投资项目中，有 70% 是失败的，但 30% 成功的项目足以弥补其全部损失，并使其保持较高的盈利水平。从股票市场也可看出，国内上市的北大方正、清华同方等高新技术企业的市价在不到一年的时间涨了 3~5 倍，利润也增加了 2~3 倍。

第五，竞争的特殊性。全球性特征说明了高新技术企业竞争的激烈程度，许多技术成果和科技产品在没有成型之前就可能惨遭淘汰，这种竞争还会表现出极度的残酷性，即一些新技术、产品的出现，会使过去的技术、产品一文不名。因而，对高新技术企业的经营与管理技术提出了更高的要求，出现了所谓的柔性生产技术、即时生产、并行工程、零库存等新的管理手段。激烈竞争的同时，高新技术企业间又出现了合作的势头，即所谓的“双赢主义”。

除此之外，高新技术企业还有很多独特之处：例如，高新技术企业多半是先有研究成果，而后再建立企业来实现产业化，具有技术微型化、多功能化的特征，且大部分高新技术企业实行小型化生产，具有更大的灵活性；随着科技的进步，高新技术企业中的科技含量也日益增加，无形资产在企业中的比重也越来越大；高新技术企业存在的前提是创新，不但是制度创新，而且以技术创新为根本手段，通过持续的创新，企业的科技优势迅速转化为经济优势，并实现“创新—效益—再创新”的良性循环。

4.1.2 人力资源在高新技术企业中的分布特征

高新技术企业的人力资源管理变化与其人力资源结构和性质的变化一致。从表面上看，高新技术企业大大地提高了一个国家的高新技术能力，从而提供了大量的就业机会。

但是，由于高新技术产业具有突破性发展的特点，所以它所直接提供的就业机会与其推动的相关产业就业机会在各个国家有不同的认证，如信息产业的分类、高新技术性质的服务业认证等。特别是后者，美国服务业联合会成员单位2004年公布的雇员已占全美在职人员的87%，这里的服务包括了银行、保险、证券、会计、通信、信息技术服务、交通运输、批发零售、能源环保、医疗卫生、旅游及其他专业性服务等。如果简单地套用美国的这种做法，我们将会过高地估计中国的高新技术企业数量和质量。因此，本书在对人力资源在高新技术企业中的分布特征进行描述时，将选择权威分类的制造业和信息技术及其相关产业作为主要领域进行研究，这也对我们后面进行高新技术企业员工与组织动态匹配的实证研究具有指导性的意义。

就制造业而言，美国高新技术企业的就业总数在2014年仅占美国制造业就业总数的24%，但是他们却为全美2/3的科学家和工程师提供了就业机会。平均而言，在高新技术产业领域里，类似于电子器件、机器人技术领域，蓝领工人(也即传统产业工人)雇用人数已经大大低于白领工人(管理和技术人员），这一变化对高新技术企业的组织形式、行业管理手段都将产生较大的影响。

再以信息技术及其相关产业为例，据美国商务部公布的有关报告，仅1995年到1996年，信息技术产业新增就业岗位占全部新增220万个岗位的10.5%，即23万个。在产业内部，软件和服务业的就业人员从1985年到1996年翻了一番多，从55.7万增加到120万。其收入水平，在1996年为人均4.8万美元，高于同期社会私营部门平均水平2.8万美元。

在人力资源结构方面，1996年与信息技术职业有关的工作人员为420万人，其中有140万人是计算机科学家、系统分析员、计算机工程师和程序员，这类高级人员在产业中的比例是传统产业无法相比的。据美国劳动统计局统计，到2014年信息技术相关的工作岗位共需要560万人，其中对高层次的人员需求还将大增，同时对相关低层次人员需求下降。

这种人力资源结构和性质的变化所带来的问题即是高新技术企业人力资源的复杂化。虽然，本书所进行的研究很少涉及宏观的人力资源政策，而只是关注员工与组织动态匹配与高新技术企业发展的相关性，但是我们感受到要适应未来市场的变化，在人力资源教育与培训方面，我们需要做很多的工作；而对于高新技术企业来说，这只是问题的一个方面。

4.1.3 高新技术企业人力资源结构变化所带来的影响

高新技术企业的人力资源结构变化，表面上看主要集中在人员比例的增加，事实上，这种结构性变化对人力资源性质的影响将更为深刻和复杂。据有关方面统计，就美国而言，传统企业中技工和职工基本上是高中生，而20世纪80年代后，16%以上的人接受过高等教育，5%的人是大学毕业生。而精密生产和工艺产品制造业中的工人比例则更高，有32%的人曾经进过或毕业于大学。也就是说，除了人员的比例增加外，实际上，传统视野里的低职位的劳动力素质也大大地改变了。在这一背景下，许多管理学家首先对这一问题进行新的考察，他们认为传统的劳动力将不再起主要作用。按彼得·德鲁克的话说，就是劳动力作为生产要素的消失。因此，传统的白领与蓝领之分也不再有效，代之以“知识工作者”。按彼得·德鲁克的分析，在当前美国这样高新技术发达的国家，劳动力的构成可能是这样的：1/4 以上的是“次要的、卑下的服务岗位上工作的雇员”，他们的地位与传统的工人相当；1/3 以上的“知识工作者”，他们是新兴的劳动力；1/3 的熟练的服务工作者。可见知识工作者已经成为人力资源管理的事实中心。

由此可以看出，人力资源结构和性质变化对人力资源管理产生了极大的影响。人力资源在企业发展中的职能复杂化，使传统的组织形式遇到前所未有的挑战，这一点可能是人力资源管理变化的一个核心。高新技术企业由于其产品或服务的特征，无论是新兴的高新技术企业，还是传统企业向高新技术企业的转型，都直接打破了早期工业生产的分工模式。如典型的软件公司、信息服务企业，在产品或服务形成过程中，严格的分工是不存在的，更多的是功能性的。在新型高新技术企业中，INTEL 是个典型的案例。其每一代 CPU 的推出都不是由固定的工作团体来完成，而是根据设计目标随时组建新的设计团队。在实际工作中，他们采用了“两位一体”的结构来管理开发团队。这种独创性管理结构主要在面对异常复杂的问题时，由两个专业不同但能互补的人共同管理一个团队，以期寻求解决之道。这种结构为 INTEL 提升 CPU 的结构提供了极为有利的帮助。在《第五代管理》中，查尔斯 · M. 萨维奇通过具体的案例提出在高新技术环境下“是否能够通过将计算机直接‘植入’企业的方式来获得新的生产力”问题，主张建立虚拟企业，动态协作和知识联网来共同创造财富。而国内高新技术项目激光照排系统也是典型的高新技术条件下的合作产物，其Ⅱ型机由北京、潍坊计算机厂、邮电部杭州通信设备厂、长春光机所、无锡计算机厂和新华社六个单位历时 5 年合作才得以完成。

另外，随着高新技术企业的兴起以及高新技术产业的发展，对于新型的人力资源的定义、人力资源会计方法等将成为人力资源管理研究和实践的新课题。高新技术企业人力资源结构的变化只不过是现代经济社会中“人力资源是最重要的资本”这一重要特征的体现。随着高新技术产业的发展，这将成为国际经济活动中的价值观念。人力资源是创造新技术的开拓者，也是将高新技术转化为新产品、新产业的实践者。科技竞争的实质是人力资源智力的较量。因此，高新技术产业的发展从宏观（国家产业促进）和微观（企业发展战略）两个层次上提出了新的问题。

基于我国高新技术产业的后发特征，企业人力资源政策缺乏大的产业背景可能显得过于理想化，首先描述一个国家推动高新技术产业发展的几项人力资源重要政策。我们将这种政策看作是企业获得自身发展所需的人力资源的重要保证，只有在这一大的背景下，企业在人力资源政策调整方面才有可能存在较大的空间。这也是我们在讨论人力资源管理时不断涉及市场背景、制度背景等方面因素的最重要原因。

4.2 企业的生命周期理论及特征分析

4.2.1 企业生命周期理论

我国高新技术企业员工与组织动态匹配的展开在高新技术企业的发展各阶段体现得非常明显。企业所处的不同阶段决定了在员工与组织匹配的过程中我们必须以动态的观点来看问题，而不是静止不变的，这与企业的生命周期有着必然的联系，企业的生命周期包括三个阶段、九个时期，即：初创阶段，包括孕育期、婴儿期、学步期；成长阶段，包括青春期、盛年期、稳定期；老化阶段，包括贵族期、官僚化早期、官僚期(含死亡)。

(1)第一阶段：初创阶段

孕育期强调的是创业意图和未来能否实现的可能性，创业者的动机不应当只是投资回报率，而是更应当注意满足市场某种需求、创造企业的附加值。孕育期关注的是企业的创业者在想什么，企业的意图是什么。婴儿期所关注的则是企业在干什么，这时企业更需要脚踏实地地创业，这时所承担的风险也越来越大。一旦企业进入学步期，销售额节节攀升，而且企业日渐壮大。这时，创业者和企业的全体员工都会豪情万丈，甚至会自认为无所不能。阿里·德赫斯提出了企业生命周期的两道坎儿：一是新建公司的最初10年是“死婴率”最高的阶段，如同婴儿早夭；二是稳定的大型公司也很难维持40年，如同英年早逝。前一道坎儿相当于公司尚处在孕育期，后一道坎儿相当于公司处于学步期。在初始阶段，企业容易进入的陷阱有很多，从孕育期近乎疯狂的利润导向，到学步期销售导向(Selling

Orientation)确立，资本源源不断地注入短期盈利较大的某一产品、某一行业领域。企业的行事原则是想方设法“榨干”机会；而且处于这一阶段的企业容易被眼前的利益所驱使，缺乏战略眼光。如果说婴儿期是根据危机进行管理，在学步期管理则会成为危机。刚刚创建的企业，往往缺乏明确的行动方针、系统的规章制度和健全的预算体系，除了家族式的创业主管以外，没有等级观念、没有组织系统图，所以企业往往表现出不稳定性。在企业规模不断扩张的时候，创业者大多也是想授权给下属，授权的本意是由上到下分配任务，并让下属对所承受的任务产生义务感，发挥下属的积极性。但结果常常事与愿违，产生离心力，企业易成为“不家族制”企业，从而在一定程度上阻碍了企业的进一步发展壮大。

(2)第二阶段：成长阶段

这一阶段，企业得以摆脱了创业者的影响而获再生，并不断走向成熟。在青春期，创业者在经历了多次的危机后，开始学会了授权。职业型的企业家也开始进入企业。企业也从以量取胜转向以质取胜，从苦干转向巧干。伊查克·爱迪思认为，在盛年期，企业的灵活性和可控性达到平衡，出现了一些企业运作的理想化特征：一是企业的制度和组织结构完善；二是企业的创造力、开拓精神得到制度化保障；三是企业非常重视顾客需求、注意顾客满意度；四是计划能够得到不折不扣地执行；五是企业对未来趋势的判断能力突出；六是企业完全能够承受增长所带来的压力；七是企业开始分化出新的事业。总体上说，盛年期的企业富有进取心，具有奋发蓬勃的魅力，但是这种巅峰状态需要精心运作才能持久。否则，如果企业背离了创新精神，尽管它还很强健，但内部却隐藏着衰退倾向。在这一阶段，企业容易进入的陷阱有：一是企业控制权的窝里斗。如果企业接受了一批来自外部的职业型经理，就极有可能出现创业者与新来经理间的控制权争夺，如果富有创新精神的创业者掌握控制主动权，他可能会辞退新来的但与创业者思路不合的经理；如果企业的外部董事掌握着控制权，新来的经理与董事会结成同盟，极有可能将富有创新开拓精神的创业者排挤出局。二是企业文化的重塑困难。企业文化变革意味着对根深蒂固的观念、习俗和行为提出挑战。在青春期，新来的职业型经理具备与原先创业者迥然不同的风格。为了弥补创业者的不足，他可能会变得重视制度、政策或者行政管理等，此时，新的企业文化的形成必然会对旧的企业文化产生强烈冲击，创业者会感到威胁，原来的企业员工更感到不可接受，于是冲突的结果便是经理走马灯似的更换。三是企业骄傲自满产生的冲动。由于盛年期资金不再缺乏，企业越来越重视兼并与扩张，倘若事先不能认真评估被兼并企业，极可能会拖累自己，迅速进入未老先衰的阶段。1987 年，迈克尔·波特曾对美国 33 家公司在 1950—1986 年发生的 2700 余起兼并做过分析，失败率(指公司倒闭率)在 50% ~70% 。

(3)第三阶段：老化阶段

企业一旦进入老化阶段，企业和员工的自我保护意识便不断增强，与顾客的距离越来越疏远，体现企业活力的行为不见了。在贵族期，企业开始以自我为中心，给人以一种自以为是的感觉。此时期，企业具有以下特征：一是钱越来越多地花在控制系统、福利措施和一般设备上；二是人们越来越强调做事方式，而不问所做的内容和原因；三是人们越来越拘泥于传统、注重于形式；四是企业内部越来越缺乏创新机制；五是越来越多的人信奉“别兴风作浪、少惹麻烦”。在官僚化早期，最为明显的行为特征是：企业内部冲突不断、谣言四起，企业各部门注意力集中到内部地位之争，人们强调更多的是谁造成了问题，而很少去考虑采取补救性措施以解决问题。官僚化早期爆发的问题如果日趋严重，企业就会自己把自己局限在一个狭窄的空间，最终将进入死胡同。应当说，企业老化衰退的危险信号是可以被人们认识的。斯蒂芬·芬克认为，以下一些情形必须引起警惕：一是危机逐步升级；二是妨碍了正常业务开展；三是损害了公司形象；四是影响公司净利润。令人惊愕的是，国内大多数企业对老化危机信号和老化危机的发生并没能足够重视，没有做出预见性对策。因此，对 500 家规模较大、效益较好的公司所做的调查表明，在那些对危机毫无准备的公司里，危机带来的影响比那些对危机有所防备的公司持续时间要长两倍半。在老化阶段，企业容易进入的陷阱有：一是过于关注形式。贵族期的企业不愿承担风险，以企业安全为导向，企业极端讲究仪式，如衣着、称呼等。公司内部完全变得依赖于传统的能力(即我们办事的方式)，而无法做出适应性的调整(即做正确的事)。把哪怕错的事也做得很好，是非常危险的恶兆。二是创新精神受到排斥。企业老化往往是由创新精神的减少引起的，创新精神的遏止、禁锢，只会加速企业老化的进程，长此以往，企业只有死亡，即进入官僚期。

针对企业不同的生命周期阶段应采取不同的战略，从而使企业的总体战略更具前瞻性、目标性和可操作性。依照企业偏离战略起点的程度，可将企业的总体战略划分为以下三种：发展型、稳定型和紧缩型。

①发展型战略，又称进攻型战略。即使企业在现有的战略基础水平上向更高一级的目标发展，该战略宜选择在企业生命周期变化的成长阶段。

②稳定型战略，又称防御型战略。即使企业在战略期内所期望达到的经营状况基本保持在战略起点的范围和水平。宜选择在企业生命周期变化的成熟期实施该战略。

③紧缩型战略，又称退却型战略。它是指企业从现有的战略基础水平上往后收缩和撤退，且偏离战略起点较大的战略。采取紧缩型战略宜选择在企业生命周期变化的老化阶段。

企业要想生存并获得发展，必须遵循企业生命周期的发展特点，并在这种经营思想指导下，采取适合于企业的不同战略。企业战略只有选择最佳的时机，才能取得成功。周期战略的应用目的也正在于此。

企业的生命周期理论给了我们如下启示：

①企业有生有灭，是一个客观规律；

②不同的企业具有不同的生命周期；

③特定的时空条件下，特定的企业处在生命周期特定的阶段；

④应在企业生命周期的不同阶段，采取不同的管理方法；

⑤通过企业文化的变革，人们可以让企业的盛年期驻留。

因此，在企业生命周期的指导下，让企业长盛不衰的出路在于：在企业所处的每个生命周期阶段的基础上，根据特定阶段所具备的特征，通过对企业不同管理职能的创新活动来实现。

4.2.2 高新技术企业不同发展阶段的特征分析

高新技术企业的创业者必须是通过推销他的创业构思来创造企业所需的一切条件，他是以尚未成熟和普及的技术开发未来市场所需求的产品和服务。可以看出，高新技术企业的创业者在企业孕育期的推销对象既不是消费者，也不是客户，而是他寻求中的事业合作伙伴。因此，在孕育期，高新技术企业竞争力主要来源于高新技术企业的实施产权，特别是拥有竞争对手不具备的高技术，使竞争对手难以模仿和追随。技术专家拥有至高无上的地位，进入初创期后，营销部门和营销专家又占有重要的地位。孕育期的高新技术企业还没有形成正式的组织形态，所以创业者自身素质的高低直接决定了孕育的成功与否以及未来企业生存质量的优劣。

随着高新技术企业的发展，企业开始了初创阶段（即婴儿期和学步期）。高新技术企业是高新技术商品化、产业化的必经之路，也是高新技术商品化和产业化的结构。创业初期，新成立的企业将注入大量的资金进行批量生产，由初试、中试后进入批量生产阶段的产品在基础性技术或核心技术上已经不再存在障碍，所需要的是不断的完善过程。这时，决定该项高新技术产品成功与否的因素已经不是技术本身，而是产品的工艺性创新过程和创新结果。在这个阶段，高新技术企业竞争力来源于高新技术企业的技术能力和人力资本，即具备高新技术企业实现规模化发展的关键性保证。因此，需要建立一支全面的科研开发人员队伍，需要一个完整的团队，来进行不同程度上的分工协作和系统整合，来共同完成技术的商品化过程；同时还需要一支与产品技术要求相匹配的生产人员队伍。可见，高新技术企业从开始就受到强烈的外部人力资源条件的限制。

在研究高新技术企业的员工与组织动态匹配中，相较于其他企业，高新技术企业有其特有的现象，见表4-3。

表4-3 高新技术企业的特有现象与分析

	特有现象	简要分析
1	创业者作为企业领导者的绝对权威以及相应的社会地位得到了肯定	利：继续推进改革和创新的方法和思路 弊：盲目自信，独断专行
2	分工细化，非正规化的组织结构的非效率性，要求正式化改革	利：简单化，习惯于既得利益 弊：组织结构凌乱无序，缺乏效率
3	员工开始出现分化的迹象（技术人员、营销人员、生产人员、管理人员）	利：有利于组织的发展与完善 弊：内部的文化与利益冲突

续表

	特有现象	简要分析
4	企业的发展带来人员需求的迅速增加，出现大量的职位空缺	利：有一个稳固的既得利益群体 弊：信息资源上的严重不对称性
5	人员的大量进入使得培训工作得以重视，但晋升制度还不健全	利：建立有效的内部培训系统 弊：纵容领导者人事决策上的随意性
6	出现非理性化的趋势，企业员工对企业领导者的盲从，企业决策上的盲目行为	利：对创造性活动有重要的贡献 弊：两方面的盲目行为会很快导致破产

由表4－3可以看出，高新技术企业在发展过程中危机四伏，如果各种问题得不到妥善处理就会影响企业今后的发展。而随后的高原期到来的标志是产品销售量增长的速度明显放缓，并且销售收入和利润的增长率开始出现持续的负数，销售费用直线上升，市场占有率快速下降。其间出现的业绩波动和投资陷阱，使得企业内部从上到下都会产生强烈的情绪波动，从而带来管理层面上的反复行为和异常现象，信心的丧失和管理上的失控最终会导致企业的解体。

当然，高新技术企业一般不可能在初创期停留太长的时间，一方面是由创业资金的维持能力所决定的；另一方面创业资金多是来自于风险投资基金，追逐高风险、高收益的特征使其具有快速、果断的流动性。随着工艺和性能的不断改进以及营销工作的展开，高新技术产品逐步为消费者所接受，销售量和销售额快速增加，现金流入量显著增加，开始出现稳定的现金净流入现象，这就表明高新技术企业进入充满生机和活力的时期，得到社会的广泛认同和赞许，有使人满怀期待的发展前景，然而它也是一个危机四伏的时期。同时，此时的高新技术企业基本排除了技术风险，形成了核心能力和在核心能力支撑下的品牌，这是高新技术企业竞争力获得可持续发展的保证。核心竞争力主要体现在其具备了国际化经营的市场创新能力，推行国际化经营的战略，同时培养造就能驾驭国际市场的营销人才队伍。

高新技术企业高原期的不良现象及其解决方案如表4－4所示。

表 4-4 高新技术企业高原期的不良现象和解决方案

	出现的不良现象	解决方案与措施
1	自信受到挑战，产生复杂、矛盾的心理，走向武断	促使领导者转变观念，找出危机症结所在，对症下药
2	企业内部派系林立，形成了不同的利益集团，内部斗争复杂化	重新整合企业的组织结构，逐步实现授权与控制、稳定与灵活
3	制度的虚设，领导者做出很多"例外"的决定，以前的制度遭破坏	修正企业的各项规章制度并严格推行，使企业走上正规化管理

从经营指标上来看，成熟期的高新技术企业已经彻底遏止了业绩下滑的势头，步入了正常的轨迹；从企业内部的管理上来看，企业的全体员工已经摆脱了高危期浮躁的心理状态，对企业的发展与各项工作的开展已经形成了较为理性的心理预期。这时，应该充分调动企业全体员工的积极性和创造性，使员工的潜力得到最大限度的发挥，要实时进行员工和组织的动态匹配；引进企业定位领域内的高科技人才，这是企业不断进化的基本条件。高新技术是知识经济的基础，高新技术企业是知识商品化的载体，知识决定企业的兴衰与存亡，而知识是人的经验、智慧和创造力的表现，所以对于高新技术企业来说实现员工与组织的动态匹配显得尤为重要。

4.3 高新技术企业员工的个性特征

4.3.1 员工的个性与价值取向概述

个性是指个体身上特有的、经常、稳定地表现出来的心理特征的总体轮廓（王重鸣，2000）。个性既包括人的身体特点，也包括其心理特点，反映出个体观察、思考、行动和感情等方面的总体倾向。个性对人的事业有着不可低估的影响，因为个性更多地打上了个人经历等社会因素的烙印。个性是在人的成长与发展过程中逐渐形成的，包括遗传形成的独特心理特征，它在很大程度上受到后天环境因素的巨大影响，如文化因素、社会因素和情景因素等。在此基础上，依赖于人和环境的交互作用以及个人的主观能动性，形成了个人所具有的个性特性。

个性指一个人的整体心理面貌，即具有一定倾向性的各种心理特征的总和。它是复杂的、多侧面、多层次的统一体。个性的心理结构包括个性的倾向性和个性心理特征两大部分，这两大部分有机结合，使个性成为一个统一的整体。个体倾向性主要包括需要、动机、兴趣、理想、信念和世界观，它们较少受生理因素的影响，主要是在后天的社会化过程中形成的。一般认为，个性具有整体性、独特性、稳定性、社会性和生物性等基本特征(叶弈乾、何存道、梁宁建，1997)。

关于个性的管理心理学研究是以个性特质理论为最初的基础。个性特质理论和社会认识理论被视为当代个性心理学的两个主要理论思路。个性特质理论强调个性特征的稳定性和跨越情景的一致性，相对地忽视情景的直接影响。

个性特质理论认为，个性特质是所有人共有的，但每一种特质因人而异，所以造成了人与人之间的性格差异。情绪稳定性、活动性、支配性、内倾性和社交性等，都被认为是重要的个性特质。Cattell (1945)曾采用聚类分析法，将171个特质形容词合并成35种特质群类，称为表层特质；并进一步对35个表层特质进行因素分析，得出了16个根源特质，属于个性结构的内层，以表面特质为中介。Cattell还认为，根源特质各自独立，相关极小，并且普遍存在于各种年龄和不同环境的人身上，决定了个体之间个性的差异。个性理论的分析框架，见图4-1。

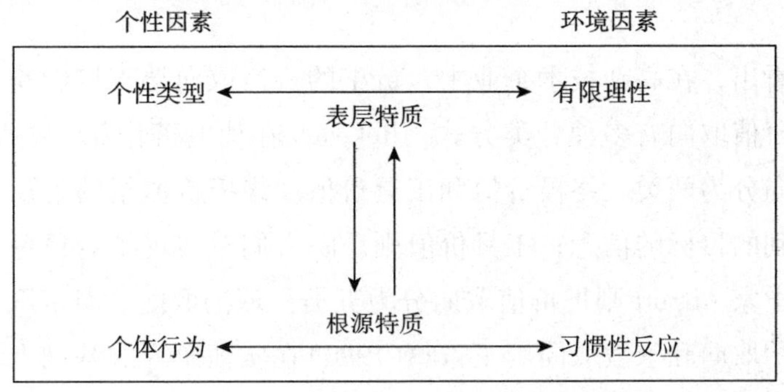

图4-1 个性理论的分析框架

Eysenck 则把个性看作是某些特质的组织，从而把特质和类型统一起来。他认为，个性类型是由特质之间必要的联系所构成，类型是观察到的特质集合体。他在对个性进行广泛研究的基础上，提出了个性的层次模型，把人的行为分成类型、特质、习惯性反应和特殊反应四个水平。

"大五"个性因素模型中的五个个性因素：①外向交往因素，是指个体爱交际、乐群、武断这一极端到安静、保守、谦恭、退让的另一极端；②情绪稳定因素，是指个体的坚定、稳健、冷静这一极端到焦虑不安、担心、情绪化的另一极端，也包括神经过敏；③协同相容因素，包括同情、合作、好脾气、热情到坏脾气、不高兴、不愉快、冷淡，也有信任、攻击性、喜欢、友好的顺从、爱等；④责任意识因素，指努力工作、勤劳、负责到任性、不负责和懒惰，也涉及可信赖、成就欲，自我控制到冲动、野心与慎重、约束和工作；⑤开放经历因素，指创造力、想象力、广泛的兴趣和勇敢。许多研究者认为，个性与工作绩效存在一定的关系。研究高新技术企业员工与组织的动态匹配，个性与工作绩效之间关系需要一种能全面反映正常人群个性特征的个性模型。

价值取向属于价值意识范畴。人的价值意识是在价值活动中形成的一种特殊的社会意识，是对客观价值关系的主观反映，这种意识一经形成，就会产生一定的价值取向，并且影响人们以后的价值活动。所谓价值取向，就是人们在一定的场合以一定的方式采取一定行动的行为倾向，是人们在行动中决策、判断和行为的指导思想和价值前提。管理心理学把价值取向定义为在多种工作情景中指导人们行动和决策的总体信念(王重鸣，2000)。

可以看出，在高新技术企业中，员工的价值取向会直接影响工作态度和行为。价值取向有多种分类方式，Rokeach 在他的著作《人类的价值》中把价值取向分为两类：终极价值和工具价值。终极价值指的是反映人们最终想要达到的目标的信念；工具价值则反映人们对实现既定目标手段的看法。心理学家 Allport 则把价值取向分为五类：理论取向、经济取向、审美取向、政治取向和宗教取向。王重鸣(1990)在实证研究的基础上又把个体的管理价值观分为五类：服务导向、成就导向、协作导向、权力导向、顺从导向。

4.3.2 高新技术企业员工的总体特点

要深入研究高新技术企业员工与组织动态匹配，就需要对高新技术企业员工的个性特征进行分析。高新技术企业由于研发活动的创新性强、研发产品的时效性强，决定了高新技术企业员工除了具备年龄偏小、学历较高和服务期偏短等特征外，还具有以下几个明显的个性特征：

(1)较强的自主意识

每个人都有独立自主的要求，并且能力越强，这种自主意识越强。高新技术企业的研发人员拥有某种生产手段意义上的技能，加之他们的劳动比较特殊，所以他们不愿意接受上司严格的程序化的指示和控制，希望得到充分的信任，自我引导、自我尝试。

(2)鲜明的价值观

同传统企业一般的员工相比，研发人员有一种展示自己才能的强烈欲望，他们从事创造性的脑力劳动，不仅仅是为了工资报酬，也是为了发挥自己的专长，成就事业，实现自己的价值。因此，他们热衷于有一定挑战性的工作，把创造发明、攻克难关看作是一种乐趣。

(3)藐视行政权威

专业技术和信息技术的发展，改变了高新技术企业的组织结构。职位和职别并不是决定权威和影响力的重要因素。技能的特殊化和重要性，可以决定员工在企业的权威和影响力，使得高新技术企业中的员工容易产生清高的特性，藐视行政权威。所以单纯依靠权力来控制这样的群体是徒劳的。

(4)流动意愿强

高新技术企业中最稀缺、最重要、最有价值的资源已经不是资金，而是表现在研发人员头脑中的知识、技能和不断创新的能力。这种无形资源是天然归属于研发人员本身的，并且是企业无法控制的。由于高新技术企业中技术的不断创新和各高新技术企业之间的人才争夺战，使得专用性和稀缺性很强的人力资源呈现出很大的流动性。因此，这也是目前高新技术企业面临的高风险性。

(5)绩效考评难度高

高新技术企业人员的工作过程难以监控，他们的工作过程是复杂的大脑思维过程，不受时间和空间的限制，还不具备确定的步骤和流程，自主性、自在性很强，局外人很难窥视和监控。另外，他们的工作成果也很难衡量。高新技术企业的知识型员工的劳动成果都是智力成果，它的成本和价值具有很大的模糊性，难以用货币手段进行准确合理的衡量。此外，智力成果大都是知识型员工通过团队的智慧和力量完成的，要将这些智力成果分配给每个人，也是十分困难的。

基于以上分析，我们可以看出，高新技术企业的员工其劳动具有巨大的价值性和创新性，在高新技术企业中，员工的劳动价值更多地体现在智力劳动和创造性劳动上。据统计，高新技术企业的员工能比传统企业的员工多做出650%或者更多的工作。可见，高新技术企业的员工能给企业的现在和将来带来更大的收益。

4.4 高新技术企业员工与组织之间的关系

4.4.1 动态匹配中组织承诺关系

Becker(1960)最初提出组织承诺时，把它看成是员工随着组织投入的增加而不得不继续留在该组织的一种心理现象。它包含两方面的内容：一是离职所带来的损失；二是缺乏可供选择的工作机会。Allen & Meyer(1993)对以往的各种组织承诺量表进行了一次综合性研究，结果认为组织承诺至少存在三种成分：①情感承诺，是员工在情感上依附于组织，与组织目标相一致的程度。研究表明，年老的员工更有可能对企业产生情感承诺，原因包括对工作更满意，在企业的职位高，在认识上为自己留在企业作辩护。②持续承诺，产生于员工进入组织的转换关系中，与员工离开组织的成本密切相关。员工留在组织中，往往与离开组织可能引起的个人损失相关，也与缺乏其他职业机会或转换职位机会密切相关。③规范承诺，是留在组织中的责任感，是组织投资于员工所产生的结果，以及社会规范与经历所产生的忠诚感。

王重鸣(2000)指出，组织承诺是员工对组织的一种责任和义务，源于对组织目标的认同，并由此衍生出一定的态度和行为倾向。它包含三个主要成分：①情感承诺，即员工对企业目标的认同和深厚的感情，而对组织所形成的忠诚并努力工作的程度。②持续承诺，是指员工为不失去已有职位和多年投入所换来的待遇而不得不继续留在该组织工作。根据我国企业的实证研究，我国企业员工的持续承诺更多表现为员工为了进一步发展而留在组织内的工作倾向。③规范承诺，是指受社会责任感和社会规范约束而形成的一种承诺。凌文栓等(2000)对中国情景下的组织承诺进行了研究，提出了组织承诺五因素模型，即感情承诺、规范承诺、理想承诺、经济承诺和机会承诺。凌文栓认为，组织承诺的结构是多维的，中国职工的组织承诺包括了西方学者提出的三因素模型的内容，反映出不同文化圈的共性成分；同时，中国模型又比西方三因素模型多了理想承诺和机会承诺。对于为什么会多出两个因素，他初步认为这是由于国情和文化的差异所造成的。由此可见，由于文化的差异，中西方研究者对于组织承诺的研究得出的结论并不完全相同。

管理心理学家对影响组织承诺的各种因素进行了探讨，认为得到普遍认同的影响情感承诺的主要因素是组织特征、管理模式、人际关系、组织的可信性和公平性，以及个人在组织中的重要性等。

4.4.2 动态匹配中利益契约和心理契约关系研究

目前，国外有许多学者将员工与企业之间的关系看作是利益契约和心理契约的结合。其中，利益契约是存在于员工和企业之间的以利益交换为内容的契约。一个员工的利益契约的内容包含两部分：一是员工个人目标与组织目标和承诺的契合关系；二是员工在经过一系列投入—回报循环构成的组织经历之后，与所在企业形成的利益关系。利益契约的核心是员工的满意度，如果员工对自己的投入和回报之比，或者职业发展情况很满意，就意味着员工的满意度较高；反之，满意度较低，从而利益契约就有破裂的危险。

心理契约(Psychological Contract)这一概念最早是由学者 Argyris(1960)

提出的，用来描述组织和员工之间存在的隐含的、非正式的相互关系。其后，有很多学者都对心理契约进行了界定，归纳起来主要有三种观点：一是以 Schein（1965）等人为代表，他们突出了心理契约是组织和员工对交换关系的相互期望。二是以 Rousseau（1989）等人为代表，他们认为心理契约是有关员工和组织之间相互责任的个人信念。三是以 Guest & Conway（2002）等人为代表，他们强调心理契约由组织和员工两方面构成，它是组织和员工对雇佣关系中隐含的相互允诺和责任的知觉。

因此，我们可以把个体心理契约定义为存在于员工与一起工作的直接上级、同事、所在部门和企业之间的一组隐性契约。它起源于组织内的人际交往行为并表现为某些特别情感。积极的个体心理契约表现为忠诚和投入交织而成的情感，员工积极地承担任务，很有责任心，合作的意愿也很强烈；反之，个体心理契约比较脆弱，员工就很容易流失，即使留下，工作态度上也多表现出消极的一面。为了清楚地认识契约，我们必须要深入了解它的形成机制，图 4－2 描述了契约的形成机制。

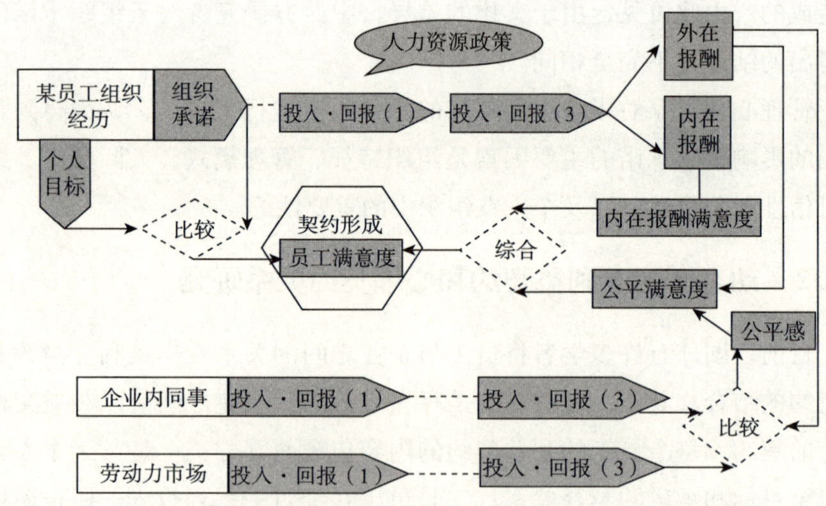

图 4－2　契约的形成机制

由图 4－2 可以看出，契约的核心——员工满意度的高低取决于两个路线的输入。在某些情况下，它与员工判断的个人目标与组织目标和承诺之间的动态性匹配。在某些企业中，如本书的研究对象——高新技术企业，它们的员工可能认为现在的报酬、工作环境并不是特别理想，但是未来的美好前景会吸引他们留下来继续奋斗。我们可以做个简单的判断，以目标和承诺的契合为基础的契约在成长潜力高的企业会比较普遍和合理。

在高新技术企业，员工的满意程度是由组织经历产生的内在报酬满意度、不满意度综合作用的结果。根据赫茨伯格的理论，员工认同度主要来自于工作过程中的内在满意度，而外在报酬以及公平感属于环境因素，做得好也不会让员工感到特别满意，但做得不好就会损害员工的认同度。内在满意度则是因员工在工作过程中体验的成就感、胜任感，以及个人成长而产生的，而影响不满意度的因素主要是外在报酬和员工感受到的公平感。

根据利益契约和心理契约理论，组织可以从系统的、动态的角度出发，通过发展新型契约，以有效吸引、激励并留住员工，发展组织和员工双赢的契约关系，通过加强契约管理来实施高新技术企业员工与组织的匹配。

4.4.3 动态匹配中绩效关系研究

员工与组织的匹配与工作绩效密切相关。特别是中国背景下的高新技术企业，员工与组织的匹配及其与绩效的关系日益趋于多元化，并且成为形成竞争优势的关键环节。可以说，高新技术企业的效益和发展前景、薪酬方案、管理者综合素质能力、经营管理理念、发展成长机会等是影响员工与组织匹配的最重要因素，同时也影响了上节所提到的组织承诺。Schein（1986）的研究发现，员工感觉到来自组织方面的支持越大越会激发“利他主义”，或者，越是顺从的员工，则感情承诺就越高。员工与组织中的绩效关系影响因素主要包括文化程度、所掌握技术的应用范围、改行的可能性、个人对组织投入的状况、福利因素、任务时间长短和个人特性等，同时还包括对组织规范要求、员工个性特征、员工所接受的教育等。有关研究指出：①情感承诺、组织支持知觉与组织成员身份呈负相关关系；②组织支持知觉比情感承诺、持续承诺更能解释在组织成员身份方面的差异，组织支持知觉更能决定组织成员的身份行为，并且对员工的工作满意感有很大的影响。

因此，对于高新技术企业员工与组织之间的绩效关系，可将其影响因素归纳为五类：①管理因素，包括领导行为、结构体制、职务特征、组织经济效益及财务状况等；②文化价值观因素，包括组织文化和社会文化特征、价值取向；③心理因素，即满意感及报酬分配的公正性；④个体因素；⑤环境因素。

4.5 高新技术企业员工与组织匹配的基本原则与标准

4.5.1 情景依赖原则

员工与组织之间的匹配的发生和存在具有情景依赖性。传统的文化因素，如对权威的尊重、集体主义和“关系”等可以对不同性质的企业产生重要的影响。因此，与西方经济组织比较，以中国为代表的东方企业内部的员工，特别是高新技术企业与员工之间的匹配内涵要更多一些。Kristof (1996)认为个体价值与组织价值匹配是 P－O 匹配的重要方面，但要完整地理解人与组织匹配的概念和基本原理，就应当将人与组织匹配的各种概念综合起来。

员工与组织匹配的形成过程需要根据组织释放的有关“信息”来进行匹配的存在性判断，这个判断会受到环境和组织本身的文化、价值倾向等因素的影响，并最终形成了具体的匹配行为。环境的重要性表明，不同的匹配环境，员工与组织的匹配类型和程度可能完全不一样。

类似于动态匹配的构成要素，其具体行为的要素组成模型见图 4－3。

匹配行为与匹配的主要联系在于：匹配和一次具体的匹配行为指向都很明确，并且都存在相同的主体；在某种特殊情形下，少数甚至就一方面的匹配行为对是否建立与维持高度的匹配关系具有特别重要的作用。从这个意义上也可以说明，匹配行为往往是指员工与组织匹配关系的一个重要影响因素，而不是指匹配内涵本身。

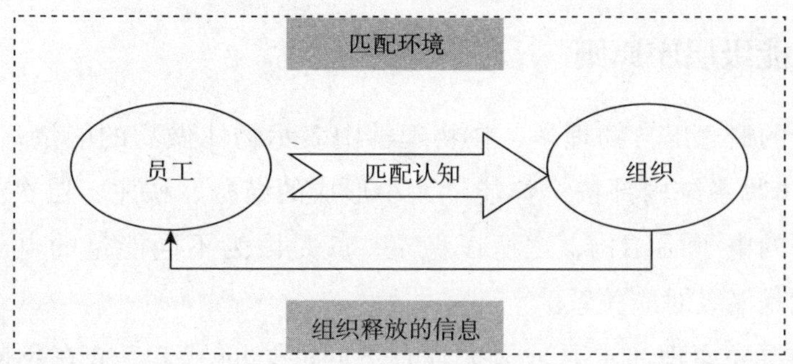

图4－3 具体匹配行为的要素组成模型

4.5.2 满意原则

员工与组织完全匹配是一种理想的状态，但在实践中是很难实现的。因此，我们所谓的员工与组织整体匹配没有“最好”状态，只有“满意”状态。日本著名企业家松下幸之助有一个用人的原则，即在选用胜任者的过程中，应以实际的眼光去物色人选，“如果一个人有60%的可能性出任某项职位的话，领导者就应当机立断，决定由该人担任这项工作”。因此，评价员工与组织是否匹配，一是看组织整体的人力资源是否得到有效的利用，现有的人力配置能否确保组织目标的实现；二是看关键职位的人力资源配置是否合适。从员工的角度来说，与组织的匹配也遵循满意原则，很难说哪个组织甚至哪个行业的组织是最适合自己的，只要把自己的能力充分发挥出来，在工作中能获得成就感，这样的组织就可以认为是跟自己相匹配的，不必总是这山望着那山高，最终反而一无所获。

4.5.3 均衡原则

均衡的第一层含义是指员工和组织之间在价值观、个性及绝对的数量上应保持一定的对应关系，避免出现员工与组织格格不入的情况；第二层含义是指组织的整体能力和员工的能力层级之间要保持对应关系，如职位设置应形成上小下大的金字塔结构，员工能级的分布也要形成对应的结构。在组织内，高层、中层、低层的员工应保持一定的比例，既不能出现人才的短缺也不要造成人才的浪费。

4.5.4 能级层序原则

能级的概念出自物理学，在物理学中表示物体做功的能量；能级（能位）表示事物系统内部按个体能量大小形成的结构、秩序、层次。如物理学中原子的电子层结构，之所以稳定，就是因为不同能量的电子各在其位，这就是能级对应关系。

能级层序原理，主要是指把具有不同能力的员工，放在不同水平的组织中，甚至是组织内部不同的职位上，并给予相应的权利和责任，实行能力与职位的对应和适应。单从组织内部来说，为使员工发挥出最大的系统功能，必须在组织系统中建立一定的层级结构，即根据工作性质、任务大小、工作的繁简难易以及责任轻重等因素，统一划分出职位的能级层次，并制定相应的标准、规范，形成纵、横严格的组织网络体系，从而构成相对稳定的一种组织管理“场”，然后将所有组织成员按其自身的能力、素质，十分恰当地安排在整个网络的“纽带点”上，赋予其层次位置，确定其“组织角色”身份性质。现代组织中“级”不是随便分设的，各个级也不是可以随便组合的。稳定的结构应该是正三角形的能级分布，其岗位能级从高到低，一般可以分为三大层次，即决策层、管理层和执行层。各层次岗位呈梯状结构（见图4－4），处于组织不同能级职位上的人员，要求其具有与岗位能级相适应的能力层次（或能力等级）。

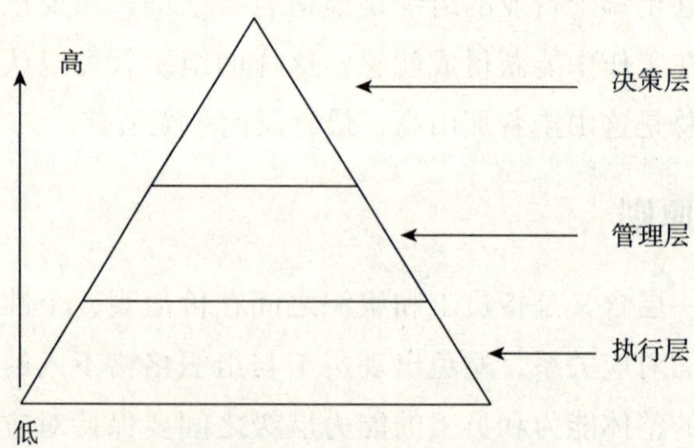

图4－4 能级分布结构

4.5.5 责权利统一原则

要实现员工与组织匹配，责权利统一是一个非常重要的原则。例如，一个职位没有明确的职责，就无法评价员工是否合适这个职位；如果没有赋予这个职位相应的权力，员工到了这个职位也不知道该如何匹配。此外，合理的薪酬也是员工与组织匹配的一个重要方面。可以说，薪酬是衡量员工与组织是否匹配的一把标尺。从表面上看，薪酬是企业对员工的工作表现和工作绩效给予的相应回报，是企业对员工所做工作的物质认可；从深层次来看，薪酬是职位的价格和员工的价格的结合体，如果双方对这个价格都认可了，就可以认为员工与组织之间的匹配度是比较高的。所以，我们在薪酬分配上要坚持按岗计酬、按能计酬的原则，以期通过分配手段来推动员工与组织匹配的实现。由于员工与组织匹配具有复杂性、动态性的特点，因此特别是对于高新技术企业，其权责利统一的原则就显得尤为重要了。

4.5.6 整体匹配度最高原则

在高新技术企业员工与组织匹配上，应坚持整体匹配度最高原则。一般来讲，在组织方面应认识到人力资源本身就是一种稀缺资源，只有把资源放到最合适的地方才能产生最大的效用。无数的管理实践已经充分证明，一个好的企业，其员工与组织整体的高度匹配，对企业的发展会起到决定性作用。例如，在进行员工与组织匹配的同时，我们也应看到影响人与组织匹配的因素是各方面的，一个人往往适合很多的行业、很多类型的企业，这时就更应突出整体匹配优先的原则，重点考虑两者相对而言的不可替代性。

4.5.7 匹配的测量标准

对于高新技术企业员工与组织的匹配，由于研究目的不同，在员工与组织匹配的测量上，存在两种不同的方法：对个体匹配知觉的直接测量和对人与组织实际匹配的间接测量。匹配的直接测量主要是通过让个体自己评价是否认为与组织之间存在良好的匹配来实现的。直接测量的基本假设是，不管是一致匹配还是互补匹配，如果个体感觉到自身与组织匹配存在，匹配就存在了。通过调查我们得知，高新技术企业的员工认为在很多时候感觉到的匹配对个人的结果变量比实际测量的匹配更有影响力。虽然一些研究表明直接测量的匹配知觉对一些个体结果的变量有影响，但它在方法论上仍受到了一些批评。例如，Edwards 在 1993 年时就明确指出这种直接测量混淆了人与环境的构思，因而阻止了对他们的独立有效的评价。此外，当员工与组织匹配的直接测量用于研究匹配与工作相关的态度时，匹配测量和效标测量之间的一致性反应偏差会使研究结果高估匹配与效标的真实相关。但是，值得肯定的是，匹配的直接测量与间接测量相比，在评价方式上会更为主观，有更高的社会称许性。

由于考虑到直接测量的缺陷，所以很多研究者和管理者更倾向于依靠间接测量来评价实际的、客观的员工与组织匹配。匹配间接测量的方法就是通过对于高新技术企业的员工个体特征与企业特征进行分别的评价，然后通过差异分数 Q 分类和多项式回归等方法对员工个体特征和企业特征之间的差异进行比较。这种测量策略允许实证地评价人与组织间的相似性和互补性，因而被认为是测量了员工与组织之间的真实匹配，可以更好地反映高新技术企业员工与组织的实际匹配程度。

小　结

由以上几节的分析我们可以看出，目前我国高新技术企业要实现员工与组织的动态匹配，就必须对其员工和组织的特征及关系进行相关的分析。了解高新技术企业人力资源管理的结构和性质变化，并对处于不同生命周期的高新技术企业特征进行相应的阐述，运用不同学科理论分析高新技术企业员工的特征，根据他们之间的关系来阐明两者之间匹配的原则和标准，最后运用博弈论的方法，通过构建特定的博弈模型来揭示高新技术企业员工与组织动态匹配关系中的特定规律，并从中得出有关结论。

第5章

高新技术企业员工与组织动态匹配的影响因素分析

高新技术企业员工与组织动态匹配过程中具有不对称性，因而员工与组织动态匹配的影响因素必须予以重点关注与分析。影响员工与组织匹配的因素可以分为内部因素和外部因素，员工与组织之间是一个双向的动态匹配概念，即匹配的主体是员工和组织两个方面，且在书中是指“像我这样的员工”和“像我所在的这个高新技术企业”，而不仅仅是指一个个体的概念。因此，在研究高新技术企业员工与组织之间动态匹配的影响因素时，我们应该重点关注员工和组织的特征，其中包括基于双方的成就需要、控制欲、冒险倾向、知识、经验和名誉，以及愿望的感知。本章对高新技术企业的员工与组织之间动态匹配的影响因素的分析就是按照这样一个思路展开的。

5.1 企业员工能力模式的建立及能力评价

5.1.1 能力分析

所谓能力，通常是指个体从事一定社会实践活动的本领。从哲学上来讲，是指一个人具有的改造客观和主观世界的才能；从管理学上来讲，是指一个人具有的促进管理目标实现的才能，即一个人为实现管理目标所做贡献的才能；从管理心理学上来讲，就是与顺利完成某种活动有关的且直接影响活动效率所必备的心理特征。对于一个组织来讲，更贴切、更有用的能力概念是：能力是决定工作绩效能否持久的品质和特征。

能力具有以下特点：

①集合性，是指一个人具有多种多样的能力，在一项活动中，往往是几种能力的综合运用。

②层次性，是指每个人都具有不同层次的能力，即每个人的能力结构和能力水平是不同的。

③社会性，是指一个人获得能力的成本，并不都由其自身承担，社会也要承担一部分：一个人发挥和使用能力，只能获得其部分收益的一部分，总有一部分收益为社会所获得。

④实践性，是指一个人只有通过活动，才能反映和体现出他的能力。

⑤客观性，是指在某一段时间内，一个人的能力总量是一个常量。

⑥成长性，是指一个人的能力不是固定不变的，其所掌握的能力随着时间的变化可能提高，也可能降低。

能力分为一般能力和特殊能力。一般能力是指在不同种类的活动中表现出来的共同能力，它是人们有效地掌握知识和顺利地完成活动必不可少的心理条件。智力属于一般能力，它一般包括思维力、记忆力、观察力、想象力。思维力是智力的核心部分，想象力即创造力是智力的高级表现。一般能力(即智力)相当的人并不一定适合干同一类型的工作。

特殊能力是指从事某种专业领域活动所必需的专门能力或几种专门能力的结合体，如数学能力、文学能力、技术操作能力等，任何一种专门活动都要求与专业内容相符合的几种能力集合，如领导能力是技术能力、决策能力和人事能力三种独立的特殊能力的有机结合，高层领导主要需要决策能力，中层领导主要需要人事能力，基层领导则主要偏重技术能力。

一般能力和特殊能力之间存在相互依存、相互联系、互相促进的辩证关系。特殊能力是建立在一般能力基础上的，任何特殊能力都是经过一般能力的专业性培训发展起来的，因此一般能力必然包含在特殊能力之中，就是在各种特殊能力系统发展的基础上发展起来的整体。

5.1.2 能力成长模型

对于我国高新技术企业来说，关键的问题不在于员工现有能力的大小，而是在于提高能力的难易程度。能力的提高取决于使人们熟练掌握某一种能力的各种要素，以及改变这些要素的难易程度。我们将影响能力的因素构成能力成长模型，见图5－1。

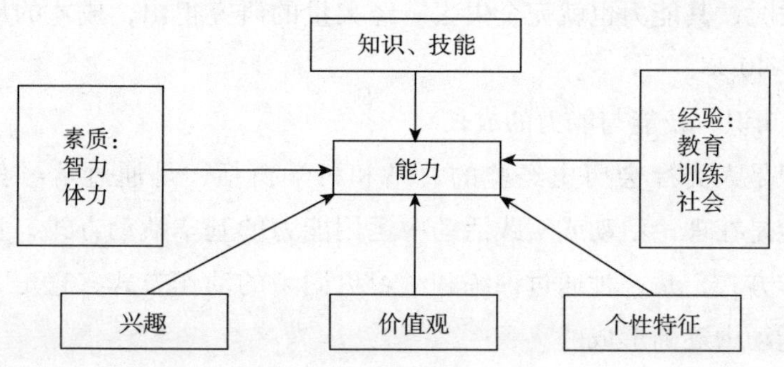

图5－1　能力成长模型

(1)素质与能力的成长

素质是有机体天生具有的某些解剖和生理的特征，是能力发展的自然前提，离开这个物质基础就谈不上能力的发展，但它不是能力本身。

①智力与能力的成长

一个人的智力决定一个人的能力，智力的成长速度决定能力的成长速度，智力的结构决定能力的结构，但一个人的智力高于另一个人，并不表明其能力就一定高于另一个人，因为智力要转化为能力有一个过程，且要受到各种因素的制约。

②体能与能力的成长

从生理角度来看，若以年龄为横轴，人的综合体能呈抛物线，一般在20～25岁，人的综合体能接近抛物线顶部，并在一段时间后就开始下滑。综合体能还因工作生活的辛劳、精神心理的压力产生损耗。此外，思想素质对体能的存量及其价值的体现也产生较大的影响，如意志薄弱者与意志坚定者相比，好吃懒做者与勤奋上进者相比，体能的存量就易于损耗。而体能的下降，必然使学习和实践的精力不足，影响知识、技能的掌握，影响工作能力的提高。

③年龄与能力成长

一个人刚出生时，没有能力，是由于他生来具有一定的解剖生理特点，具有能力发展的一般可能性：随着年龄的增长，在社会实践中的活动增多，个人能力也会不断增长，有的增长得快，有的增长得慢，但增长到一定程度以后，个人能力将不再增长，并逐渐出现能力衰减的趋势；到一个人死亡时，其能力也就完全失去。经大量的研究得出，成才的最佳年龄段是20~40岁。

(2)知识、技能与能力的成长

知识是人类社会历史经验的总结和科学概括，是通过学习获得的结果。技能是在理论活动或实践活动中运用能力的基本活动方式，是个人掌握的动作方式，是一种通过训练和学习巩固了的动作方式，它是人们在长期实践活动中逐渐形成的。

知识是能力形成的理论基础，技能是能力形成的实践基础，任何能力的发展均是以知识手段螺旋式推进的。一个人掌握了一定的知识和技能，才会促进能力的提高，即个人的知识增长越快，其能力成长也会越快。也可以说，能力的高低直接影响着掌握知识的快慢、难易、深浅和巩固的程度，也决定着对知识和技能的运用及解决实际问题的程度。

能力与知识、技能的发展路径并不一定完全一致，具有同等水平知识、技能的人，不一定具有同等水平的能力。

(3)经验与能力成长

一般来说，一个人接受教育和实践活动的时间越长，经验便越丰富，人的能力就越强。经验与能力成长之间不是一种简单的线性相关关系，而是一种曲线关系，如图5-2所示。

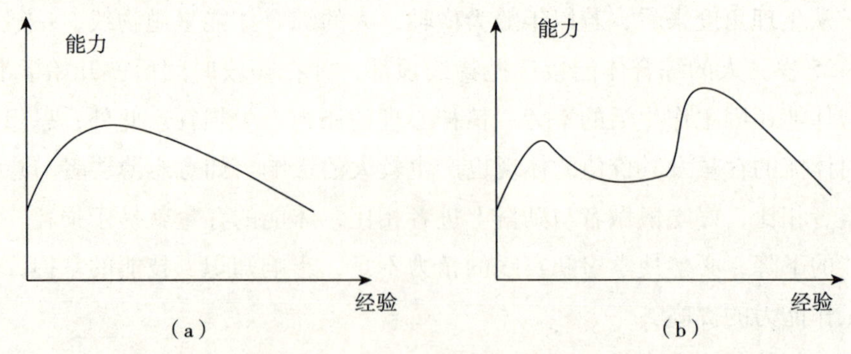

图5-2 经验与能力的关系

本书通过对我国高新技术企业员工的实地调研总结出，一个人的能力会随着经验的积累而不断增加，原因在于经验积累的过程，实际上是锻炼智力和累积知识的过程。但是，当经验积累到一定程度后，经验的继续积累并不一定能促进能力的成长，因为经验积累到一定程度后会使个人形成思维定式，降低高新技术企业员工个人吸收新知识的欲望。需要指出的是，从经验与能力成长的关系来看，能力成长可能会出现多个高峰，如图5-2(b)所示。

(4)个性特征与能力的成长

人的个性中包含许多难以改变的因素，如性格内向的人几乎无法通过某些变化过程成为性格外向的人。但是，个性也的确会发生变化。当人们对周围的力量做出反应、与之互动时，他们的个性时时刻刻都在改变，如很多性格内向的人随着年龄的增长和自信心的增强也会变得外向，更善于交际。

人的个性会影响若干能力的获得，如不善于控制自己情绪的人或容易发怒的人，很难获得较强的解决冲突能力。因此，如果想通过改变个性来提高能力，非常不容易，需要有较强的自制力，不是明智之举。

(5)价值观与能力的成长

价值观是指一个人对周围的客观事物(包括人、事、物)的意义、重要性的总体评价和看法。对诸事物的看法和评价在心目中主次、轻重的排列次序，就是价值观体系。价值观和价值观体系是决定人的行为的心理基础。价值观不仅影响个人的行为，还影响群体行为和整个组织行为。在同一客观条件下，对同一个事物，由于人们的价值观不同，就会产生不同的行为。在同一个组织中，有人注重工作成就，有人注重金钱和报酬，也有人重视权力和地位，这就是因为他们的价值观不同。同一个规章制度，如果两个人的价值观相反，那么就会采取完全相反的行为，对组织目标的实现起着完全不同的作用。

人们对自身、他人和世界的看法对其行为也有着巨大的影响。如果人们相信自己没有创造力和创新能力，他们就不会去思考新的、不同的工作方式。在企业中，员工往往普遍持有视管理层为“对立面”的观念，这使得员工不愿去发挥原本可以发挥的主动性。如果管理层有服务员工的能力，并建立起使员工明确的远景规划，就能够激发员工的动力，发挥其主动性。

可见，价值观是能够改变的，即使是根深蒂固的价值观，也是可以改变的。此外，社会环境、组织文化对价值观也有着重大的影响。

(6)兴趣与能力的成长

一个人的兴趣在不同的时候是以不同的方式显示出来，而且在人的一生中保持相对稳定。这种潜在终生兴趣是一种长期保持的，受情绪支配的激情、能量，且这种兴趣与个性杂乱地交织在一起。如果工作与员工的潜在终生兴趣相匹配的话，那么这种工作会使他们感到幸福，幸福就意味着认同，它会使人们潜心于工作，投入最大的精力学习和实践，提高工作能力，取得最佳工作业绩。

众所周知，员工能力的提高会对组织产生巨大的影响。经研究证实，不是通过努力学习和训练就能够获得所有能力的提高，而实际上是某些能力会较容易得到改变，而某些能力却根本不会变化。表5－1列举了能力可提高性方面的情况。

表5－1　能力可提高性

可提高性	能力类型
容易得到提高	培养他人、生产效率、团队精神、专业知识和技术、以服务为导向、绩效管理
较难提高	以业绩为导向、决策素质、影响力、解决冲突的能力、战略思维能力、分析思维能力、对组织的认识能力
很难提高	主动性、创新能力、正直诚信、应对压力、灵活性、概念思维能力

5.1.3　影响高新技术企业员工与组织匹配的能力因素

能力是决定工作绩效能否持久的品质和特征，是通过具体的行为方式体现出来的，将反映每一种能力的行为方式细化成各个组织部分，便构成了能力因素分析，见表5－2。如果细化了的能力行为方式能够全部表现出来，那么能力水平便得以提高，进而取得较高的绩效；如果细化了的能力行为方式不能全部表现出来，那么能力水平便无法得到提高。因此，我们在衡量高新技术企业员工与组织动态匹配的同时，应该进一步考虑能力的细分因素。

表5-2 能力因素分析

层级	能力类型	细分因素
基层员工	完成任务	以业绩为导向意识、绩效管理意识、影响力、主动性、灵活性、创新能力、质量关注意识、专业知识和技能、生产效率意识、不断改进的精神
基层员工	人际交往能力	团队精神、以服务为导向意识、人际意识、对组织的认识、建立良好的关系、解决冲突的能力、沟通能力、跨文化的敏感意识
基层员工、管理层	个人素质	正直诚信、自我发展能力、决策能力、应对压力、分析思维能力、概念思维能力
管理层、领导层	管理能力	团队建设能力、激励他人能力、授权他人能力、培养他人能力
领导层	领导艺术	远见卓识、战略思维能力、开拓进取能力、管理变革过程能力、建立对组织忠诚的能力、确定工作重点能力、规划远景能力

作为基层员工，完成任务的能力、人际交往能力、个人素质等能力类型对他们工作的成功非常重要；作为中层管理者，就要在此基础上增加一项管理能力；作为高层领导者，则应再增加一项领导能力。因此，关键是能力方面的强弱决定了管理者和员工之间工作成功与否，同时也决定了员工与组织的匹配成功与否。

可以说，这是一个通用的能力细分因素，它可用于员工选拔、员工配置、员工培养、绩效考核等方面，以评估员工与组织匹配的能力情况。需要说明的是，由于每个企业的情况不同，即使是高新技术企业，企业也应该根据其价值观、员工的数量、竞争优势的来源、工作重点、战略目标等方面的情况，有针对性地、有效地采取相应的模式来实施对员工能力的客观评价。

此外，随着员工能力及业务水平的提高，在高新技术企业中，员工会进行再匹配，从而构成了基于能力的员工与组织动态匹配模型，如图5-3所示。

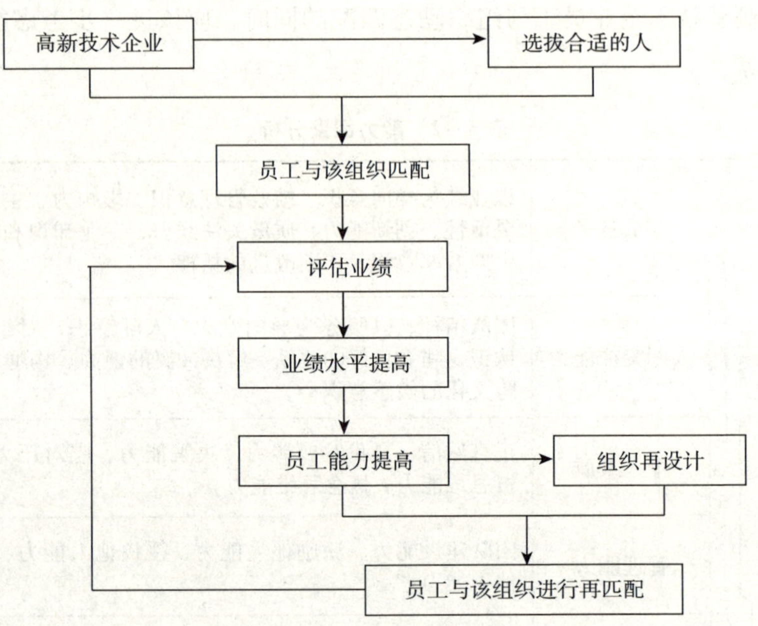

图 5-3 基于能力的员工与组织动态匹配模型

5.2 影响员工与组织动态匹配的管理风格因素

5.2.1 典型的管理风格理论

（1）Iowa 的管理风格理论

Iowa 把管理风格划分为专制式、放任式和民主式三种。

①专制式管理又称为权威式管理或者独裁式管理风格。习惯这种管理风格的领导独断决定着高新技术企业的工作目标、方针、政策等，对部属的指导采取命令的方式。尽管专制式管理风格对促进高新技术企业生产力有立竿见影的效果，但时间一长，会造成高新技术企业组织内部的员工相互攻击、冷漠与低满意度，生产力反而会降低。

②放任式管理风格是指高新技术企业组织目标、方针与政策等均由部属自行决定，组织的领导者不采取主动指导，而是采取“无为而治”的态度。

③民主式管理风格是指高新技术企业领导采取员工参与领导过程的方式，领导者允许部属参与决策，是一种授权与分权式的结合。

从Iowa的理论可以看出，不同的管理风格对高新技术企业员工与组织动态匹配的效果有不同的影响。

（2）Tannenbaum和Schmidt的连续统一体理论

Tannenbaum和Schmidt是最早研究影响管理者领导风格选择因素的两个学者，尽管他们个人更偏爱于员工导向的领导风格，但是他们认为管理者在选择领导风格时要考虑到三个基本因素：管理者因素、员工因素和情景因素。同时也认为，管理风格既可以是独裁式的，还可以是民主式的，还可以是两者的结合，具体采用哪种管理风格要取决于组织所面临的内外部环境见图5－4。

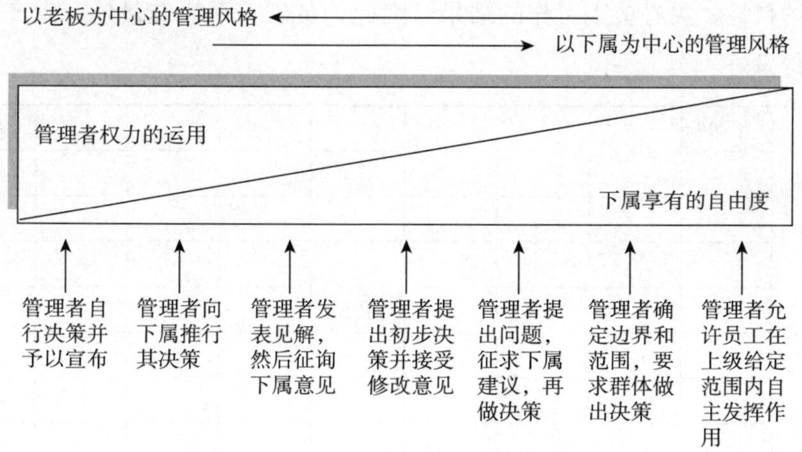

图5－4 管理风格的连续统一体理论模型

Tannenbaum和Schmidt，包括早期的一些学者，认为管理者的领导风格是“零和”博弈：越是任务导向的管理者，越不可能成为具有关系导向的管理者。

（3）Blake和Mouton的管理方格理论

Blake和Mouton在美国Ohio大学领导行为研究组提出的四分图，管理风格理论基础上提出了著名的管理方格理论见图5－5。Blake和Mouton在方格理论中，存在“对人的关心”和“对生产的关心”两种不同的结合。他们提出的管理方格法，主要是为了避免在企业管理的领导中趋于极端的方式，即是科学管理，或是人际关系；或者以生产为中心，或者以人为中心，或者以X理论为依据，或者以Y理论为依据。从图5-5中可以看出，自下而上，对人员关心的程度由低而高；自左而右，对生产关心的程度由低而高。

图5-5中共有81个小格，代表81种"对生产的关心"和"对人的关心"这两个基本因素以不同的比例相结合的领导方式。在图5-5中，主要列出了五种基本类型的管理风格：

①(9,9)型：协作式的领导风格(Collaborative Leadership)。这种管理风格的领导认为，"目标"(Purpose)和"人"(People)之间并不存在冲突，努力使员工的个人需要和组织的目标实现最有效的结合，注意使员工了解组织的目标，关心员工工作的结果。因此，员工关系协调最佳，生产任务完成得又好。

高	1,9								9,9
					5,5				
关心人(关系)									
	1,1								9,1
低	低				关心生产(工作)(结果)				高

图5-5 管理方格理论

②(9,1)型：命令式的领导风格(Directive Leadership)。这种管理风格的领导过分关注生产结果(Output)，特别强调对员工的绩效考核，注重于计划、指导和控制员工的工作活动，要求员工严格服从组织的命令，以完成生产目标，不关心人的因素，很少注意员工的发展和士气。

③(5,5)型：战略式的领导风格(Strategic or Statistical Leadership)。这种管理风格的领导试图在“关心人”(Concern for People)和“关心目标”(Concern for Purpose)之间寻找妥协与调和。一方面比较注重管理者在计划、指挥和控制上的职责，另一方面又比较注重对员工的引导和鼓励。

④(1,9)型：支持式的领导风格(Supportive Leadership)。这种管理风格的领导集中注意对员工的支持和体谅，注意对员工的保护，避免组织内部的冲突和破坏，努力营造一种舒适和睦的组织气氛和工作节奏，他们认为只要员工心情舒畅，生产就一定能够搞好，但对规章制度、指挥监督和任务效率等很少关心。

⑤(1,1)型：官僚式的领导风格(Bureaucratic Leadership)。这种管理风格的领导不会追求个人的满意度，既不关心结果又不关心员工关系，对什么都漠不关心，极易导致管理的失败，这是很少见的极端情况。

经过我们对我国高新技术企业的实地调研发现，(9,9)型协作式的领导风格与高新技术企业员工-组织动态匹配具有显著的相关性，(5,5)型战略式的领导风格与高新技术企业员工-组织动态匹配之间没有显著的相关性，(1,1)型官僚式的领导风格与高新技术企业员工-组织动态匹配之间具有负相关性。当然这只是一种经验判断，还有待于后面实证分析中的验证。

(4)Likert的管理风格理论

美国密执安大学的Likert教授经过长期的研究，把管理风格归结为四种：

①专权独裁式(Exploitive - authorities)：是把权力集中在组织的最高一级，下属无任何发言权。决策和组织目标都是由管理阶层做出，然后下达一系列的命令，必要时以威胁和强制的方式推行。上级和下级之间极少的交换也是在不匹配的环境里进行，下级往往被恐惧所制约。

②温和独裁式(Benevolent - authorities)：是把权力集中在组织的最高一级，但是授予中下层部分权力。管理者对其下属有一种较谦和的态度。一般决策由高层管理者所制定，下级也可以做出一定的决策，但下级还是有恐惧警戒心理。

③协商式(Consultative)：是重要问题的决定权在组织的最高一级。中

下层在次要问题上也有决定权，上级与下级之间具有双向的信息沟通。采用奖罚的方式进行激励，也实行某种程度的参与制订计划。

④参与式(Participative Group)：是上级与下级处在平等的地位，有问题互相民主协商讨论，决策是以各部门广泛参加的形式进行，但由最高领导做出最后决策，上级与下级之间的沟通是双向的、平行的，在激励方面，让员工参与制定经济报酬、设置目标等。

5.2.2 管理风格对员工与组织匹配的影响

总体来说，基本的管理风格还是两种，即专制式管理风格和参与式管理风格。例如，Iowa的放任式和民主式管理风格本质上仍然属于参与式的管理风格，只是放任式管理风格下员工可自作主张、参与程度最高而已。其他类型的管理风格都是这两种基本类型的不同比例的组合而已。专制式管理风格和参与式管理风格的关系有点类似于集权与分权的关系，也是一个问题的两个相反方面，(见表5-3)。专制式的管理风格适合于低层次的需求，而且强调员工的被动接受；而参与式的管理风格则适合于高层次的需求，员工可以一定程度地参与决策。

值得注意的是，这两种不同类型的管理风格的终极目标都是一致的，即达到既有的效率又能有效能的组织目标，只是达成的方法不同而已。另外，尽管两者在达成组织目标方面并无显著的差异，但是专制式管理风格与参与式管理风格在对员工士气和工作积极性方面的影响还是存在明显差异性的。

Likert等人曾经做了一个著名的关于管理风格的管理实验。他们选择了四个地位平等的部门为实验对象，四个部门的技术相同、工作类似、组织结果相同且员工情况基本相同，只是地理位置不同。四个部门的经理采取两种截然相反的管理风格，即部门A、B的经理采取专制式的管理风格，部门C、D的经理采取参与式的管理风格。这个管理实验历时两年，得出了对本研究有价值的一些结论。图5-6显示了该实验结果，可以看出，在达成组织目标的效率和效能方面，专制式的管理风格要优于参与式的管理风格，在提升员工士气和影响员工工作积极性等方面则参与式的管理风格要优于专制式的管理风格。

这个实验表明，不同的管理风格在影响员工工作态度方面和程度方面是不同的，专制式的管理风格对员工工作态度有显著的负面影响，而参与式的管理风格正好相反。

总的来说，专制式管理风格对高新技术企业员工与组织之间动态匹配的负面影响主要体现在以下几个方面：

第一，企业对员工的关心和爱护较少，而员工却比较看重上司的代表性和来自企业的体谅，企业越是体谅员工，员工的士气越高。

另外，对于较低层次的员工来说，其工作往往相对简单而缺少变化，一看就知道做了多少，不需要再施加工作压力，因此他们很讨厌工作压力和专权；而对于高层次的员工来说，也往往比较讨厌专制，不希望受到太多的管制和约束。要管人先要管心，对员工体贴和关照，使员工心存感激而在工作中全力以赴；即使是工具性的目的，也能够获得员工的情感认同，进而提升其工作表现。因此，专制式的管理风格只会使员工的士气受到影响。

表5－3　两种基本管理风格的比较

	专制式的管理风格	参与式的管理风格
人性假设	认为工作大都令人讨厌，而且人天性懒惰，所以专制式的风格是必要的	大多数的人并不是天性懒惰的，他们付出工作和努力就像玩乐或者休息一样自然，富有挑战性和满意的工作会使人激发工作活力和热情
需要层次	由于每个人的生理和安全的需要只能用工作所赚的钱来满足，因此专制式的管理风格最能够预测员工的行为，也最有效：对大多数管理人员而言，专制式管理是比较容易做到的，不需要去分析和满足员工是否具有不同的需要	尽管每个人有低层次的需要，但满足的途径和手段较多，而且随着教育水平的提高，更多的人了解到人性的复杂性，也知道了人类渴望高层次的需要满足，因而有些工作可以同时满足这两种类型的需要，因此可以使员工流向这种工作

续表

	专制式的管理风格	参与式的管理风格
自由度	专制式管理只要求告诉员工如何做，而不必把时间花在讨论上，执行效率较高，太关心员工的反应反而会削弱管理人员处理困难的能力	参与式管理风格下的员工可以自我指挥、自我控制，会投入更多的心力到工作之中，因此可以激发创新和提高工作绩效
管理效率	专制式管理风格想要实现公正而且明确，管理者只需要做到以下几点即可：一是确定恰当的行为；二是宣布奖赏标准；三是对员工的绩效加以评价并实施奖赏	参与式管理风格更能够做到公正，因为对员工的不同需要了解和尊重，能够充分沟通彼此的期望

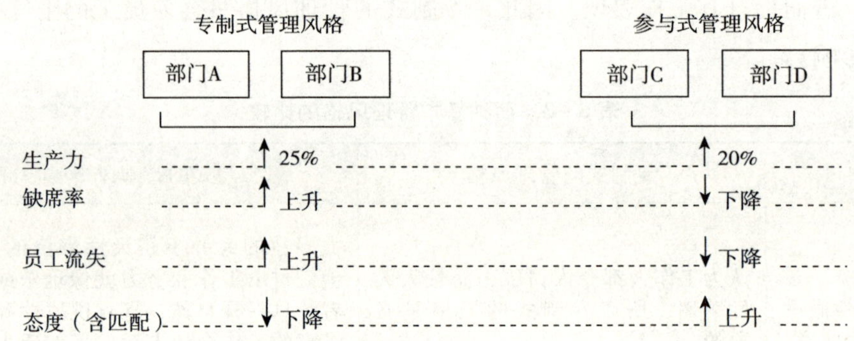

图5-6 管理风格与生产力、缺勤率、员工流失等的关系

第二，在公正一致性方面要逊于参与式管理风格。专制式管理风格缺乏对员工的关心，没有考虑到员工的不同需要，也不去了解员工的心态，容易在管理实践当中采取简单主义和平均主义，尽管在某种程度上提高了管理的效率，但由于对员工的尊重不够、了解不够，因而在处理员工的许多切实利益时反而难以做到公正公平，在兑现企业对员工的承诺方面比较欠缺。而参与式管理风格却可使员工感受较多的公平、受尊重的知觉并产生较多自制、有责任的行为，同时赢得员工对领导的敬重和对企业的忠诚。

第三，专制式管理缺乏对员工的纵向沟通。不通情，就无法达理。这样一来，高新技术企业与员工之间的纵向沟通不够，必然会影响这两者之间的动态匹配效果。

第四，专制式管理风格认为，员工的工作技能和素质较低，员工并不喜欢工作，存在偷懒动机，因而必须采取专制式管理才能制服员工，容易导致员工与组织之间的关系紧张、冲突与不和谐。

5.3 影响员工与组织动态匹配的人才流动理论与模型

5.3.1 典型的人才流动理论

(1)勒温的场论

美国著名的心理学家勒温(Ewin)认为，个人能力与个人条件与其所处的环境，直接影响个人的工作绩效，个人绩效与个人能力、条件、环境之间存在一种类似物理学中的场强函数关系。由此，他提出了如下的个人与环境关系的公式

$$B = f(p,\ e)$$

式中，B 为企业员工的个人绩效，P 为个人的能力和条件，e 为所处的环境。该函数表示，一个人所能创造的绩效，不仅与他的能力素质有关，而且与其所处的环境有密切关系。如果一个人处于一个不利的环境之中(如专业不对口，人际关系恶劣，心情不舒畅，工资待遇不公平，领导作风专断，不尊重知识和人才)，则很难发挥其聪明才智，也很难取得应有的成绩。因此，外部环境对于企业员工而言起到非常重要的作用，而且一个适宜的环境在很大程度上影响员工与组织的匹配。

(2)卡兹的组织寿命学说

美国学者卡兹(Katz)对科研组织的寿命进行了研究，发现组织寿命的长短与组织内信息沟通情况有关，也与获得成果的情况有关。他通过大量调查，总结出一条组织寿命曲线，即卡兹曲线，如图5-7所示。

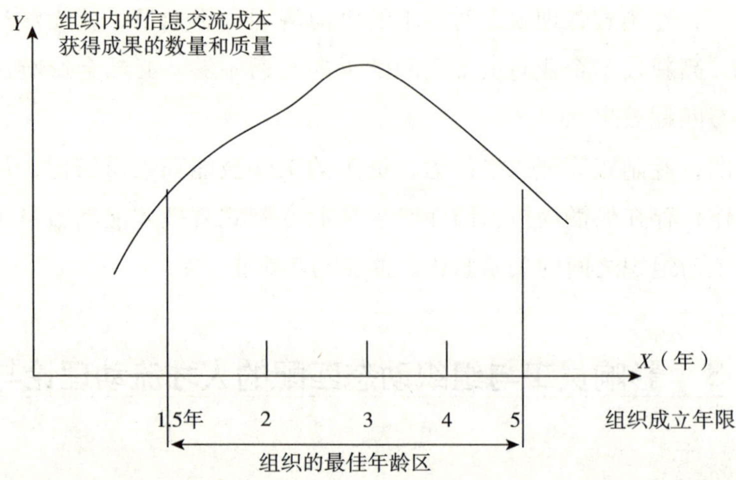

图5-7　组织寿命曲线

图5-7中的曲线表明，在一个组织内一起工作的员工，在一年半至5年的期间内，信息沟通水平最高，获得成果也最多。而在不到一年半或超过5年的时间段，成员沟通信息水平不高，获得成果也不多。这是因为相处不到一年半，彼此之间不熟悉，尚难敞开心扉，而相处超过5年，彼此之间都很熟悉，相互间失去了新鲜感，可供交流的信息减少。卡兹曲线告诉我们，高新技术企业作为一个组织和人一样，也有成长、成熟、衰退的过程，组织的最佳年龄区为1.5~5年。超过5年，就会出现沟通减少、反应迟钝，即组织老化，解决的办法是对组织进行改组。卡兹的组织寿命学说从组织活力角度证明了人才流动的必要性，同时也指出人员流动也不宜过快。流动时间间隔应大于2年，这是适应组织环境和完成一个项目所需的下限。一般而言，人的一生流动7~8次是可以的，流动次数过多反而会降低效益。

(3)库克曲线

美国学者库克(Kuck)提出了另外一条曲线，即库克曲线。他从如何更好地发挥人的创造力的角度，从一个侧面论证了员工与组织匹配的必要性。库克曲线是根据对研究生参加工作后创造力的发挥情况所做的统计绘制出来的，如图5-8所示。

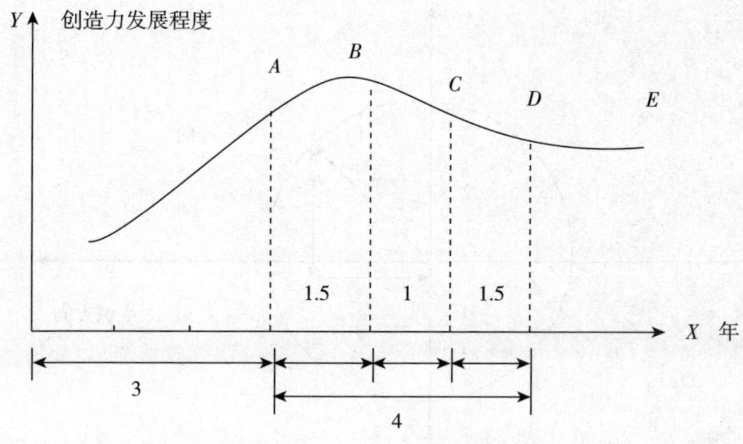

图5－8 库克曲线

图5－8中，*OA*表示研究生在3～4年的学习期间创造力增长情况；*AB*表示研究生毕业后参加工作初期(1.5年)；*BC*为创造力发挥峰值区，这一峰值水平可保持1年左右，是出成果的黄金时期；随后进入*CD*期即初衰期，创造力开始下降，持续时间0.5～1.5年；最后进入衰减稳定期即*DE*期，创造力继续下降并稳定在一个固定值。如不改变环境和工作内容，创造力将在低水平上徘徊不前。

为激发研究人员的创造力，应该及时变换工作部门和研究课题，就是进行人才流动。如5－8图所示，创造力较强的时期大约有4年(图中*AD*区间)。人的一生就是在不断开辟新工作领域的实践中，来激发和保持自己的创造力的，即走完一个*S*形曲线，再走下一个*S*形曲线。

(4)中松义郎的目标一致人才理论

从理论上来看，日本学者中松义郎的目标一致理论较好地解释了人才流动的成因和必然性。图5－9中，F表示一个人实际发挥出的能力，F_{max}表示一个人潜在的最大能力，D表示个人方向与组织方向之间的夹角。

$\max F = F\text{Cos}D(0 \leqslant D \leqslant 90)$，显然，当个人目标与组织目标完全一致时，$D=0$，$\max\text{Cos}D=1$，$F=F$，个人的潜能得到充分发挥。当两者不一致时，$D>0$，$0 \leqslant \text{Cos}D<1$，$F<F$，个人的潜能受到抑制。解决这一问题有两条途径：

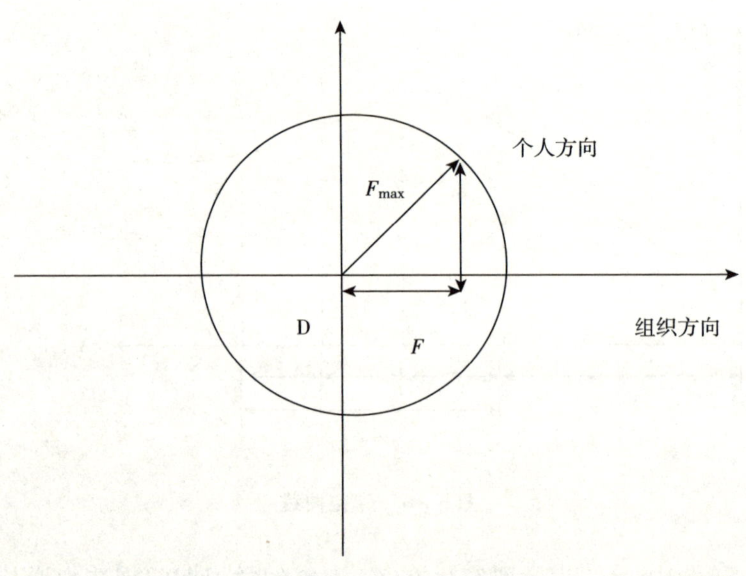

图 5-9　目标一致人才论

一条是，个人目标主动向组织目标靠拢，引导自己的志向和兴趣向组织和群体方向转移，并努力趋于一致。这样做往往遇到困难：或者由于价值观上的差异（如对知识的尊重，对金钱的追求，对事业的忠诚）难以弥合；或者由于人际关系上的（如任人唯亲、排除异己、嫉贤妒能等）难以克服；或者出于业务努力方向上难以一致（如专业不对口，一改专业就有可能丧失原本业务上的优势）。总之一句话，由于个人目标与组织目标之间的差距难以短期内解决，使得这条路径变得不可靠。

另一条是，进行人才流动，流动到与个人目标比较一致的新单位去。个人的努力方向与组织的期望比较一致，便会如鱼得水，个人的积极性、创造性得到充分发挥，如此一来，个人的行为容易受到组织的认同和肯定，形成良性循环。

5.3.2　人才流动模型

基于以上几个比较典型的人才流动理论，通过对若干模型的深入研究和扩展，从研究的内容、因素和分析过程来看，都是将研究对象界定为企业所需要的、不愿意使其离去的且对企业有价值的员工，对于研究高新技术企业员工与组织动态匹配的实证分析具有相当的借鉴意义。表5－4总结了各模型中的影响因素。

表5－4　各模型中影响因素总结

	影响因素	中介变量	评价
马奇和西蒙模型	·工作中自我价值的实现 ·对工作关系的预知 ·工作与其他各种角色的和谐 ·对企业内部流动可能性的预期 ·感觉到的流出企业的容易程度	·工作的满意程度 ·对企业间流动的可能性预期 ·离职的意愿	该模型是最早试图将劳动力市场和个体行为融为一体来考察和研究员工流失的尝试。但是，这一模型缺乏充分的实证和经验的调查研究，而且在两个分离的模型中无法充分地评估各个变量所起的作用
普莱斯模型	·工资 ·融合性 ·基础交流 ·正规交流 ·集权化	·工作满意度 ·调换工作的机会	该模型的积极贡献在于，它尝试将企业变量和个人变量结合起来探讨员工流出问题。从个体心理学角度来讲，这一模型有一大缺陷，即它不能明确回答个人是怎样认知和估计流出影响因素和改变工作机会的。这一模型是建立在假设员工能够相应地衡量各种决定因素的后果的基础上的，忽略了个人价值观、知觉及衡量过程的差异性
莫布雷中介链模型	·职位的满意度 ·预期收益及成本 ·非工作因素 ·寻找新职位的机会	·流失的意图	该模型强调将流出作为一个选择过程，并把对工作满意度与流出的关系直接作为员工流出的先兆的观点提出了质疑。该模型不能完全解释员工流失行为。现有的模型不能有效地评价这些关于员工流出的解释，在员工流出决策过程中，员工角色选择、员工流动的难易程度以及工作机会的多寡等因素的作用还需要进一步的研究来证明

续表

	影响因素	中介变量	评价
扩展的莫布雷模型	·企业：对有关工作的感受、对现有工作的预期 ·个体：个人价值观、非工作价值观 ·市场：对劳动力市场的认识、对改变工作的预期	·工作满意与否 ·对在企业内改变工作角色收益的预期 ·对在企业外部改变工作角色收益的预期 ·非工作价值观及偶然因素	该模型将前面几种模型结合起来，试图尽可能全面地捕捉到影响员工流出的各种复杂因素。对于这样一个非常负责的模型，不可能有哪一方面专门研究成果能百分之百的全面论证与支持。这一模型的意义在于运用图形来较为全面和直观地描述出员工流动的行为过程

高新技术企业员工与组织动态匹配的研究，旨在突出“高新技术”这一企业特征，对这类企业群体的研究要与对传统企业群体的研究相区别，突出这一群体的特殊性，从而为从事高新技术企业人力资源开发与管理的工作人员提供一些借鉴。

5.4 ECFP 模型

根据高新技术企业员工与组织动态匹配的特征及相关因素，本书构建了基于高新技术企业员工与组织动态匹配的相关模型即环境—特征—匹配—绩效模型（Environment - Character - Fit - PerformanceModel，ECFP）模型，如图 5 - 10 所示。

该模型全面说明了在高新技术企业员工与组织动态匹配的过程中，动态环境对员工和组织的特征产生影响，而员工和企业的组织特性共同决定了动态匹配的影响程度，最终匹配的效果又会对其绩效产生影响。在这个模型中，员工的特征主要包括成就需要、领导能力、专业能力和愿望感知；企业的组织特性主要强调抱负水平、执行效率、合作状态和控制欲。

在高新技术企业的员工与组织特征中，其执行效率是企业内部的管理属性，合作状态是企业与外部的关系属性，而抱负水平和控制欲对应的是

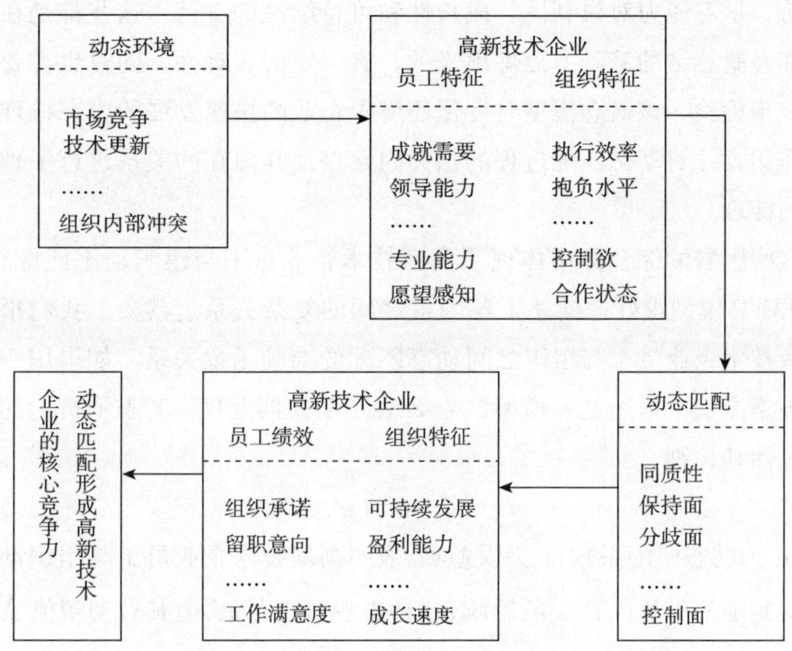

图5-10 环境—特征—匹配—绩效模型（ECFP模型）

一个内部动力机制的问题。企业的能力结构主要强调的是评估能力、配置能力和学习能力，这三种能力构成了企业在动态匹配过程中的关键要素，评估能力发现机会、明确定位，而配置能力实现资源的到位，占据有利的市场位置，而学习能力使得企业获得能力的提升、实现可持续的发展，并进一步激发新的动态匹配过程。企业的绩效表现主要强调成长性、盈利性和可持续性，这三类指标的选择主要结合成长型企业在动态发展过程中的特点，其中，成长性体现企业的成长速度；盈利性体现企业的盈利能力，也在一定程度上体现企业的市场地位；而可持续性，体现了企业在成长过程中是否具有稳健的特点，是否具有抗风险的能力和发展的潜在空间。

根据前面的各个层次的分析，本模型中提出了基于动态匹配的组织特性、能力结构和绩效表现的相互关系。首先，指出抱负水平对评估能力和学习能力的正向影响，执行效率对配置能力的正向影响，合作状态对评估能力、配置能力和学习能力的正向影响，而抱负水平、执行效率和合作状态之间具有正相关关系。同时，模型指出了评估能力和配置能力对成长性的支持，学习能力对盈利性、成长性和可持续性的支持。这些都是在理论分析和经验总结的基础上提炼出来的，有一定的客观性，同时也需要实践的进一步检验。该概念模型对变化环境中企业的快速发展的内在机理具有解释作用，并对动态匹配过程的相关因素以及其内在的关系进行了理论和逻辑的梳理。

这些因素的综合作用体现了高新技术企业员工与组织动态匹配行为，因此 ECFP 模型很好地描述了各因素之间的复杂关系。其实，我们很难得到高新技术企业员工与组织之间动态匹配的准确函数关系。如果用一个结构性数学方程来描述这一模型，令 Z 表示动态匹配度，Y 表示员工的行为或者是活动，则

$$Z = \alpha Y + \varepsilon \tag{5-1}$$

式中,α 为动态匹配系数;ε 为误差项,表明高新技术企业员工与组织动态匹配还受到随机干扰因素 ε 的影响,这种影响可正可负,但其总期望值 $\sum(\varepsilon)$ 为 0。由于高新技术企业的成长表现为员工行为和活动的不断进行,因此的最大化就体现为员工与组织两者相容的最大化,下面的分析则是以员工行为或活动 Y 为因变量。

我们以 X_1 表示组织承诺，以 X_2 表示留职意向，以 X_3 表示工作满意度，α_1，α_2，α_3，α_4 分别为其影响系数，系数为正，则表明其对高新技术企业员工行为或这些活动的影响是正向的，反之亦然。具体表示为方程

$$Y = \alpha_1 X_1 + \alpha_2 X_2 + \alpha_3 X_3 + \alpha_4 X_2 X_3 + \varepsilon_0 \tag{5-2}$$

由于高新技术企业技术的更新比较快，员工的行为和活动由技术更新系数和识别能力两项构成，我们定义 β 为技术更新系数，θ 为技术的识别能力，则 $X_1 = \beta\theta$，其中：$0 \leqslant \beta < 1$。则式(5-2)可以改写为

$$Y = \alpha_1 \beta\theta + \alpha_2 X_2 + \alpha_3 X_3 + \alpha_4 X_2 X_3 + \varepsilon_0 \tag{5-3}$$

另外，对于留职意向 X_2 和工作满意度 X_3 的方程式表达如下

$$\begin{aligned} X_2 &= \beta Y + \beta_{32} X_3 + \varepsilon_2 \\ X_3 &= \beta Y + \beta_{23} X_2 + \varepsilon_3 \end{aligned} \tag{5-4}$$

式中，β_{32} 和 β_{23} 分别表示 X_2 和 X_3 两者间的影响系数。

对式(5-3)求偏导，则有

$$\frac{\partial Y}{\partial \theta} = \alpha_1 \beta \tag{5-5a}$$

$$\frac{\partial Y}{\partial X_2} = (\alpha_2 + \frac{1+\beta_{23}}{1+\beta_{32}}\alpha_3) + \frac{2\alpha_4(1+\beta_{23})}{1+\beta_{32}}X_2 \tag{5-5b}$$

$$\frac{\partial Y}{\partial X_3} = (\alpha_3 + \frac{1+\beta_{32}}{1+\beta_{23}}\alpha_2) + \frac{2\alpha_4(1+\beta_{32})}{1+\beta_{23}}X_3 \tag{5-5c}$$

在式(5-5a)中，假设 $\alpha_1 > 0$ ，因此$\frac{\partial Y}{\partial \theta} > 0$，表明高新技术企业员工行为或活动匹配程度随着技术更新和识别能力的增强而不断增加。

在式(5-5b)中，若 $\alpha_4 > 0$，则$\frac{\partial^2 Y}{\partial X_2^2} > 0$，表明高新技术企业员工行为或活动匹配程度随着留职意向增强而增加的速度单调递增；反之，若 $\alpha_4 < 0$，则表明高新技术企业员工行为或活动越来越少。

在式(5-5c)中，若 $\alpha_4 > 0$，则$\frac{\partial^2 Y}{\partial X_3^2} > 0$，表明高新技术企业员工行为或活动匹配程度随着工作满意度增强而增加的速度单调递增。也就是说，随着留职与满意之间相互正向促进的不断增强，高新技术企业员工行为或活动的增加速度越来越快。

考虑到以上 ECFP 模型中各因素之间的交互作用，我们可以得出以下结论：

①给定 X_2，X_3，Y 主要与 β 有关，而 β 在很大程度上与客观的环境条件以及高新技术企业所面临的行业状况有关，不同的环境和行业状况与之存在内在的差异。也就是说，它可以反映不同的环境对 β 的影响，这种差异已被相关的研究所证实。

②给定 β，X_3，Y 主要与 X_2 有关，X_2 在很大程度上可以反映个体因素的特点。除此之外，从式(5-5b)中可以看出，这两者之间相互作用程度 β_{23} 和 β_{32} 的大小，也对 Y 产生影响，也就是说，上式反映了它们之间的相互作用对于 Y 的影响，进而也对高新技术企业员工与组织动态匹配度产生重要影响。

③给定 β，X_2，Y 主要与 X_3 有关，如前所述，X_3 是指员工的工作满意度，这一状态在很大程度上可以反映员工在高新技术企业中行为和活动的

质量，是对动态匹配起作用的重要因素。同样，这两者之间相互作用程度β_{32}和β_{23}的大小，也是影响 Y 变化的因素。

因此，员工与组织的良好匹配是实现高新技术企业长期雇佣关系及组织灵活性的关键，而且员工与组织的动态匹配会对员工的组织行为产生较大的影响，如匹配对员工的工作满意度、组织承诺、离职倾向起到调节作用；人与组织匹配可以很好地预测组织成员的亲社会行为和工作绩效等。

小 结

本章重点讨论了高新技术企业员工与组织动态匹配的影响因素。首先对员工与组织动态匹配的能力因素进行了分析，对企业员工能力模式的建立及能力评价；然后指出了管理风格对高新技术企业员工与组织动态匹配的影响；对包括影响员工与组织动态匹配的环境因素进行了探讨；最后得出高新技术企业员工与组织动态匹配的 ECFP 模型，为下章概念模型的提出奠定了良好的基础。

第 6 章

基于知识的高新技术企业人力资源管理模型建构

6.1 人力资源管理相关概念界定

对于人力资源管理活动的界定，国内外相关专家和学者已有大量研究。怀特·巴克早期认为人力资源管理包括人事行政管理、劳工合同关系和人际关系等。20世纪80年代，有人把人力资源管理和组织的战略计划整合为一个整体，这个整体的目的就是提高组织绩效。

当前，人力资源管理已不再是过去简单的人事管理，在组织中越来越受到重视，而且人力资源管理活动也不再仅仅是单纯的人事行政工作，听命行事，它突破了原有工作的界限，扩展到如何使人力资源在组织中进行有效的运作，更好地为组织服务。作为人力资源管理者，应正确地进行自身定位，把自己从听命行事的角色提升到策略提供者的角色，针对组织的整体规划，进行有效的人力资源规划。

本书根据已有的研究结论以及高新技术企业的实际现状，认为人力资源管理是通过招聘、甄选、培训等管理形式对组织的人力资源进行合理优化配置，以满足组织当前和未来的发展需求，保证组织目标实现的活动，它包括人力资源规划与招聘、人力资源配置与使用、人力资源培训与开发、绩效管理与薪酬管理。

6.1.1 人力资源规划与招聘

高新技术企业的主要资源是企业的人力资本，它将高新技术进行开发利用，使新技术作为生产力实现产业化生产。作为知识密集型的高新技术企业，在技术创新和管理创新的高要求背景下，创新成为企业的核心资源，是企业核心竞争力的来源，而人力资本是创新的关键，企业只有重视人的作用，才能逐渐提高创新产量。

自20世纪50年代提出人力资源管理概念后，到了20世纪七八十年代人力资源规划逐渐被提出，它将人力资源的内容分析地更加详细，使人力资源管理更加科学和全面，而此时的人力资源工作还处于一种被动状态，工作的重点是人才的供需平衡，尤其是技术人员的供需状态。近年来，随着企业竞争加剧，特别是对于知识密集型的高新技术企业，人成为企业竞争力的关键要素，人力资源规划逐渐被重视，从简单的人事安排转向人力资源的战略规划。综合已有的研究成果，结合高新技术企业的实际情况，本书认为人力资源规划是一项系统的战略规划，它以企业的发展战略为指导思想，在对企业内部和外部人力资源现状分析的基础上，预测企业对人员的未来供需情况，包括人力资源的招聘规划、配置规划、培训计划、人员晋升以及绩效考评等活动。

招聘也叫“招人”或者“纳新”，就是某个企业、组织或者团体为了完成某项任务需要找到合适的人去完成这项工作的活动，它的存在已有很长时间，因为自远古时代以来，人类就有了团队以及合作精神，有团队就需要有人，而团队成员就是通过招聘活动找到的合适候选人。它一般是由主体也就是用人者通过信息载体发布需求信息，使应聘对象得到需求信息后来应聘，通过对应聘者个人素质和逻辑能力的考核选择符合标准的候选人。此外，招聘是严格按照人力资源规划开展的，根据组织人力资源的需求情况，选择合适的候选人，以达到人适其位，位适其人的目的。

人力资源规划和招聘是组织用人的开始，控制着组织人员的输入质量，它们对组织的发展起着重要作用，尤其是在高新技术企业中，人才就是竞争力的载体，又是竞争力的核心来源。人力资源规划能够确保组织生存发展过程中对人力资源的需求，有利于人力资源活动的有序化，充分调动员工的积极性和创造性；而招聘活动是从需求开始的，以组织需求为标准选人，能确保符合组织的用人要求，为组织目标的完成出谋划策。

6.1.2 人力资源配置与使用

随着人力资源在组织中逐渐受到重视，人员的配置与使用也逐渐为越来越多的学者和企业家所关注，尤其是在高新技术企业中，知识密集程度高，对人才的依赖性比较大，如果能合理地对人才进行优化配置，使其发挥最大的效用，那么就能极大地提高组织的整体产能。然而，当前企业人力资源的配置与使用现状并不乐观，例如，企业人力资源短缺与浪费现象严重，引进的人才留不住，而留住的人才又由于领导者的不合理使用导致浪费；企业人员结构不平衡，某些部门人员闲置而某些部门人手不够，并且员工的职业素养达不到要求；此外，人力资源不能实现优化配置，员工的才能与其岗位不能合理匹配，也会使其才能得不到充分发挥。

结合上述对企业人力资源配置与使用不足的分析，本书认为人力资源配置与使用是指在实际的组织或企业中，为了提高员工的工作效率，进而提高组织或企业的产能，在组织或企业内部对人力资源进行科学、合理的安排，实现人力资源最优化的活动，以达到“人尽其才，人尽其用，人事相宜”的目的。

人力资源配置工作也是一项系统工程，需要了解组织内部每个岗位对员工的要求以及组织内每位员工的个人能力和工作喜好，而评价员工的能力及喜好是比较困难的工作，因为主观性更强一些。根据组织对人的需求以及组织的实际情况，人力资源配置主要有三种形式：

①人岗关系型：根据员工与岗位的对应关系进行配置，使员工适应所在岗位的工作环境，并能满足岗位的工作要求；

②移动配置型：通过晋升、降职和调动三种形式来改变组织人员的岗位，使每个岗位在移动配置过程中找到符合要求的人员；

③流动配置型：它不同于移动配置型，移动配置是员工之间相互交换岗位，而流动配置是组织内员工与新聘任员工的交换，可能导致原有员工的下岗。

人与人之间是有差异的，但每个人都有自己的才能，没有无用之人，只有没用好的人，所以在人力资源使用过程中要注意发现每个员工的长处和优势，根据他们的特点安排相适应的工作。此外，人有长处也有短处，以他人之长补己之短，就能够使长处得到充分的发挥并避免短处的影响，组织在人员使用中应考虑到员工之间能力、性格等方面的互补性，从而发挥整体优势。

6.1.3 人力资源培训与开发

人力资源培训与开发是人力资源管理活动的重要组成部分，尤其是在高新技术企业中。首先，企业通过对员工的培训与开发，提高了员工的知识水平以及科研能力，从而提高了企业的整体竞争水平，它是企业创新的源泉，是企业迎接知识经济挑战的必要准备。其次，员工的培训与开发为企业人力资源开发的投资增值提供了途径，企业通过培训和开发，在提升员工个人素质和技能的同时，也提高了员工的自觉性、积极性和创造性，增强了员工对企业的归属感和企业内部凝聚力，为企业的长期战略提供了后备力量。可以说，培训与开发增加了员工的"含金量"，同时也增加了企业竞争力，这对于知识密集型企业来说尤为明显。最后，员工培训与开发有助于吸引人才和留住人才。高技能的人才都希望从事具有挑战性的工作，希望在本职岗位上做出业绩，在未来有一个更广阔的发展空间，而恰恰培训与开发能为员工提供成长机会，使他们能再次得到提高，增强竞争力。

根据员工培训与开发的目的，结合高新技术企业的现实情形，本书认为人力资源培训与开发是指组织按照计划通过各种培训、教育和开发活动，提高员工的知识和技能水平，改善员工的态度，以提高其工作效率，促进组织的整体发展和员工的进步。

员工的培训与开发是一项复杂的工程，首先要组织建立培训体系，制订培训的实施方案，确定参加培训的人员并进行资金预算；然后按照计划实施培训，在培训过程应进行严格跟踪，应用相关的考评方法和手段对培训方案和员工表现进行考核；最后，组织根据培训中的考评结果对员工的表现实施奖惩，同时适当调整培训方案以便有利于后续培训的开展。

培训与开发的目的是提高员工的素质和能力，因此企业应注重培训与开发的效果，使员工学有所获。此外，企业还要加强培训师资的建设，打造优秀的教学团队，让培训讲师能根据高新技术企业的自身特点，对症下药，进行有针对性的培训；培训应该有侧重点，不能所有参加培训的人员一概而论，遵循优秀人才优先培养、重要人才重点培养、紧缺人才抓紧培养的原则，突出培训重点；建立合理的考评机制，严格控制培训过程以保证顺利实施。

6.1.4 绩效管理与薪酬管理

所谓绩效，是指企业中员工的综合表现和业绩成果，包括员工的工作态度、工作努力程度、工作业绩，也包括员工的发展前景以及进一步培训的需要等。而绩效管理，从表面上理解是对绩效的管理，本书认为它是指为了达到组织目标而由管理者和员工共同参与的系统管理活动，包括绩效计划的制订、绩效考评方式和绩效结果应用等，用来评估员工的工作能力与表现，提升个人、部门和组织的绩效。

所谓薪酬，是指员工向其所在组织提供所需要的劳动而获得的各种形式的酬劳，是单位支付给员工的劳动报酬。而薪酬管理也就是对组织员工薪酬的管理，它是指在组织发展战略的指导下，对组织薪酬政策的制订和管理。

在企业中，引入绩效管理对于组织和员工均是十分有用的。在组织层面上，绩效管理能使组织成员明确任务、落实责任，把任务根据目标进行有效的分解和管理，催促任务的保质保量完成，推动企业运营系统的高效运转。在员工层面上，绩效管理能提升员工工作的动机水平并约束员工的工作行为，在绩效管理直接与工资收入挂钩的情形下，员工的工资直接与其在企业中的表现有关，能够激发员工的主动性和积极性，使其向组织期望的方向努力，从而提高个人和组织绩效。

薪酬管理关系到企业在市场上的地位、能否吸引到更多的优秀人才，在内部起到巩固团队、稳定企业的作用。薪酬对于吸引、保留和激励员工有着重要作用，企业通过建立有竞争力的薪酬管理体系，能使企业人力资本正常流动，合理配置，最大限度地发挥人力资本的作用。企业薪酬管理除了决定人力资源的合理配置与使用外，还影响着员工的工作业绩。一方面，薪酬管理通过酬金刺激员工学习更多的工作技巧来提高工作效率，付出更多努力；另一方面，薪酬管理极大地调动劳动者的积极性与创造性。

6.2 人力资源管理职能活动与知识的关系

6.2.1 人力资源管理职能活动和个人知识关系

企业在自身的发展过程中不停地进行人力资源活动，但只有将企业人力资源管理职能活动应用于企业员工，人力资源管理职能活动才能发挥其作用，促使员工不断地完善自身，创造出更大的效益。对于企业而言，环境对企业自身有着非常重要的影响。环境不是一成不变的，尤其是在当前形势下，环境瞬息万变，所以企业应根据环境的变化调整自身的资源配置和组织结构。在知识经济时代，人力资本成为企业的核心资源，尤其是在知识密集型的高新技术企业中，企业应针对环境的改变对内部人力资源活动做出相应调整以适应需要。然而，人力资源管理职能活动的最终载体是企业员工，只有人力资源管理职能活动不断地促进企业中个人知识的增长，才能提高企业的整体竞争力。

在人力资源管理职能活动中，人力资源规划和招聘是第一步，企业需要根据当前人力资源的状况，对人力资源现状、存在的问题、人力资源缺口以及岗位要求进行分析，然后根据规划实施招聘。招聘是一项系统工程，为企业未来的经营和运作提供预备人力，制订了与企业长期效益相适应的人力资源政策，为企业决策提供人力保证。人力资源规划中存在对人力资源需求和岗位要求的分析，经过分析之后，员工能够清楚某些岗位所需具备的工作态度、教育水平、工作技巧以及人际关系等，如果员工希望留在某些岗位，那么他们必须付出更多的努力，端正工作态度，锻炼人际交往能力，培养工作技巧，从而提高个人能力。同样，对招聘过程而言，在寻找合适的企业员工的过程中，通过多轮的考核，企业已经向候选人传达了企业的价值观以及对员工自身素质的要求，这样，员工为了能在工作中有较好的表现就会持续不断地付出努力，从而使其不断成长和进步。

企业中每个员工都有他们的优势和长处，人力资源配置和使用就是希望员工的优势与岗位要求相匹配，从而达到人适其位的目的。高新技术企业是以高新技术为基础的知识密集型资源集合体，企业员工在自然状态下缺乏战斗力，而人力资源配置就是把资源激活，按照一定的目标和标准进行整合，使人力资本合理整合继而形成现实的竞争力。在配置和使用过程中，员工能够体会到自身所在岗位的工作要求是什么，为什么会把他分到相应的位置上，那么员工就能发现自身还有哪些地方未达到企业的要求。这个过程帮助员工调整自身的价值观，使其与企业的战略目标保持一致，同时激发员工的工作积极性，让其不断提高专业技能以满足企业要求。

人力资源培训与开发是增加个人知识、提高能力的重要途径，进而提高了人力资本价值。对于高新技术企业而言，人力资本是企业的核心资源，所以人力资源培训与开发也是高新技术企业提高企业竞争力的重要途径之一。培训与开发分为入职培训和定期技能培训。入职培训包含的范围很广，可能是企业文化与企业历史，也可能是企业价值观，更可能是企业的工作要求与规章制度等，员工通过培训之后，工作态度更加端正，掌握更多人际交往技巧，对企业文化和制度有更深入的了解，树立正确的价值取向并严格要求自己。定期的技能和专业知识培训是有针对性地提高员工的专业技能和技巧，方便工作的开展，通过培训员工的专业知识水平得到提高，拥有更多的工作技巧等。可见，人力资源的培训与开发对提升企业员工的个人知识水平也有重要作用。

绩效和薪酬管理直接与员工在企业中的表现有关，如果员工能够掌握所在岗位的基本技能要求、态度端正并且足够努力，那么经过绩效考评后就能获得满意成绩，从而得到更高的报酬。经实践分析得到，高新技术企业中员工的绩效考评确实与员工表现有关，当员工发现绩效考核的重点在于专业技术能力或者工作技巧时，为了更多的报酬他们就会有针对性地进行专业技能的提高，进而提高了个人知识水平；当绩效考核的重点是企业内部的知识分享与传递时，员工之间就会增加知识共享，员工的技能和技巧在共享中也就得到了积累。这些过程都从不同的角度和不同方面提高了员工个人知识水平。在高新技术企业的薪酬管理中，员工报酬除了与员工日常表现有关外，还与员工的学历水平、获得资格认证多少等有关，员工为得到高报酬就会通过各种形式加强培养学习并取得多个资格认证，员工的个人知识水平在这个过程中也会得到大幅提高。

6.2.2 人力资源管理职能活动和组织知识关系

企业人力资源管理职能活动的直接应用对象是企业员工，但人力资源管理职能活动的最终目的是协调整个企业的人力资源管理情况，使其更好地服务于企业战略目标的实现。本书将组织知识定义为“知识的载体是整个组织，为组织所拥有和控制的知识”，这种知识能够增强组织的核心能力，保证组织正常运转并为组织带来价值增值。从组织知识的定义也不难发现，人力资源管理通过人力资源活动影响企业的人员配置并增加了人力资本含量，它必定对组织知识有影响作用。

人力资源规划是对企业当前及未来的人力资源进行合理优化，在恰当调整的同时制订需求计划，在规划过程中某些员工可能会进行岗位轮换以实现资源优化，在员工到达新的岗位之后，在新环境的刺激下可能激发出新的工作思路和工作理念；同时，员工需求计划的制定也是企业引进新员工的关键步骤，如果企业能制订合理的引进计划，就能为组织注入新的思想，从而改良企业文化和组织管理制度，提高组织知识水平。同样，从外部招聘吸纳新的员工时，在招聘过程中，企业选择业务能力强的员工，可为企业注入新的活力，同时带来不俗的研发能力，一方面有助于提高企业的研发水平，进而增加组织知识；另一方面，新进入的员工可能会带来新的理念，并能够优化企业现有的文化，使其更适合企业的发展。

配置和使用是将企业人力资源进行合理的优化配置，达到人适其位、位适其人的目标，这样每位员工都能够发挥自己的优势，而通过配置以后员工之间也能优势互补，进行充分交流和沟通。此外，在促进良好企业文化发展的同时，使员工的优势得到充分发挥，企业内的员工工作效率不断得到提高，团队一起分工合作，有效地提升企业的研发效率，增加了企业的行业知识，从而提高了组织知识水平。

培训与开发是企业员工升值的重要步骤，员工通过参加企业组织的相关培训活动，提高了专业技能并积累了工作技巧，能够更有效地利用企业资源进行科学研究，增强了组织科研实力，并提高了企业知识产权的产出量。此外，培训与开发鼓励员工参与到企业文化和管理规章制度的建设中来，有助于完善企业文化及管理制度；并且在高新技术企业中培训与开发引导员工自学和相互学习，从而营造学习型组织的氛围，一方面可以为企业文化注入优秀的理念；另一方面员工可以在学习过程中增加个人知识存量，继而增加整个组织的知识存量。在互相学习和交流过程中还可能碰撞出智慧的火花，有利于技术的创新，使业务流程得到改进，或是增加组织的知识产权。可见，培训与开发不仅能够完善企业的文化建设，还能增强科研实力，有效地提高组织知识水平。

绩效管理是对绩效的管理，不仅指员工的绩效，还有团队的绩效和企业整体的绩效状况。一方面，对企业内部门或者团队的绩效考核能让各部门或者团队认识到当前的绩效状况，以及同其他部门的绩效差距，这样能激发各部门进行良性竞争，使研发部门增加研发成果，市场部门更多地了解顾客和竞争对手情况等；另一方面，绩效管理对企业整体的考核能使高层领导认识到企业的不足，在企业文化或管理制度方面进行改进以适应企业的发展。这两方面均增加了组织知识存量。对高新技术企业来说，知识创新发挥着核心作用，谁掌握了最新的技术谁就意味着掌握了市场的主导权，因此在高新技术企业中高素质人才和先进的研发能力得到普遍重视。企业的薪酬制度在与员工的表现紧密联系的同时，有专门的经费鼓励员工进行知识创新，员工为了更多的奖金就会相继在研发中投入更多的精力，争取出成果。这样不仅鼓舞了员工士气，在企业内营造了良好的科研氛围，而且通过努力企业的科研实力也会逐步提升，创造出更多的新成果。所以说，绩效管理和薪酬管理也能促进组织知识含量的增加。

6.2.3 个人知识与组织知识关系

正如上文所描述的，个人知识是指以个人为载体，员工个人通过学习和实践而获得的存在于个人头脑中的知识。组织知识则是指组织总体所拥有的知识，是以整个组织为载体，为了能增强组织的核心能力、保证组织正常运转、增加组织价值等目的而为组织所拥有和控制的知识。个人存在于组织中，是组织的基本构成元素。一方面个人知识的形成与积累离不开一定的组织环境，会受到组织知识的影响，另一方面组织知识依赖于个人知识，是个人知识在组织中产生、共享、发展和转化而来的，因此个人知识是组织知识创造的源泉。

个人知识主要是由个人基础知识、个人专业知识和个人独特知识构成的，其中基础知识主要是指个人的价值观、工作态度、教育水平和人际知识，个人专业知识主要是指个人的专业技能和工作经验，而个人独特知识则主要表现为个人在工作中掌握的技巧和具有的直觉，个人知识所包含的这些内容不仅受到了组织环境和组织知识的影响，而且还能不断转化、发展成为组织知识。员工所拥有的个人知识是组织知识形成的基础，是实现组织知识增加和完善的前提条件。对企业来说，要想保持长远、持续地发展，提高企业的竞争力，就需要企业不断地提高自身的创新和研发能力，增加所拥有的知识产权，保持企业的活力，而这些都必须依赖于员工个人所拥有的个人知识，尤其是个人知识中的基础知识和专业知识。员工整体知识量广，技能储备足，实践经验丰富，技巧性强，就越善于分析问题、发现问题、解决问题，再加之坚持不懈，不断探索、创新的精神和勇气，就越能为企业研发出更多的创新产品，获得更多的知识产权。同时，员工在为企业服务的过程中，发挥的才能、提出的想法和创造的价值也慢慢融入企业组织环境中，不仅优化了组织结构，提高了组织整体知识和技能水平，还促进了企业的组织行业知识水平的提高。组织知识中所包含的特有知识，如企业文化、组织管理制度等也都需要在员工个人知识的依托下形成和发展，员工整体价值观高尚，热爱组织，有较高的责任感和目标感，能积极、主动地将个人利益与集体利益相统一，工作态度认真，爱岗敬岗，不仅员工个人能把为企业做出贡献作为目标，而且也能为组织其他成员起模范带头作用，影响他们的价值观和工作态度，从而提高组织内部整体的凝聚力，优化组织学习和工作氛围，有助于企业良好风气的形成，使员工能自觉遵守组织的管理制度，贯彻企业文化和精髓。组织知识中的公共知识主要是指针对顾客和竞争对手两个主体而言的市场知识。组织市场知识的增加与员工所掌握的个人知识中的专业知识和基本知识中的人际知识的有效运用是分不开的，如销售人员利用沟通交际能力与顾客建立良好的私人关系，不仅增加了顾客对组织的信赖感和忠诚度，稳定了组织的固定客户群体；而且，由于顾客对组织的信赖也积极为组织进行宣传，扩大了组织的业务范围，还增加了新的客户群体。不仅如此，员工个人在与顾客建立良好私人关系的过程中，还能轻易地获知顾客的需求，了解顾客对组织的不满与期望，更有针对性地改善不足，研发、生产和销售满足顾客需求的产品，从而增加企业的竞争优势，更好地维护和提高企业的信誉，优化企业的形象，提升社会的地位。这也更进一步说明了员工的个人知识有利于组织公共知识的增加。

6.2.4 知识与高新技术企业组织绩效关系

(1)个人知识与高新技术企业组织绩效关系

个人知识可以分为显性个人知识和隐性个人知识。显性个人知识是属于员工个人，并且容易被他人观察、知道和学习的基础知识、专业知识、专业技能等，而隐性个人知识则是个人从长期的实践经验中形成、积累获得的，是不容易被他人观察、知道和学习掌握的知识，如经验、价值观、工作态度、人际知识、特殊诀窍、直觉等。组织绩效是指组织所从事活动的业绩和效率的统称，反映了组织既定目标的实现程度，主要是指企业的规模性、营利性和持续发展性。在企业中个人价值的实现也正是员工个人将其所掌握的个人知识充分、有效地运用到企业中，为企业创造价值，提高企业的组织绩效。

企业的规模性主要是指企业自身的核心业务的增加和企业相关的新业务领域的开拓。这都需要员工充分、有效地将其个人知识应用到企业中，凭借掌握扎实的专业知识，娴熟的工作技能，行之有效的专业技巧，丰富的实践经验和敢于创新的精神为企业不断地研发出新产品，开拓、扩展新业务，提高在市场中的占有率，从而扩大企业的规模。尤其是作为知识经济产物的高新技术企业，它不仅是技术密集型产业更是知识密集型产业，不仅是一个以高新技术为基础的企业，还是以一种或多种高新技术及其产品的研发、生产、销售和技术服务为盈利核心，获得经济和社会效益的企业。因此，它更要求员工具有扎实的专业知识和技能，具有丰富的实践经验以及独特的创新能力，从而在传统技术的基础上不断地研发和发展，不断地创造出更能顺应时代发展趋势的高端产品和尖端技术，提高企业的综合竞争能力，增加企业荣誉和资质，使企业更能顺应时代的潮流而不被淘汰，保障企业的可持续发展。而且，新创造出的高端产品和尖端技术也能为企业带来更大的商机，扩大企业的业务领域，增加更多的企业合作项目，为企业带来更大的经济和社会效益，使企业有不断扩大规模的资本。

企业的营利性是指企业在某个阶段或是某个周期中所取得的竞争优势和企业获利情况。高新技术企业的性质决定了企业高投入、高风险和高收益的特点。高新技术企业产品的研发、生产都是基于先进的前沿技术与复杂的科学理论，因此企业在研发、人力和设备购买和维护上都有非常大的投入，并且创造出的新产品和技术在市场推广、使用等方面由于未知性和不确定性而存在较高的风险。因此，员工所具备的专业知识和特殊知识能有利于企业节省资源，降低企业成本，减轻企业压力，从而增加企业收益。

组织绩效的第三个方面，就是企业的发展可持续性。个人是组织集体的一个组成部分，并不是一个独立的个体，这就意味着个人要善于处理好与他人的关系，与他人沟通、磨合，员工的个人人际知识能使员工与组织成员之间保持良好的私人关系，互相协作、相互学习、互相帮助，使企业在和谐的环境中创造高绩效；企业员工为顾客提供高质量的产品，优质的服务以及完善的后期服务，与顾客保持良好的人际关系，提高顾客对员工和企业的信任和忠诚度，赢得顾客对企业的支持和信任，为企业招揽更多顾客，使得组织绩效在与外部交往的过程中不断提高；凭借良好的私人关系了解顾客需求，创造基于顾客需求的产品和技术，弄清竞争对手的相关信息，做到知己知彼，在市场竞争中把握竞争优势，保证企业长远、稳定、持续性发展。

(2)组织知识与高新技术企业组织绩效关系

组织是一个集体，是由多种元素组成的有机整体，因而组织知识也是由多种知识元素组成的有机综合体，组织要想获得绩效就需要各个元素的相互配合和各种知识的相互运用，多种元素共同发挥作用，才能达到组织整体的绩效目标。由于组织绩效主要是通过企业的规模性、营利性和持续发展性这三个角度体现的，本书通过组织知识对组织绩效的这三个主要方面的影响进行分析，发现组织知识与高新技术企业的组织绩效有一定的关联。

企业文化是一个组织在长期的生存和发展中所创造和形成的，是组织所特有的，不同的组织其拥有的企业文化也是不相同的，但是应为组织内多数成员共同遵守。高新技术企业在发展过程中逐渐形成了一个完善而丰富的企业文化体系，建立了一个明确而长远的发展目标和一个能够实现企业全体员工理想、抱负和社会责任的经营之道，从而构建了一个适合企业发展，让全体员工认同的企业文化。企业文化对员工不仅有强制性的指导作用，影响员工价值观，规范员工的行为习惯和思维方式，让员工的价值观、行为活动和思维方式能与组织的企业文化理念保持一致，指导员工努力实现组织要求的企业精神，实现企业扩大规模、增加利润、长久发展的目标；企业文化对员工还有潜移默化地引导作用，高新技术企业的企业文化提倡知识型人才、创新和互助协作，潜移默化地影响着员工积极主动地学习专业知识，提高专业技能，勇于创新、善于创新的精神，带动了整个企业学习、研发氛围，不仅提高了企业的研发水平，还提高了研发业绩，再加之其倡导爱岗敬岗的工作态度，乐于为员工创造舒适的工作、生活环境，尊重员工意愿，努力满足员工需求，从而潜移默化地引导员工认同、理解、热爱、自觉实践企业的经营策略，自觉将集体利益与个人利益相统一，积极主动地为提高企业的组织绩效而努力奋斗，最终实现组织绩效的提高。

组织的管理制度能有效地约束和规范员工的个人行为，保障员工能按照企业的相关规定和章程办事，以组织的管理制度作为行动准则，使员工遵守组织的要求，规范地执行企业制度，从而有效地确保组织的正常运行，使得企业在组织的管理制度的制约下能健康、持续、稳定发展。

高新技术企业是一个遵守“业务流程至上”的企业，坚持以顾客为中心，以创造出满足顾客需求的产品、技术和服务为目的，并从业务流程的角度对企业进行管理，构建业务流程的管理机制，向员工传达业务流程理念，进行业务流程的统一培训，使员工熟悉企业的整个业务流程，明确自己的工作任务和目标，进一步加深对企业业务的熟悉和了解，提高工作的自觉性和工作效率，降低企业的运营成本。同时，高新技术企业还围绕业务流程将硬件设施、奖励制度、结构组织进行整合，提高了员工的工作热情和积极性，促使企业团队执行力得到提高，增强了企业整体工作效率，实现了企业资源合理有效的配置，带来了企业绩效的显著提高。

而组织的研发水平和所拥有的知识产权，不仅能提高组织的活力，使组织能顺应时代的发展而发展，而且还能提高组织的声誉，赢得信赖，获得更多的合作机会，扩大组织规模，进而获得较高的组织绩效。Bosworth 和 Rogers 曾指出，企业所拥有的独特资产是造成企业之间竞争优势和业绩差异的重要原因，这些独特资产主要包括技术诀窍、声誉、商誉、专利等。Markus Reitzig 对德国机械制造业 50 家公司进行统计分析后发现，拥有较高质量专利的企业拥有较高的企业绩效。对于高新技术企业而言，研发水平的高低、拥有知识产权的数量和质量不仅影响着企业的经济效益和市场竞争力，还决定了企业的生存和发展。高新技术企业注重企业的研发水平的提高和知识产权的获得，一方面企业凭借其较高的研发水平利用知识产权，持续地开发出更多先进的产品和技术，增强了企业的整体竞争力。另一方面由于企业较高的研发水平和知识产权，使得企业在其市场领域上获得较高的声誉，赢得顾客和其他企业的信任，从而增加了顾客的需求量和企业的合作，使企业能不断地扩展业务范围，开拓新市场。这些都有利于企业规模的扩大，利益的增加和企业的持续性发展，组织绩效的提高。

6.3 人力资源管理对高新技术企业知识创新的作用机理

6.3.1 高新技术企业知识创新的微观影响因素

在高新技术企业中，决定企业是否能够产生创新并实施创新的关键因素之一就是知识创新能力。当然知识创新作为高新技术企业创新能力的决定因素，在企业层次上是非常受重视的，而且企业中的个人和组织也应该十分重视知识创新能力。Nonaka(1994)认为，个体是知识的载体，而企业是由人组成的，倘若个人不努力进行知识创新，那么企业层面的知识创新自然也就无从谈起；但同时，个人的力量太过渺小，在知识创新的贡献上若是只顾自己研究必然有闭门造车之嫌，因而企业作为组织的作用也就凸显了出来，因为企业这个组织的原因，待在企业组织内部的人便可以交流和沟通个人的知识，使得个人知识储备丰富，同时企业组织层面的知识创新能力更加充沛。Simon(1991)认为，高新技术企业要想真正地拥有知识创新能力，鼓励组织内部个人之间的沟通和交流是必不可少的，而企业内部那些阻碍个人沟通和交流的条条框框势必要废除。

我们知道，高新技术企业之所以鼓励并大力支持知识创新，其根本原因在于拥有高知识创新能力的企业才是市场上最受欢迎的企业，才是能够在激烈的市场竞争中屹立不倒的企业。

新的知识主要是通过过去与现有知识的结合创造出来的，或者是把过去没有联系的知识片段结合起来，又或者是将过去有联系的知识片段以新的范式结合起来。组织通过重新审视现有的视角、重组结构和活动不断地创造新的知识。这样，组织就形成了具有不同经验和背景的个人之间知识交换和融合的社会环境。

总的来说，高新技术企业要想产生新的知识，作为知识载体的员工个体之间就需要在现有知识的基础上通过和其他知识载体进行沟通和交流，进而对这些信息进行整合才能够产生新的知识。归纳起来，一个高新技术企业要产生新知识，需要经历五个步骤。

(1)接近信息

接近信息作为高新技术企业产生新知识的第一步骤，自然有其特殊意义。毕竟高新技术企业之所以会产生新知识在于作为知识载体的员工之间进行了沟通和交流，同时他们将沟通和交流后的信息进行分析和整合。所以高新技术企业产生新知识的源头是知识载体——员工所拥有的过去的知识，为了和新知识区分开，我们暂且将其称为“旧知识”，而在员工之间沟通和交流的这些“旧知识”经过整合后就成了新知识。所以员工要想创造出新知识，自然就需要和这些“旧知识”进行亲密接触，也就是接近信息。

(2)审视与整合

审视与整合是高新技术企业产生新知识的第二步骤，是指企业在员工接近信息后，对信息进行加工的过程。毕竟员工接近的“信息”知识都是其过去的知识和经验，但是，员工在工作过程中总是在产生一些这样或那样的问题，这些问题有可能是过去出现过的，那么按照过去的知识和经验自然就很容易解决，但肯定也会有一些是过去没有过的问题，或者说即便和过去问题相同，但因为外界环境或是其他因素出现变化而使得过去的知识和经验在应对这些问题上无法解决，那么员工就会在过去知识和经验的基础上，重新审视问题，并结合现有情境，拿出能够解决现有问题的方案，这便是高新技术企业新知识的来源之一。由此我们也可以看出，所有新知识的产生都是建立在过去知识和经验的基础上，只不过需要知识载体的员工重新对情境进行审视。

(3)吸收

在接近信息并对信息进行审计和整合之后，也并不是所有的员工都可以获得新的知识，而是还需要员工凭借自己的天分以及努力对这些信息进行吸收。

(4)学习

表面上看学习和吸收像是近义词，但实际上区别还是比较大的。特别是在高新技术企业中，每个知识的载体都有自己独特的工作方式和工作内容，因而每个人的知识储备都是有所区别的，所以员工在吸收了自己所需要的知识之外，还要能够向其他员工学习，只有如此，才能加快高新技术企业的知识创新。

(5)认识价值与激励

虽然员工个人的知识创新十分必要，但员工作为组织内部人，自然需要组织层面上的推动才能够最大限度地为组织贡献力量，因而高新技术企业应该充分认识到知识创新的价值并为知识创新者提供有价值的激励，那么员工个体上的知识创新才会越来越多，高新技术企业的知识创新也才能够越来越丰富。

从以上几个步骤来看，知识创新既是个人的事情，更是高新技术企业的事情，只有个人和高新技术企业之间配合完美，那么知识创新才能够水到渠成。

6.3.2 人力资源特征与高新技术企业知识创新能力

个人是知识的载体，自然个人的创新能力是高新技术企业知识创新能力的基础，要想知道高新技术企业知识创新能力的高低，那么自然就要从高新技术企业中人的方向上着手。综合而言，一个高新技术企业创新能力的高低，与以下三个因素有关。

（1）人力资本水平

人力资本是指存在于人体之中的具有经济价值的知识、技能和体力（健康状况）等质量因素之和。20世纪60年代，美国经济学家舒尔茨和贝克尔首先创立了比较完整的人力资本理论，这一理论有两个核心观点：一是在经济增长中，人力资本的作用大于物质资本的作用；二是人力资本的核心是提高人口质量，教育投资是人力投资的主要部分。所以，人力资本比物质、货币等硬资本具有更大的增值空间，特别是在当今后工业时期和知识经济初期，人力资本将有更大的增值潜力。因为作为"活资本"的人力资本，具有创新性、创造性，具有有效配置资源、调整企业发展战略等市场应变能力。对人力资本进行投资，对GDP的增长具有更高的贡献率。

而高新技术企业作为知识密集型企业的代表，人力资本自然是高新技术企业最核心的竞争力，因而人力资本水平对高新技术企业的创新能力有着无与伦比的影响。

（2）员工激励

员工激励一直是各个类型企业头疼的问题之一，而高新技术企业作为知识密集型企业的代表，对知识分子的激励自然比寻常员工的激励更难，因为按照马斯洛需要层次理论来讲，一个人只有在满足了低层次的需求以后才会产生高层次的需求，而越往上层次的需求越难满足，所以如何激励知识分子是一个比较棘手的问题。但对于高新技术企业来讲，激励知识分子是个非常重要的问题，毕竟只有用好了员工激励，高新技术企业内部的员工才能够更好地进行知识创新工作，进而为企业带来更多的知识创新，提高企业的知识创新能力。

（3）员工离职

在高新技术企业的知识管理当中面临一个两难的选择：为了推动高新技术企业内部知识更好地传递和共享，其典型的处理方式是将模糊性知识明晰化，但知识一旦明晰化，它的独占性就会下降。为了提高这些知识对高新技术企业的竞争优势的贡献率，对它们的保护就显得极为重要，这不仅涉及通过必要的技术手段对这些知识加以保护，更重要的是避免员工的行为所造成的组织关键知识流失。而实际上，员工的流失不只是人员的流失，更重要的是组织知识的流失。在每一个企业组织中，都会有一些员工由于更高水平的技能和更多的知识而在组织中具有重要的价值，这些关键员工是企业组织知识基础的重要组成部分，因此要尽可能避免这部分员工的流失。否则，当这些员工出于各种原因而离开高新技术企业时，将会给企业带来很大的损失。

关键员工的离职不仅会损害高新技术企业的知识基础，而且也不利于组织内部知识的交流与扩散。当知识主要由个人拥有的时候（如组织中的模糊知识），组织就更容易失去知识并且不能充分利用其价值。如果知识不能在企业组织中扩散或者以某种方式加以利用的话，个人的离职就会使组织失去相应的专业知识。此外，高离职率不仅破坏了组织的延续性和整体性，还会导致员工总是处于陌生的环境中，不了解新进员工和他们所拥有的知识，员工也就不会了解企业组织现有知识的潜在价值。知识只有在企业中扩散并加以充分利用之后才是有价值的。

总的来看，关键员工的离职会造成企业组织的损失，会限制现有的员工接近和学习知识的能力。降低员工离职率有利于创造一个更加稳定的组织环境，并且增加员工接近其他人拥有的信息和知识的可能性。因此，高新技术企业人力资源管理的一个重要任务是留住拥有核心专业知识的关键员工。

6.3.3 人力资源管理对高新技术企业知识创新的作用

从前面的章节中，我们看到人力资本是高新技术企业中知识的载体，自然也是高新技术企业进行知识创新的核心力量，所以，高新技术企业要想进行知识创新，一定要对企业中的人力资本进行良好的管理，即要提高高新技术企业的人力资源管理。

人力资源管理，是指在经济学与人本思想指导下，通过招聘、甄选、培训、报酬等管理形式对组织内外相关人力资源进行有效运用，满足组织当前及未来发展的需要，保证组织目标实现与成员发展的最大化的一系列活动的总称。就是预测组织人力资源需求并做出人力需求计划、招聘选择人员并进行有效组织、考核绩效支付报酬并进行有效激励、结合组织与个人需要进行有效开发以便实现最优组织绩效的全过程。学术界一般把人力资源管理分成六大模块：①人力资源规划；②招聘与配置；③培训与开发；④绩效管理；⑤薪酬福利管理；⑥劳动关系管理。

所以，在高新技术企业中，人力资源管理的作用特别是在增加知识创新方面的作用尤为重要，主要体现在以下四个方面。

(1)人力资本存量

按照智库上的解释，人力资本存量是指经资本投资形成的，凝结劳动者身上的知识、技能和健康等。归根结底，高新技术企业要想为市场提供新产品或是新的服务，就需要对企业内部的人力资本进行激励，由他们开发新产品或是新服务。因而，在一定程度上，企业人力资本存量的多少或是优劣决定着企业能够向市场提供的新产品或新服务的种类和数量。

Cohen 和 Levinthal 认为，假若组织中人力资本存量越多，即组织中拥有的专业知识和技能越多，产生新知识的可能或者说是概率就会越大。作为高新技术企业的核心竞争力，人力资本存量越多意味着高新技术企业内部员工平均人力资本存量越丰富，或者是拥有人力资本存量的员工越多，也就是高新技术企业内部的员工个人能够交流的人数越多，能够交流的知识范围也就越大，自然得到新知识的可能性也就越大，高新技术企业组织得到的新知识也就越多。

人作为人力资本的载体，是高新技术企业拥有人力资本的前提。高新技术企业要想拥有高额的人力资本存量可以通过以下三个途径：一是要从组织外部招聘高素质的员工来扩充企业队伍；二是要降低高新技术企业内部的员工流失率，减少企业内部员工流失；三是提高企业内部员工的人力资本水平。人力资本存量是由投资产生的，所以企业可以向企业内部员工进行投资，提高他们单人的人力资本存量，进而提高高新技术企业的人力资本存量。

招聘是提高高新技术企业内部人力资本存量的方法之一，也是高新技术企业人力资源管理的六大模块之一，而且作为企业人力资源管理程序中很重要的一环，招聘可以说是一项非常有挑战性的工作。特别是在高新技术企业的招聘中，员工的基本素质与专业素质缺一不可，更考验着高新技术企业的人力资源的水平。

Murphy 指出，高新技术企业的招聘活动是为企业储备人才的基础，也是前提。只有在招聘时有了大量的合格者人才储备，在企业需要提高人力资本存量时才可以迅速从外界获得，毕竟企业内部进行投资是一个比较长远的过程，而企业只有保持一个合理的员工流动水平才能在一定程度上保持企业的活力。

招聘的重要流程之一是吸引组织外部的人才。作为人才密集型企业的高新技术企业，吸引外部人才最重要的资源就是企业内部所拥有的资源，包括企业拥有的知识产权、拥有的高水平员工、企业的基本福利等，其中，最重要的是企业目前所拥有的人力资本存量，因为对于具备高专业知识水平的人才来说，高能力的研究者是他们所追随的对象。所以，这也造就了现在高新技术企业人力资本存量的一个循环，即企业内部拥有的人力资本存量越多，就可以在招聘时获得更多的人力资本存量。

(2)人力资本开发

人力资本开发(Human Capital Exploitation)也叫人力资本发掘、人力资本发现等。作为一个过程，人力资本开发被定义为组织通过培训和开发项目提高员工能力水平和组织业绩的一种有计划、连续性的工作。人力资本开发作为提高企业内部人力资本存量的方法之一，虽然花费企业的资源，但在培养企业人才方面有很强大的作用，同时也是吸引外部人才加入企业的方法之一。高新技术企业作为知识更新换代极为快速的企业，对人力资本的开发自然尤为重视。

常见的人力资本开发方法一般有在岗培训、自主学习以及脱岗学习等，而高新技术企业的人力资本开发则需要更加多样化。高新技术企业要想获得更多的创新性知识，首先要了解时下最新的专业知识，然后再参加比较有影响力的会议或是举办学术性的交流会议是其常用的方法之一。

目前，有很多企业在进行人力资本开发上可谓是煞费苦心，不仅有常见的方法，更有甚者，直接在企业内部创建企业大学，将企业员工纳入企业大学中，不仅提高了人力资本存量，同时在保证企业员工的忠诚性上也有非常大的作用。

(3)人力资本激励

根据期望理论我们知道，人们做出一定的行为是需要条件的，特别是企业要想引导员工做出相应的行为，就要付出相应的条件。同时，要想保证员工会走向企业所引导的方向，那就要确保企业所引导的这个目标是员工通过努力可以实现的，而且这个目标实现了就会有员工所期望的相应的价值，如此员工才能按照企业的引导方向进行相应的行为，也就是企业要对员工进行激励，员工才会有企业期望的行为发生。高新技术企业也是一样，所以高新技术企业要想提高人力资本存量，需要对人力资本进行激励。

在传统的激励理论中，企业往往采用泰勒式的“胡萝卜加大棒”的方式使得员工听从企业的指令，但在高新技术企业中，要想激励拥有高知识水平的员工，这样的方法虽然会有一定的作用，但无法从根本上调动员工的积极性，那么员工的行为和企业期望的行为就会有不小的差距，自然无法满足高新技术企业的要求。所以，高新技术企业要想对企业内部员工进行激励使得他们提高企业的人力资本存量是需要一定的技巧和方法的。

那么，作为高新技术企业，要想对企业内部的高级知识的拥有者进行激励，就需要注意以下三个方面：一是要考虑到知识拥有者的特质，切忌采取严重违背其意志的方式对其进行激励；二是要结合他们所在团队的特质，毕竟团队的力量相比个人来讲还是比较巨大的，而且成员都有从众心理；三是要结合高新技术企业想要达成的目标对人力资本进行激励。

(4)组织结构

组织结构中员工进行沟通和交流的方式无外乎两种，即正式的方式和非正式的方式，正式的方式自然是通过企业组织的正常组织结构进行正常的交流，而非正式的交流方式大多是与员工私生活有关。鉴于非正式方式和个人生活有极大的联系，不属于本书的研究内容，我们只从企业内部的正式沟通说起。

企业内部员工或者说是高新技术企业内部的员工通过组织结构沟通的原因大多和企业的活动有关，如员工甲和员工乙要一起完成同一项工作，那么他们需要就此进行沟通，或者说团队甲和团队乙需要合作完成企业的某一项工作等，这些都是很常见的企业内部活动。所以，为了保证企业内部的正式沟通渠道畅通而无阻，进而能够让高新技术企业内部的员工进行新知识的发掘。

从上述内容来看，高新技术企业内部人力资源管理和企业的知识创新的关系大概可以用图 6 - 1 来概括。

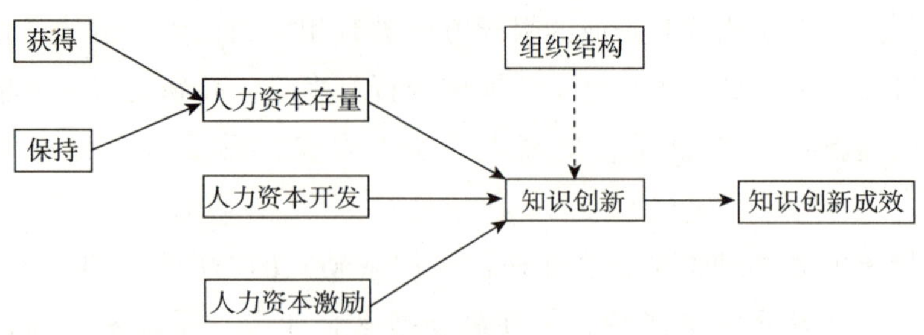

图 6 - 1 人力资源管理对知识创新的作用机制

6.4 基于知识创新的高新技术企业人力资源管理模式的构建

从以上的内容分析来看，人力资源管理的各项活动促进了高新技术企业的知识创新，提高了高新技术企业的知识创新能力，同时高新技术企业所具有的知识创新能力又成为企业进行人力资源管理活动的基础，反作用于人力资源管理中的人才招聘、人力资本开发、人才激励以及组织结构的优化。因而我们从中可以看出，高新技术企业的人力资源管理模式是建立在知识创新的基础上的，如图 6 - 2 所示。

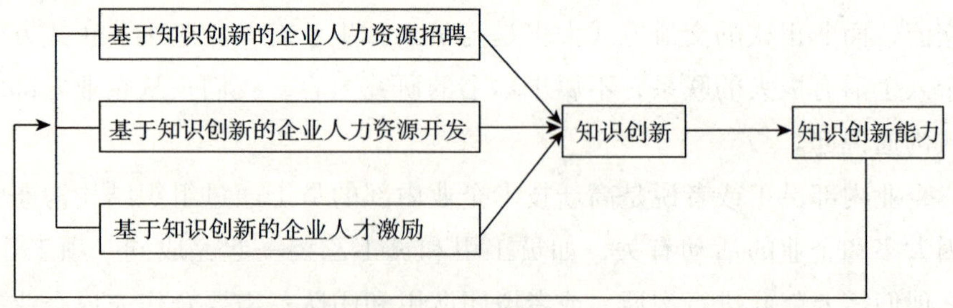

图 6 - 2 基于知识创新的高新技术企业人力资源管理模式

基于知识创新的高新技术企业人力资源管理模式以知识创新为中心，知识创新的目的是为了不断提高高新技术企业的知识创新能力，进而获取核心竞争力。通过对高新技术企业的知识创新能力进行评价，可以对高新技术企业的人力资源招聘、开发、激励策略进行评估，进而加以调整。

小　结

本章从高新技术企业知识创新的微观影响因素及人力资源特征着手，分析高新技术企业人力资源管理对知识创新的作用机制：企业的人力资本存量、人力资本开发和人力资本激励直接作用于高新技术企业的知识创新，企业的组织结构也间接影响知识创新。在此基础上，构建了基于知识创新的高新技术企业人力资源管理模式。

第7章

基于知识的高新技术企业人力资源招聘

招聘作为高新技术企业人力资源管理的重要模块之一，是高新技术企业获得人力资本存量的重要途径之一，也是高新技术企业进行知识创新的基础。

7.1 传统的基于岗位的高新技术企业员工招聘

21 世纪是知识大放异彩的时代，拥有知识的人才是企业的重要资源，也是企业之间进行竞争的必争资源。但是众所周知，创建了苹果公司的乔布斯也曾被迫离开公司，可见谁也无法保证企业的人才可以一直留在企业，而为了维持企业的正常运转以及扩大生产的需求，进行人才招聘是十分必要的工作。特别是对于高新技术企业来讲，任何一个人才的流失都有可能为企业带来极大的损失，这里的损失不仅是企业人才流失的损失，更是企业在建项目中止的损失，毕竟相对于其他企业，高新技术企业的工作专业性程度要更上一层，因而其人才招聘工作更加重要。

然而，要想获得合适的人才，对企业来说却是一个重大的挑战。企业在做出聘用的决定时，除了以工作(岗位)分析为基础外，还会考虑候选人的教育背景、知识水平、技能水平和以往经验而非能力。在规定任职资格时，过分强调经验、学历，甚至年龄、容貌或婚姻状况等。这些并不科学的任职资格的设定缩小了选拔的范围，将一些可以胜任工作的有能力的人才拒之门外，同时也增加了选拔的难度。

7.1.1 传统的招聘体系缺乏绩效关联度

工作(岗位)分析是指企业对某个特定工作职务的工作内容、工作条件、任职资格等相关信息进行明确的规定。传统的基于岗位的招聘建立在工作(岗位)分析基础之上，针对工作或职务内容进行详细、明确的分析，并以此为标准来选拔人才。但是，这种方式真的能够为企业选拔合适的人才吗？先不说岗位分析的制定者是否真正的了解该岗位的工作或者说有没有充分了解该岗位，就其内容来说，工作岗位分析仅仅是制定了该岗位应该做哪些工作，而没有说明怎样的工作是符合岗位要求的，或者说怎样工作不符合要求；再者，工作岗位分析都是按照已有的经验所进行的总结，但招聘的人员是要做以后的工作，因而这里又有区别。因此依据工作岗位分析为基础而进行招聘的传统方法并不能选拔出真正适合该岗位工作的人选；相反，因为他们要考虑和工作岗位分析内容的匹配性，极有可能将面试中不匹配但是有可能在工作中表现优秀的人拒在企业大门之外。

7.1.2 传统的招聘以技术和经验而非能力来做出聘用决定

传统的企业人力资源招聘中，十分重视应聘者的经验和学历，并过分强调教育背景、知识水平、技能水平，甚至年龄、容貌或婚姻状况等“硬件”但是实质上，这些和真正的工作并无多大的关联，这样的硬件匹配常会把一些原本适合该工作岗位的人才拒之门外。如许多企业过度重视求职者的毕业学校，认为一个好的大学可以培养出一批较为优秀的人才，但并不是好的大学培养的人才都是自己所需要的，因为有的岗位并不需要高学历、高技能的人才。

传统的基于岗位的任职资格的规定并不科学。企业以此标准选出的员工往往并不是能够带来高绩效的人才，而是“眼高手低”或者“高学历低能力”的人。有一些能够胜任原来岗位工作的员工，也有可能被错误地选拔到超出他们能力范围的其他岗位上，如此，轻则招到不该招的人，重则造成人力资源的浪费和用人失误。

7.1.3 传统招聘体系在面试方式方法上有待改进

在传统的招聘中，很多人力资源管理者大多是从其他岗位上抽调而来，一般不具有专业上的系统性，因而在进行面试时就极有可能犯一些比较常见的错误，使得招聘结果出现较大的误差而不会调节，如常见的首因效应、刻板效应、晕轮效应等。

在传统的招聘方式中，鉴于招聘人员的不够专业，因而采取的方式有时也让人啼笑皆非。例如，很多企业在招聘时并没有事先进行科学、客观的选题或者设问，而是仅凭考官的经验进行面试。特别是在一些企业中，这些不够专业的招聘人员往往认为自己“阅人无数”，并认为自己一眼就能看穿应聘者的把戏，因而在面试时也就更容易忽略面试前对面试者提问问题的准备，而是完全地畅所欲言，而不知申请人也是阅考官无数，影响了面试的系统性和准确性。

7.1.4 传统招聘体系往往容易忽视企业文化和战略

在传统的基于岗位的招聘中，企业要实现的目的无非是为了填补现在企业中有职位而无人的空缺，所以在招聘时，多考虑申请人与岗位之间的匹配，而不怎么考虑申请人和企业文化以及企业战略之间的匹配。

企业文化，或称组织文化（Corporate Culture or Organizational Culture），是一个组织由其价值观、信念、仪式、符号、处事方式等组成的其特有的文化形象。企业文化是企业的灵魂，是推动企业发展的不竭动力。企业文化包含着非常丰富的内容，其核心是企业的精神和价值观。这里的价值观不是泛指企业管理中的各种文化现象，而是企业或企业中的员工在从事商品生产与经营中所持有的价值观念。企业文化是在一定的条件下，企业生产经营和管理活动中所创造的具有该企业特色的精神财富和物质形态。它包括文化观念、价值观念、企业精神、道德规范、行为准则、历史传统、企业制度、文化环境、企业产品等。其中，价值观是企业文化的核心。

企业文化由以下三个层次构成：

①表面层的物质文化，称为“企业硬文化”。包括厂容、厂貌、机械设备，产品造型、外观、质量等。

②中间层次的制度文化，包括领导体制、人际关系以及各项规章制度和纪律等。

③核心层的精神文化，称为“企业软文化”，包括各种行为规范、价值观念、企业的群体意识、职工素质和优良传统等，是企业文化的核心，被称为企业精神。

企业战略是对企业各种战略的统称，其中既包括竞争战略，也包括营销战略、发展战略、品牌战略、融资战略、技术开发战略、人才开发战略、资源开发战略，等等。企业战略是层出不穷的，如信息化就是一个全新的战略。企业战略虽然有多种，但基本属性是相同的，都是对企业的谋略，都是对企业整体性、长期性、基本性问题的计谋。例如，企业竞争战略是对企业竞争的谋略，是对企业竞争整体性、长期性、基本性问题的谋划；企业营销战略是对企业营销的谋略，是对企业营销整体性、长期性、基本性问题的谋划；企业技术开发战略是对企业技术开发的谋略，是对企业技术开发整体性、长期性、基本性问题的谋划；企业人才战略是对企业人才开发的谋略，是对企业人才开发整体性、长期性、基本性问题的谋划。以此类推，都是一样的。各种企业战略有同也有异，相同的是基本属性，不同的是谋划问题的层次与角度。总之，无论是哪个方面的谋划，只要涉及的是企业整体性、长期性、基本性问题，就属于企业战略的范畴。

虽然企业文化和企业战略并不是每个员工都可以看得见、摸得着的，但是企业文化和企业战略又无时无刻充斥在员工周围，因而员工个人价值观和企业文化以及企业战略的匹配就显得特别重要，毕竟在企业的大氛围中，与企业文化以及企业战略不够匹配的员工在工作中自然会出现种种和企业不搭边的行为，给企业带来不和谐。

7.2 知识型高新技术企业员工的工作分析

如前文所述，知识创新更主要体现在知识型高新技术企业中，而知识型员工又是知识型高新技术企业的主体，因此对知识型高新技术企业员工的工作分析应主要以知识型员工为主。

7.2.1 知识型员工的内涵

彼得·德鲁克是提出知识型员工概念的第一人，他把知识型员工（Knowledge Worker）定义为一些掌握和运用符号和概念、利用知识或信息工作的人。但从彼得·德鲁克所定义的知识型员工概念来看，他所认为的知识型员工只是企业中的少数，而且他们在企业中位居高位，通常是企业的经理或者执行经理层级的人选。

国际著名的咨询企业——安盛咨询公司曾对知识型员工长达十年的研究，最终出具了极具研究意义的报告。在报告中，他们提出了知识型员工定义的问题，指出知识型员工是能够完成一些需要创造力和高度专业化的知识性工作的员工。因而在该报告中，他们认为知识型员工除了包括彼得·德鲁克所提出的企业中的经理人员和执行经理，还应该包括企业中某专业性较强的专业人士以及具有深度专业技能的辅助型专业人员等，所以知识型员工所在工作的领域大致包括：研究开发、产品开发、市场销售、广告、资产管理、工程设计、会计计划、法律事务和金融、管理咨询，等等。

在知识爆炸的今天，知识型员工的范畴已然扩大，成为那些通过运用其掌握的知识、技能和经验来提高产品或者服务的创新内涵，并且给产品或服务带来更多附加值的员工的代名词。

本书认为，知识经济背景下的"知识型员工"，是指那些通过持续性的学习和实践活动，获取、整合和应用各种专业技能、科学技术和实际经验，通过创造性和开拓性的工作，为组织解决复杂的知识问题、开发创新性的方案和提供个性化的产品或服务的人。

7.2.2 知识型员工的工作性质分析

相比一般的、传统意义上的员工，知识型员工显然与他们有比较大的区别。为了找出具体的区别，下面我们对两者的工作性质进行分析。

(1)传统员工的工作性质分析

泰勒的科学管理诞生伊始就拉开了近代管理理论的序幕，自此"胡萝卜加大棒"的管理思想风靡了世界。但是，从根本上讲，员工的工作性质并没有从根本上发生实质性的变化。员工依旧是为资本所有者提供劳动用以换取可以维持生活的薪酬，可以说员工和资本所有者的地位依旧存在不平等，只不过资本所有者为了能够将利润最大化，改进了原有的工作机制，使得员工在工作的分配上更科学、更有效率，同时为了激励员工鼓足干劲，不再仅仅惩罚员工使其工作。

①劳动者与生产工具相分离

在传统的员工工作时，其自身并不拥有生产工具，他们仅仅是劳动工具的使用者。一则是因为当时的劳动工具价格较高，劳动者或者说是员工并没有足够的钱去购买工具；二则是因为劳动工具作为一种提高劳动效率的重要工具，资本所有者更愿意将这种资源掌握在自己手中；三则是因为，即便到了科学管理时代，员工的工作也仅仅是为雇主提供较为简单的工作内容，无论是泰勒的科学管理还是随之而来的吉尔布雷斯夫妇的动作研究，都在试图将工作简化，使得即便是智力不够的劳动者也可以轻松掌握动作要领，提高工作效率，进而为雇主获取更大的利润。

可见，劳动者没有生产工具，就只得依附于雇主，以提供简单的劳动换取可怜的工资，而低工资又使得劳动者只能养活自己而没有多余的钱去购买生产工具，因而劳动者也就只能以自己的劳动来换取收入。所以，员工不得不以较低的工资与雇主签订劳动合同而无法进行自主生产，而雇主则可以随意地决定是雇用员工还是解雇员工，而员工只能被动地接受。

②工作内容稳定

在泰勒所处的年代，科学技术的发展仍非常缓慢，因而在一定程度上，人们的需求几乎是无变化的。对于企业主而言，他们并不需要更新企业的生产工具，也不用为企业内部的员工提供培训，员工只要按部就班地工作就可以，提高利润的主要方法就是提高劳动生产效率，这也是泰勒的科学管理一经出现就被大量复制的原因所在。可见，在这个时代，劳动仅仅是简单的重复、再重复，企业主心目中的优秀员工是拥有熟练操作技能的温顺的雇员。

鉴于工作内容变动较小，外界的变化又可以忽略不计，因而在传统的员工工作中，我们很容易计算出员工工作的成果。传统员工的工作说明书内容相对明确，除却对员工所应具有的知识或者技术水平有明确的规定外，对于工作产出也有十分清晰的规定。而员工在进入企业后只需按照工作说明书进行操作就可以按规定完成工作，因而目标工作管理法也就成为传统工作非常有效率的方法。

③对员工的知识和技能要求比较稳定

现在我们常常用到这样一个词，叫作“日新月异”，用来形容我们如今这个时代的变化。大的变化咱们暂且不说，就拿我们用的手机来说，三年前，智能手机还是我们可望而不可即的存在，而现在智能手机已经相当普及且新款不断，科技含量不断增加。我们就是生活在这样一个变化超级快而又超级大的时代里。而相比于我们这个时代，以往的封建社会在长达数千年的时间几乎不曾变化，即便在后来进入工业社会，其变化依旧不快，因而那时的企业主并不需要煞费苦心地开发新产品，员工自然只要稳稳妥妥地工作，消费者也只消费大家熟悉的东西。所以那个时候，要提高企业的利润十分简单，只要提高生产效率，即只要将工作内容细分，使得员工在工作时足够快速即可，所以员工并不需要补充知识，也不需要更新知识，只要熟练运用即可。

(2)知识型员工的工作性质分析

进入20世纪以来，在几次科学技术革命的影响下，知识更新换代的时间开始加快，于是技术发展的变化开始在世界范围内蔓延，世界范围内的企业都开始发生比较快速的变化，新的产业产生，新的业务产生，新的需求产生，新的知识开始如雨后春笋般涌现。

①知识成为知识型员工专有的生产工具

相比于原来几乎没有变化的时代，知识时代的到来搅乱了市场这一池春水，市场竞争从原来的效率竞争上变得更加丰富，更加多元，当然也更加激烈，随之而来的是工作内容不再一成不变，可以独立掌控工作内容的员工开始变得重要又核心起来，同时各种决策的制定也不再是简单的扩大再生产。这些都意味着，企业对于自身的任务、目标及执行程序不可能只是做一个清晰的规定就可以完成，“任务是什么”是员工自己需要去考虑的一个问题。管理不再是单纯的层层分级式的任务管理，各部门间的协调显得十分重要。企业对员工的能动性、灵活性和知识性要求更高，是否掌握相应的知识成为员工能否胜任工作的重要条件。

同时由于在这个时代里，知识成为企业的生产工具，而员工作为知识的载体，自然不用和生产工具分离，而掌握了生产工具的员工在面对企业主时也就更加的有底气。可见，这个时代，员工和企业主之间的关系趋于平等，企业主无法以生产工具为条件压低员工工资；相反，员工可以以此为由向企业主要求提高工资待遇等条件。

②工作内容和工作任务结果不确定性增加

高速变化的时代，高新技术企业的知识更新速度加快，相比于其他企业，面临的挑战更大。与其他类型的企业相比，高新技术企业更需要扁平化的企业组织，将决策权力层层下放，使得知识的所有者能够自主进行决策，进而满足顾客需求。

③解决问题所需要的知识和技能日趋复杂

英特尔前总裁葛洛夫指出，“十倍速的时代已经来临。我们的失败和成功都以十倍速的节奏在进行着”。不断出现的新环境、新问题意味着企业需要更加复杂的知识和技能才能完成组织的工作任务。企业需要改变以往的遵循程序性的惯例、思想和方法，采用更新的知识、运用更好的策略来适应。持续不断地更新知识和技能已经成为当前组织工作中的一个内在要求。对于知识型员工来说，需要具备与特定工作相关的知识及相应的学习能力，具有不断更新知识技能的能力，并围绕着某一特定的任务共同努力、协同工作，只有这样，员工才能跟得上产品的不断发展的步伐和技术的不断进步。

7.3 知识创新导向的员工招聘

如上所述，知识型员工作为企业的核心竞争力，特别是高新技术企业的核心竞争力，开始成为高新技术企业的重要资源，因而高新技术企业的人才招聘工作是企业工作的重中之重。但是，从现有的高新技术企业招聘模式来看，虽然都知道知识型员工的重要作用，但在招聘时仍没有和传统员工的招聘区分开来，而是依旧采用常规的招聘渠道和方式。这样一来，知识型员工的招聘工作自然进行得就不那么有效，导致资源浪费的情况时有发生。所以，高新技术企业要想有效率地对知识型员工进行招聘，就有必要对招聘的理念、策略等方面进行创新。

7.3.1 招聘理念

招聘理念是企业用人观的体现，是企业文化的重要组成部分，是企业招聘活动的指导思想，是企业进行有效招聘的前提。企业要实施知识创新，就必须储备大量有知识创新能力的知识型员工，因而创新导向应成为企业招聘的主导理念。

7.3.2 招聘策略

根据知识型高新技术企业的需要及知识型员工的特征，对于知识型员工的招聘，企业可以采取以下几种策略：

(1)知识创新战略与人力资源战略相匹配

高新技术企业在招聘知识型员工时首先要明确的是企业的知识创新战略以及企业的人力资源管理战略。如此，才能够在招聘时有选择地进行招聘，毕竟高新技术企业之所以进行人才招聘，是为了填补企业内部相关的知识与技能的缺口。

(2)注重员工的态度和性格

知识型员工的专业能力一般都是毋庸置疑的，所以在高新技术企业招聘知识型员工时，企业对申请人的判断要更多地从员工的态度和性格方面着手，毕竟有知识的人才还是相当多的，但是对企业态度不明朗的员工是要不得的，特别是能力越高的员工在企业中所处的职位越高，能够掌握的企业核心机密也就越多，这就意味着当员工和企业发生分歧时给企业造成的危害也就越大。所以，高新技术企业在进行知识型员工的招聘时，要注重考察员工的态度和性格，观察是否和企业文化相匹配。

(3)注重团队的知识结构均衡

英国学者梅雷迪斯·贝尔宾通过研究认为，在同一个团队中所有的成员都具有双重角色，即职能角色和团队角色。其中，职能角色就是该员工在企业中所处的职能位置，是该员工的专业领域；团队角色是该员工除却其职能角色外在团队中所担任的角色，如团队中的某成员是企业客服部的经理，由于其善于从多个方面考虑问题，因而他还是团队中的问题调节者，团队成员有矛盾都要他来调解。同时由于性格和知识结构的不同，有人可能是团队中的先驱者，负责拿出新点子；而有人不善于言语表达，但是善于分析各种资料等。梅雷迪斯·贝尔宾认为，如果团队中每个人的性格和知识结构重叠，那么这样的团队是无效率的，而当团队中每个成员的性格和专业知识不同时，团队合作的效率往往较高。

（4）实施多样化、科学化的甄选测验

进入21世纪以来，组织所面临的内外部环境发生了急剧的变化，为了为企业招聘到优秀的知识型员工，招聘的方式和方法也变得多样起来，这些变化主要表现在以下几个方面。

①评价中心

现代人才测评理论认为，人的行为和工作绩效都是在一定的环境中产生和形成的。对人的行为、能力、绩效等素质特征的观察与评价，不能脱离一定的环境。所以，要想准确地测评一个人的素质，应将其纳入一定的环境系统中，观察、分析、评定被试人的行为表现以及工作绩效，从而考察其全面素质。基于这种理论，人们逐渐形成和发展了评价中心这种现代人才测评的新方法。

评价中心评价法的内容较多，常用的有公文处理、无领导小组讨论、管理游戏、个人演说、客观测试、面试等一揽子方式。即要想通过这个方式脱颖而出，候选人在公文处理这关中需要学习处理大量报告、备忘录、电话记录、信函及其他材料，而在无领导小组讨论中则需要和小组成员一起达成一个小组决定，在管理游戏中则需要作为在市场上竞争的两个或更多的公司的成员解决一些实际问题，在个人演说中需要就一指定的题目进行即兴或者非即兴的演讲来证明沟通技能和说服能力，而客观测试则包括各种类型的纸笔人格测试、智力测试、兴趣测试和成就测试，面试则意味着候选人需要通过面对面的交谈证明其专业知识和个人态度等问题。

②计算机技术的应用

随着计算机技术的应用和发展，计算机的功能越来越多样化。除了具备资料处理、获取信息、网络交往等传统功能外，在人力资源管理领域，一种以计算机为辅助设备的新技术被应用于面谈中，成为计算机化的面谈。这种面谈一般用于初次的筛选。招聘方事先在计算机屏幕上设定好与申请职位相关的背景、教育、技能、知识和工作态度等问题，并要求应聘者一一回答。这种方式一方面为企业节省了招聘人员的时间，另一方面也避免了与人面谈中招聘者的反应对应聘人的影响以及招聘者的主观判断失误，使结果更接近真实。

③应聘者自我测试

应聘者自我测试就是申请者或者候选人不用进入企业就可以在网站上自行进行的测试，这种测试多是自发性的，对企业以及岗位的针对性不强。目前，已有不少网站从事这方面的工作。微软公司的Skills 2000就是提供这种服务的工具。Skills 2000给出关于个人爱好和技能等诸多方面的80个选择题，邀请感兴趣的网站访问者来回答，并根据其回答的情况给出工作类型方面的指导。同时，网站上会对每种工作类型进行介绍，并允许感兴趣的人申请与之相匹配的职位。为了提升自己的筛选能力以吸引优秀的员工，微软公司在提供上述服务的同时，还收集并分析所有测试信息和申请信息，了解测试者的一般答案和“符合工作资格”的人的数量。通过连续对信息进行分析，为企业制定出更有效、更有针对性的招聘战略提供了第一手的参考依据。目前，高素质的劳动者越来越难找到，很多企业常常难以招到自己想要的员工。这就需要企业的招聘和筛选工作要有长期规划，要未雨绸缪。微软公司网站长期向社会公众公布最新的空缺职位，随时吸引符合企业要求的人员。这一做法解决了目前许多企业经营者普遍会遇到的招聘难题。

·案例·

摩托罗拉(中国电子有限公司)的招聘

摩托罗拉(中国电子有限公司)有员工13000余人，平均年龄27岁。由于公司从事高新技术产业，产品和技术的更新换代速度非常快，因而对员工的要求也很高，必须是勤恳耐学，勇于开拓创新的人。因此，分析摩托罗拉公司的招聘理念及策略对知识型企业的员工招聘具有重要的借鉴意义。

(1)摩托罗拉的招聘理念

摩托罗拉所推崇的价值有两个体系：一是强调大家庭文化。公司就像一个大家庭，对每个员工都非常重视。为了换取每一位员工对公司的忠诚，采用终身雇佣制，合同没有期限限制。二是保持高尚的操守，对人永远地尊重，不管是员工还是顾客。摩托罗拉的基本宗旨是让顾客完全满意。通过员工的卓越工作，赢得顾客的高度信任。因此，高度的责任心、为人的诚信品质以及卓越的工作才形成了员工必备的要求。摩托罗拉企业价值观和宗旨也反映在其招聘理念中，就是“适时适人适岗”，或者说是正确的人工作在正确的地方。

(2)摩托罗拉的招聘策略

摩托罗拉的招聘策略有以下几点：

①注重个人素质

摩托罗拉在招聘时非常注重个人素质，而且对于不同经历与经验的人要求也不一样。对应届大学毕业生，则主要看他的综合素质，了解他的团队精神、敬业精神及创新精神，考察他适应变化的意识及能力；对于已经有工作经验的应聘者，除了看他的综合素质外，还从他的工作经验着重考察他有没有发展意识。因为员工在摩托罗拉发展到某一阶段后，就有发展别人的义务。在摩托罗拉，既要发展自己，又要发展别人。摩托罗拉在长期的招聘过程中，逐步建立了自己的用人标准：勤奋、诚信、有团队精神和富有创造性。

②接收大量的应届大学毕业生

应届毕业生好学上进、接受能力强，并富有创造性。公司引进他们就如同输入了新鲜血液。因此，摩托罗拉公司非常注重应届毕业生的招聘，其校园专场招聘会每年都会吸引大量的应届毕业生参加，并从中接收数量不等的学生，在高峰期招收的人数占总招聘数的50%，并为他们创造良好的工作环境和生活环境。这反映了其一贯遵循的尊重人才的宗旨。

③注重员工来源的多元化

摩托罗拉早已意识到，在当今世界，多元化的劳动力是企业飞速发展的必要条件。多元化包括性别、民族、种族、年龄以及有无工作经验等许多方面。不同性别、民族、种族、年龄、背景的人力资源组合会使经营更为合理，给企业带来更多的创造力。目前，摩托罗拉员工中有30% ~40%是女性，还有许多少数民族员工，如满族、维吾尔族、回族和藏族等。对于这些不同性别、民族、种族的员工，公司一视同仁。

④考核标准及测评体系具有针对性

在传统的招聘过程中，容易由于主观因素而造成对员工的偏差选择。为了让这一人为的误差降到最小，摩托罗拉公司针对不同的职位和技能要求设计了不同的考核标准及人才测评体系。通过一系列的考核，以最有效的方法从众多的求职者中选拔出公司所需的人才，以高效、快速、准确的手段赢得最好的人力资源。这种做法大大提高了公司的竞争实力。

⑤建立有效的内部调动机制

当一位员工通过各种途径提高了自己的专业知识和技能时，他就有可能对现在的工作产生懈怠的情绪，这不仅对员工自己不利，对公司来说也很不利。为了促进双方共同发展，公司的需求和员工的发展必须结合起来。为了解决这一问题，摩托罗拉设立了内部工作调动系统。通过谈话和书面的形式，主管和员工之间定期进行沟通，全面了解每个员工的工作现状和根本需要，探讨改进工作绩效的方式及其职业生涯的规划问题，从而为他们的职业发展提出建议并制订相应的培训计划。这就为员工的内部调动做好了准备。一旦公司发布内部工作调动机会的信息，符合条件的员工会积极地再次应聘，希望通过自己的努力实现公司和自我的共同发展。

小　结

本章指出了传统的基于岗位的企业员工招聘的不足之处。通过分析知识型员工的工作性质，提出了知识创新导向的员工招聘理念与策略，并对摩托罗拉(中国电子有限公司)的招聘进行了案例研究。

第 8 章

基于知识的高新技术企业人力资源开发

在高新技术企业中，大家追求的是始终走在前列，即走在每一个技术的前列，走在每一个体制的前列，特别是在注重知识创新的高新技术企业中，员工和企业想的都是如何开发出新的知识创新点。因而在高新技术企业中，只招聘具有高专业素质的人才是不够的，因为知识在一直更新，高新技术企业要想保持知识创新，就需要不断更新员工的知识，促使员工不断学习新知识、应用新知识、创造新知识，所以进行人力资源开发也是高新技术企业进行人力资源管理活动的必要步骤。

8.1 传统人力资源开发与基于知识的高新技术企业人力资源开发

8.1.1 人力资源开发的内涵

人力资源开发的兴起源于组织对员工的培训和开发，并逐渐发展成为一个以组织学习和绩效为核心的实践领域。

1969年，伦纳德·纳德勒(Leonard Nadler)在美国培训发展协会的年会上首次提出了人力资源开发一词。一年后，纳德勒又给出了人力资源开发的定义。他把人力资源开发定义为："在特定时期为提高增加绩效的机会而进行的有组织的学习经历。"在此后的几十年中，这个定义一直为后来的学者所使用。由于学者们考虑的角度不同，人力资源开发的各种定义仍然层出不穷，具有代表性的定义见表8-1。

表8-1 具有代表性的人力资源开发定义

学者	定义
Mclagan & Suhadolink(1989)	综合利用培训发展、职业发展和组织开发来提高个人和组织的效率
Watkins (1989)	设计为增强个人、团队或整个组织的长期的、与工作有关的学习能力的理论和实践领域
Chalofsky (1992)	为了优化人力资源和促进组织发展、提高效率，通过建立和运用以学习为主的干预模式提高个人、团队、集体和组织的学习能力的研究和实践
Armstrong (1992)	人力资源开发是一种主动的、系统化的干预，它与战略规划和文化变革紧密相连，与传统的培训发展不同，人力资源开发强调针对具体问题做出相应的、逐步的干预
Beer 和 Spector(1995)	人力资源开发是通过组织开发和个人培训、以提高绩效为目的所进行的开发或激发人力资源专家的活动
简建忠 (1995)	人力资源开发是以绩效为取向和以战略为取向的学习活动，绩效取向以员工个人和企业整体绩效的提升为关注点，战略取向则关注企业长期发展和员工的职业发展
Swanson (1995)	人力资源开发是通过组织开发和个人培训、以提高绩效为目的所进行的开发或激发人力资源专家的活动
Steward & McGoldrick(1996)	人力资源开发包括对组织和个人学习产生影响的所有活动和过程
廖泉文 (2000)	人力资源开发有狭义和广义之分，狭义的人力资源开发是指特定的组织中，通过职业管理塑造个体本身而使其获得开发，以及通过工作设计改善环境促进人员的开发，从而实现员工能力的最大发挥和潜力的最大释放，获得工作满足，最终实现组织与员工共同开发的动态管理过程
谢晋宇 (2005)	认为人力资源开发体系分为培训、职业生涯开发、管理开发、组织开发、知识管理、人力资本管理六个方面

表8-1中所列的都是学术界中比较有代表性的一些定义，在这些专家

学者的定义中，提到培训、学习以及员工和组织较多，同时也提到了绩效一词。因而，在一定程度上我们可以知道，人力资源开发是一项目的在于通过培训或是学习等方式使得员工和组织的绩效得到提高的持续性的活动，所以在高新技术企业中，人力资源开发是一项必不可少的工作。

8.1.2 基于知识的高新技术企业人力资源开发的内涵

同工业时代相比，知识经济时代有其特有的特点，因而和工业时代的人力资源开发相比，知识经济时代的人力资源开发带有深刻的知识创新特征，特别是在如今的高新技术企业的人力资源开发中，对知识创新方面更是注重。

8.2 学习——基于知识的高新技术企业人力资源开发的重要途径

从学习的主体来说，有个体、团队和组织之分，同时个体学习、团队学习和组织学习也是企业内部逐步递进的学习层次。其中，个体学习就是企业内部个人的学习，其起因大都和个人意愿相关，或是个人希望通过学习进行升职加薪，或是个人只是单纯地想要学习某部分知识；团队学习则是企业团队成员基于团队目标和相关内容的学习，其学习起因大都和团队要完成的目标相关，或是为了能够尽快使得团队在组织中获取无可替代的地位，或是仅仅为完成眼前摆在团队面前的难题；而组织学习则是企业内部全体个体和团队的学习，其起因也大都和组织目标相关，或是为组织以后的发展储备力量，或是为解决组织所面临的困境而努力。总而言之，三个层次的学习相互递进，层层递推，为组织的创新提供基础力量。此外，团队学习和组织学习相比于个人学习的领域更宽泛，学习的内容也更丰富，学习的形式也更丰富多样，因而更能促进企业知识创新，但同时我们也应该认识到无论是团队学习抑或组织学习，最终还是要归结到个人身上，毕竟个体才是知识的载体，更是学习的主体。

8.2.1 学习理论

学习是什么？它是怎样发生的？这两个问题看上去很简单，其实非常复杂。如对成人学习领域的研究颇有建树的学者格雷戈里·巴特森，其虽然论述了不同层次的学习，但对学习的定义仍然模棱两可，甚至拒绝给出一个确切的定义。他认为，“毫无疑问，学习一词在一定程度上具有改变的含义，但是要确定是什么样的改变就必须谨慎”。虽然拒绝对学习本身下定义，但巴特森总结了学习的特点：学习包含个人的改变，这种改变并不仅仅是人们成熟过程中的自然作用，而是人们对某些遭遇的反应。它发生于身体的运动技能、思维能力、知识内容、认知策略、意识或态度。奎因(Quinn)认为，学习是关于知道是什么和知道为什么的抽象知识，是关于知道是怎样的和关心为什么的实践知识。韦尔对学习也持有相似的观点，他认为学习是个人对某个主题的认识，知道为什么和知道是怎样的知识积累过程而产生的改变。

除此之外，不同的流派对学习也有不同的理解。

行为主义学派(Behaviorism)认为学习是一种行为，是生物将事情发展的趋势引入一个可控制(对投入的处理方式称为操作性条件反射)的投入(刺激物)，这种投入的产出(反应)一般可以被预测到，或者可以说生物进行学习的结果是可以预测的。在我们很多企业的人力资源开发方式中都是依据此理论进行构建的，如现在企业进行校园招聘后对进公司的应届生所进行的一对一指导(很多公司也称为一加一、老带新等)，就是让新员工在老员工的带领下迅速融入公司，成为公司的一分子。很显然，有了老员工的带领，经过企业千挑万选的应届生们会很快融入公司，这便是行为主义学习理论的运用。

认知型学习理论(Congnitive Learning Theories)认为人们并不是主动进行学习的，人们之所以进行学习完全是因为对现实情况做出的反应。因而认知型学习理论者认为，要想使人们进行学习就需要对周围的情况进行控制，使周围出现人们必须为此做出反应，这样人们才会学习。

社会学习理论(Social Learning Theories)认为学习是人们对周围他们所尊敬的人的行为的一种发自内心的模仿，即学习者认为他的崇拜者在处理问题上处理得很好，是自己希望的样子，那么自然在学习者遇到这样的情况时便学着用他所尊敬的人所处理的样子进行问题处理。所以这样看来，他们学习新的技能大概是通过这样的方式进行：一是直接获得使用某种行为或技能的成果；二是观察别人的行为及行为结果的过程。

人本主义学习理论(Humannist Learning Theories)认为，学习是自我确定的需求和过去经验的结果。负责确定、设计和评估自己的学习目标的学习者将在学习中取得更大的成功。此种理论强调问题解决的重要性。

8.2.2 基于知识创新的个体学习

(1)个体学习循环理论

个体学习循环理论的代表科尔布(Kolb)认为，个体的学习过程是一个循环的过程，是经由具体体验后进行思考与观察，并将其中的抽象概念转化为自己所能理解的具体形式。然后在此基础上进行多次的试验以验证自己的理解，同时在这个过程中，其他的具体体验也在进行，因而另一项学习也在进行，因此说个体学习是一种循环，个体在这种不断的循环中不断学习到新的知识和技能。科尔布的学习循环理论如图8－1所示。

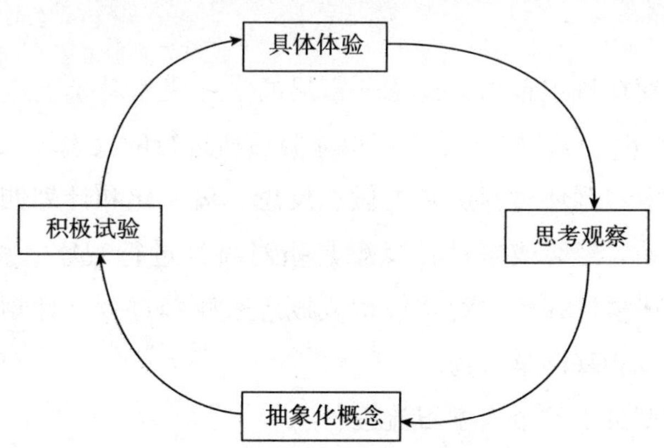

图8－1 科尔布的学习循环理论

英国学者艾伦·芒福德(Alan Mumford)和他的同事彼得·霍尼(Peter Honery)在科尔布学习圈的基础上建立了一个新的学习循环模型，他们认为学习是需要进行规划的，尤其是高层管理者的学习，他们的学习具有极强的指向性与目的性，因而在学习时比较强调规划，所以他们将学习定义为一个体验、复查、结论和规划的循环过程。芒福德—霍尼的学习模型如图8－2所示。

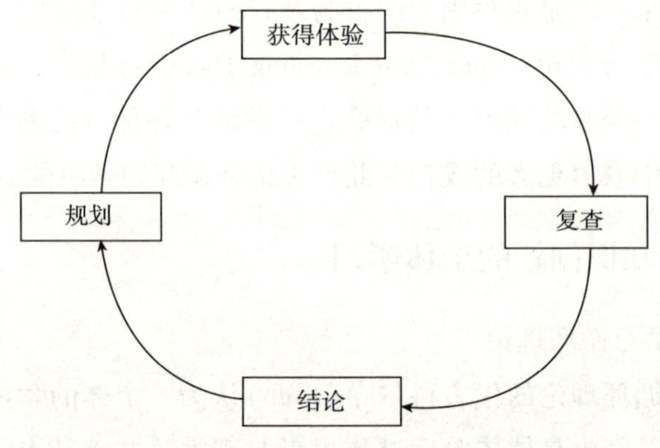

图8－2 芒福德—霍尼的学习模型

科尔布和芒福德—霍尼的学习模型都描述了人们是如何在不受某种情境约束(如正规课堂或工作中)的非正规经历中开展学习的。他们把学习理解为一个通过思想和行动的结合来创造性地解决问题，并不断完善和掌握知识的过程。

维娜·艾莉在科尔布和芒福德—霍尼的学习模型基础上进行了更为细致的分析(见图8－3)，将学习者获得体验后所进行的反思加入学习循环过程，因而她将学习循环过程定义为做、反思、概念化和计划四个步骤。其中，做是指行动、经验或事件；反思是指对事件进行观察、思考和归纳；概念化是指描述事件并建立观念模型或概念来解释过程；计划是指通过计划未来事件和试验来调整行为。

(2)知识型员工的个人学习流程

知识型员工是企业智力资本的载体，企业需要用到的知识和技能，都要靠他们，因而企业的知识型员工需要不断学习新知识，积累知识和经验，才可以称得上是企业真正的智力资本载体。一般而言，知识型员工的个人学习包括五个阶段，即学习准备、信息交流、知识习得与实践、转换与整合和负责与认可。

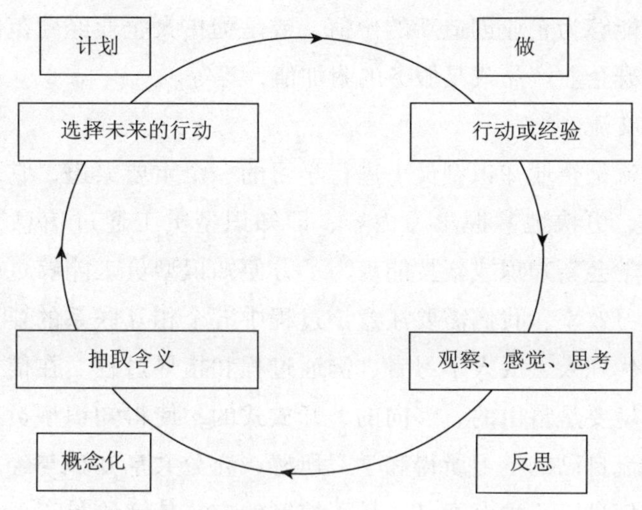

图8－3 维娜·艾莉的个人学习循环理论

①学习准备

常言道：机会是留给有准备的人的。由此可见，在我们想要做成一件事情之前，一定要做好充足的准备才能够有更大的可能性获得成功。而学习也是一样的道理，为了能够使我们的学习更加高效，我们就需要做好学习的准备，而员工特别是知识型员工作为企业智力资本的承载者更是需要做好随时学习以获得新知识的准备。准备是一个比较概括性的词语，我们在进行不同的学习之前需要做不同的准备。例如，我们需要了解将要学习的知识或是技能，我们需要在心理上为自己加油打气等。简言之，学习准备就是要明确我们自己学习的意愿、学习的自主性和学习的关联度。知识型员工在学习之前要做的准备就是要告诉自己愿意并有能力从事任何活动，同时企业要了解学习者的接受能力，并且创造活跃个体和团体学习的环境，以达到最终促进企业学习繁荣的目的。毕竟，若企业没有充分了解到员工对知识或是技能的接受程度以及他们内在的学习动机，那么随后的学习促进措施和开发性活动就无法达到预期的目标。同时，知识型员工还要做好自主学习的思想准备，即知识型员工作为企业的智力资本承载体要主动性地进行学习，被动地学习难以调动人的学习积极性，更不用说增加知识型员工的新知识了。另外，比较重要的是，注重学习的关联度。众所周知，企业之所以让知识型员工进行学习，其主要目的在于希望知识型员工通过学习能够为企业创造新的价值，或是为扩大企业经营范围，提高企业利润，提升企业产品或是服务的附加值，等等。

②信息交流

信息交流是企业知识型员工进行学习的一个重要渠道，它可以使学习者能够更好、更快地掌握学习内容，即知识型员工通过信息交流可以更快、更好地学会新知识或新技能。为了方便知识型员工能够更好地在该过程中提高学习效率，我们需要注意该过程中五个相互联系的要素，即学习环境、学习代理人、成人学习者、沟通过程和指导过程。在信息交流过程中，学习环境要是自由的、多向的、开放式的，使得知识型员工在其中可以尽情地交流自己的学习所得和学习所感，充分共享知识与经验。学习代理人负责把信息以一种有意义、易于控制的方式传递给员工，他通过将专业知识和工作经历相结合的方式来帮助员工将新信息应用到工作中去。其中，用来促进学习的沟通媒介在信息交流过程中发挥了重要作用，它能促使思想和感受通过文字、符号和标志表达出来。知识型员工都是成人学习者。成人学习者拥有丰富的个人和专业经验，并通过相互分享这些经历和互动而受益。这对于学习过程来说尤其宝贵。在整个学习过程中，虽然个体可以自主学习，但仍需给予其必要的指导。

③知识习得与实践

知识习得与实践也是有重点的，即在知识习得与实践这一环节，要重视对知识的启发、重复和回顾。其中，启发是指将学习过程中涉及的知识加以内化或以某种形式或方式来应用知识，使得知识型员工在学习新知识或是新技能的过程中能够充分发挥自己的想象和联想，对新知识以及新技能进行更好的学习。然而学习新知识和新技能只受到启发并不代表一定就能够学会新知识、学到新技能，要想真正地学会，还需要不断地对新知识和新技能进行重复与回顾。研究证实，只有反复地学习和回顾才可以保证学习者得到新知识和新技能，而且回顾也能帮助学习者将新知识和新技能同实践联系起来，真正地将知识和技能学会、学通。知识型员工作为知识的载体，作为企业智力资本的拥有者，一定要将新知识和新技能学会、学通，因为单纯的知识并不能够给企业带来效益，只有和企业事实结合在一起的知识才会给企业创造效益。

④转换与整合

转换与整合是指将学习转换、结合到实际的生活工作中去，也就是我们上面所说的知识或是技能必须和要企业事实联系在一起才能够为企业创造效益。可以说，知识的转换与整合就是知识型员工将学到的新知识或新技能与企业事实进行联系的过程。这一过程包括应用、强化与反馈及反思三个要素。只有让学习者积极并及时地将新知识以及新技能应用到企业中，那么在应用或实践的过程中，知识型员工就可以更快地将新知识和新技能融会贯通，从而也就增进了学习。在整个学习的过程中，反思是一个必需的存在，它的存在能够鼓励知识型员工去考虑他们可能会用到新知识或新技能的机会或情形，从而更好地增进学习。

⑤负责与认可

负责与认可是企业对知识型员工学习并将新知识和新技能运用到企业事实中的一种鼓励或是激励，这个过程包含期望与检查、认可与奖励两个要素。虽然知识型员工一般都会主动地去学习新知识和新技能并将其和企业事实相结合，但不可否认的是，学习新知识和新技能是需要花费时间、精力以及资金等资源的。若企业没有对知识型员工的学习给予负责和认可，而那些没有在学习上花费时间、精力和资金等资源的员工，他们的升职或是加薪或是其他类似的机会就有可能通过其他方面的表现来获得，这对于主动学习的知识型员工来说，是相当不公平的。于是在他们认为自己受到不公平对待的时候，他们就有可能消极地对待学习或是工作，这样的后果就是要么他们怀揣知识离开企业，要么就是和企业中不学习的员工一起留在企业，但无论是哪一种结果，对于追求不断创新的高新技术企业来讲都是极不利的。因而这个时候知识型员工的上级或是其他管理者就需要通过仔细考察学习者的行为以确定他们是否达到了现有绩效标准以及学习活动是如何改善企业效率的，并对他们提高企业绩效的行为或是技能或是知识等给予认可和奖励，以鼓励他们继续学习新知识和新技能，如此，高新技术企业才能不断进取，不断进行知识创新。

8.2.3 知识创新团队的学习

(1)团队学习

在企业中，特别是在高新技术企业中，员工的活动不再仅仅局限于自己所在的部门或者其所在的岗位上，特别是很多创新需要从各部门进行抽调人员组成临时创新小组，也就是一个组织中的小团队，由该团队负责整个创新事项。由于该团队负责企业的一个新业务或是新方向，那么这个临时组建的工作团队必须能够从企业的角度出发进行全局性的思考和执行，这样才可以真正地将新业务推向全企业和市场。

但显然，企业中的团队小组成员并不可能因为组成团队就具有这样的能力，这就需要在企业内部普及团队学习的概念，毕竟不仅是公司中的小团体，即便整个公司的全部人员也可以看作一个大的团队，因而团队的学习意味着整个企业的进步。从现有的文献来看，最早提出团队学习的学者是彼得·圣吉。他的《第五项修炼》曾在亚马逊高居热销榜第一，相信很多读者都有看过这本书，在书中他提出了建立学习型组织的五个层面，即个人自我超越、改善心智模式、建立共同愿景、开展团队学习和系统思考，并在其中特别强调团队是组织学习的基本单位。

此后，许多学者从不同的角度对团队学习加以定义，如从认知和行为的角度、从过程或结果的角度，等等。比较有代表性的观点如表 8－2 所示。

表 8－2 有关团队学习的代表性定义

学者	定义
Senge	团队学习是发展团队成员整体搭配与实现共同目标的能力的过程，它建立在发展共同愿景和自我超越的基础上
Argote	群体成员获取知识、相互分享和整合的活动
Ellis	团队成员之间通过分享经验而产生的团队集体层面的知识和技能的相对持久性的变化
Edmodson	团队学习行为是一种持续的反思和行动，包括提出问题、寻求反馈、开展实验、反思结果、讨论失误或非预期的结果

续表

学者	定义
Kasl	团队学习是群体为其成员、为群体系统自身和为他人而创造知识的过程，是集体思考和行动发挥核心作用的过程
Wong	将群体学习视作一种过程，诸如深度会谈、群体反思和头脑风暴
陈国权	团队成员不断认识、改善行为、优化团队体系，以在变化的环境中使团队保持良好生存和健康和谐发展的过程

上述定义表明，团队学习强调团队成员的自主学习、创造力开发和思想的交流。一个成功的团队学习系统能够促使某一团队与企业中的其他团队分享成功的经验。团队成员共同分析复杂的问题，采取创造性的行动来解决问题。他们从自己的经验和过去的历史中学习，积极试验新的方法，快速有效地在团队内部和整个组织中创造知识。这些行为都有力地促进了团队的学习和知识创新，从而促进企业知识资本不断增长。

(2)两种典型的团队学习过程模型

①阿吉瑞斯—雪恩团队学习模型

此模型是由阿吉瑞斯和雪恩在1978年提出的，可以说是一个团队学习流程模型。在这个模型中，团队学习由发现、发明、执行和推广四个过程组成，如图8－4所示。

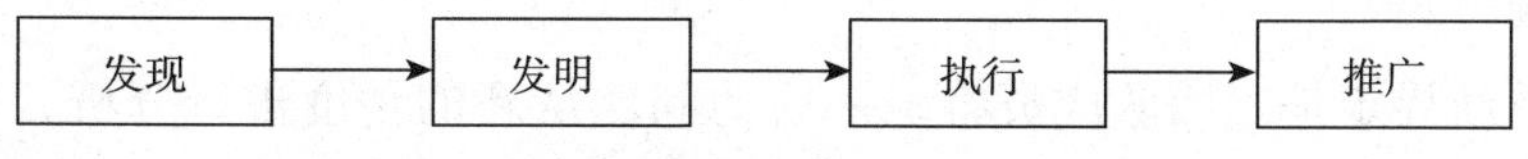

图8－4 阿吉瑞斯—雪恩团队学习模型

阿吉瑞斯认为，团队的学习是整体性的，而不是团队中哪个成员的学习，因而在学习时就需要一定的程序，他将团队学习的程序分为四个阶段，即发现、发明、执行和推广。发现是指团队成员首先要用发展的眼光发现组织发展的潜在问题或者是企业内外部环境中的机遇，其次在问题或是机遇找到之后，进行问题解决或者是机遇利用，即发现解决问题的方案或是利用机遇的方案，其次在方案确定之后，进行强有力的执行，毕竟一流的点子加上三流的执行其结果或许要在三流之后，所以执行是非常重要的。最后，当团队中的方案被执行成功后，团队就需要将这种解决问题或是利用机遇的模式在组织内部推广开来，以促进企业组织的学习，同时也为团队获取企业内部的激励提供物质基础。

②卡索尔团队学习模型

卡索尔对团队学习研究甚多，最为人知的就是卡索尔依据其实验所提出的团队学习模型。卡索尔的实验是围绕一个单位中不同程度的集体学习展开的，通过该实验，卡索尔认为团队学习是从无组织学习过渡到集体学习，也就是说团队中的学习从一开始团队是成员自己的、不与团队分享的、不与他人交流的个人学习到后来的小组成员共享信息、交换观点、共同学习，这时便是团队学习。同时卡索尔还提出，团队学习是和团队的凝聚力成正比的，也就是说随着团队凝聚力的增强，团队中的个人学习就渐渐地向集体学习转变，这一过程可分为五个阶段，即提出问题、重新界定、检验、超越局限和整合观点，如图 8 -5 所示。

图 8 -5 卡索尔团队学习模型

提出问题是指在过去的经验和知识或是技能基础上，对比现在的现实情况，团队中的某一成员会发现其中的问题并提出，然后该问题被团队讨论并统一。

重新界定是指团队成员将统一后的问题从新的角度进行分析，使得团队成员改变既有的对问题的认知，拓宽团队成员的思路。

检验是指团队成员在统一问题以及对问题重新界定的基础上对假设进行检验、发现并分析结果，这一阶段是团队学习真正开始深入的阶段。

超越局限是指团队成员通过系统性的沟通交流进行信息的收集，这些信息包括团队成员对该问题的一些观点，尤其是一些和团队大多数成员不一样的观点。

整合观点是指对团队成员中的不同意见进行综合梳理，而不是简单粗暴地以少数服从多数的形式否决一些非常有意义的观点。

(3)知识创新团队的学习流程

高新技术企业作为知识型员工占绝对比例的企业，里面一定会存在许多大大小小的知识创新团体，也就是我们所说的创新团队。从上述的团队学习理论中我们发现，它们所指的团队就是企业中常见的团队，而笔者从浩如烟海的文献中也没有梳理出关于知识创新团队学习的理论。由此可见，就目前而言，知识创新团队学习依旧是学术研究上的盲点，本书结合前文的团队学习理论，初步提出知识创新团队学习的一般流程供大家参考和点评。

①对企业的知识基础设施进行分析

对企业的知识基础设施进行分析意味着对企业已有的各种知识要素进行全面的调查和了解，特别是针对企业知识创新方面，着重对企业现有知识能力和知识积累的统计。

②确定学习目标和任务

确定学习目标和任务是指依据企业的知识创新战略来确定企业的学习目标和任务，同时依据对企业的知识基础设施进行的分析，找出现状与目标之间的差距。当然找出差距是不够的，我们还要缩小甚至消除差距，因而制定适宜的措施是十分必要的。

③组建各种动态的知识创新团队

在确定学习目标和任务后，我们需要对企业现状和目标之间的差距进行分解，并组建相对应的各种动态知识创新团队，以有针对性地解决被分解后的差距。

④实施学习

实施学习是指在组建动态知识创新团队之后团队成员需要就采取何种学习方式以及如何学习、学习哪些内容等进行商讨，以便开展后续的学习。

⑤进行系统的评估与总结

众所周知，所有的企业谋求的是利润，因而高新技术企业内部之所以成立知识创新团队进行学习，其最终的目的都是为企业带来利润。而学习显然是有成本的，因而为了能够更有效地进行学习反馈，我们需要对团队学习的成果进行评估和总结，为下一次的团队学习提供一定的参考。

8.2.4 知识创新导向的组织层面的学习

与个体学习和团队学习相比，组织层面的学习人数更多，学习的内容也更宽泛，学习的着重点也更是从企业的整体战略出发，所以与个体学习和团队学习相比，组织层面的学习是宏观的、战略性的，具体来说有以下几点区别：

(1)重视知识的价值和学习的重要性

组织层面的学习是企业内部学习中最能够代表一个企业是否是真正的知识创新型企业的关键，毕竟个人的学习以及企业内部小团队的学习并不那么容易地被外界知晓，所以从给外界的形象来说，组织层面的学习是十分必要的。而在组织层面的学习中，由于要向外塑造企业形象，所以组织层面的学习多是从企业文化开始，以培养企业内部成员对企业文化的理解和认同。所谓重新塑造，是指以促进企业的知识创新为导向，通过各种形式将企业现有的文化加以改善。我们都知道，随着时间的流逝，外界环境正发生十分显著的变化，为了适应这种变化，有时企业就需要对企业的文化进行小部分的修改或者是比较大的修改，比较大的改变一般出现在企业领导人骤换或是企业经营的环境或是企业经营的主营业务发生重大变化时。除此之外，企业里内部的小团体也会悄悄地将一些属于他们的特点一点点加入到企业文化中，成为改善企业文化的一个原因所在，一般我们将其称为企业的亚文化，有些企业内部的非明文规定，虽然不一定明明白白地写出来，但是企业员工在工作时都会受到这些非明文规定的影响。其实，严格说来，企业成员对企业中亚文化的比较和鉴别过程也是一种学习，或者说是企业文化的建构。不可否认，企业文化对企业的影响是十分巨大的，有一些企业之所以改革不成功，其中一个很重要的原因就在于这些改革并没有引起大家思想观念的变革，新的价值观念还没有根植于企业文化中。在建立以知识创新为导向的企业文化中，全体员工都应该认识到知识的价值和学习的重要性，将“学习、共享、创新”的价值观内化到心里并体现到实践中去。同时，企业也需要采取各种各样的方式、利用各种各样的渠道加强对企业文化的宣传，并鼓励员工共享知识，积极参与知识的创造。

(2)充分认识组织结构创新的重要性

组织结构的创新最终会促进组织的知识创新，因此促进组织学习必然要实现组织结构的创新，组织结构的创新重组同时也是组织学习非常重要的一个方面。由于企业中不同层次的个人、团队等所拥有的知识在很多方面是有差异存在的，这在一定程度上影响组织的结构和边界，而组织结构反过来也决定企业内知识创新的成效。知识的整合与创新是在企业的组织结构内进行的，所以在结构方面的设计和创新应以知识创新能力与组织学习能力的提高为前提。为了提高企业的知识创新能力以及决策水平，企业组织结构的创新需要考虑企业的战略、技术水平、文化传统等诸多因素，从而建立具有扁平化、网络化、柔性化和边界模糊化的知识联盟。

(3)重视企业和员工的价值观

彼得·圣吉在《第五项修炼》中将远景作为创建学习型组织的五个层面之一，从这本书受欢迎的程度来说，大家对知识远景的认识还是很深刻的。而且在企业中，知识远景规划不仅能为企业创造知识的领域及创造知识的类型指明了方向，进而决定企业发展的知识基础及发展的路线，同时知识远景规划也为企业高层管理者制定企业的战略规划提供一定的支持和基础，以帮助企业落实战略规划。当然，知识远景规划毕竟是由企业高层做出的，因而在具体的执行过程中需要向员工进行推荐和解释，以帮助企业员工能够更好地理解企业战略，并培养全体员工对企业的一种信念，这样员工在以后的学习和工作中才能更好地将自己的学习和工作与企业的远景联系在一起，带动自己和企业一起成长。

8.3 创造力开发——基于知识的高新技术企业人力资源开发的主要内容

8.3.1 创造力的内涵

近年来，人们对创造力进行了很多的分析和测量，但令人信服的创造力定义却很少。学者们多是从个人层面上来进行研究，即对创造个体的特征与性质进行了探索。关于创造力的一些比较典型的定义如表 8-3 所示。

表 8-3　有关创造力的几种典型的定义

学者	定义
巴农哈林顿等（1981）	精力、自主、直觉、广泛的兴趣和好奇心
阿马比尔（1988）	技术、管理和市场知识及与人格有关的能力
芬克和沃德等（1992）	发现问题的能力、解决方案的产生和问题的处理能力以及解决方案的执行能力
伍德曼等（1993）	受人格、认知风格与能力、相关任务领域技能、动机和社会情景影响的一种功能
唐（1998）	识别非常模式、关系和产生新奇想法的个人能力

从表 8-3 中学者对创造力的定义来看，这些定义多是从个体的特征和认知的角度出发。当然，并不是所有的学者和专家都是从个体角度对创造力进行定义。例如，Pirola-Merlo 等就从团队的角度出发对创造力进行了研究，他们认为团队创造力是团队内所有成员在某个时点的个体创造力的平均值或加权平均值；Barlow 也从团队的角度对创造力进行了定义，他认为团队创造力是团队所有成员思考角度的一种“顿悟式转换”；丁志华和李萍等也从团队角度出发将团队创造力定义为在团队领导人的协调下，团队凭借其合理的人才结构、知识结构和组织结构、团队成员的创造力和积极的创造行为，顺利进行群体创新，产生具有独特性、新颖性、社会价值和社会意义的创新成果的能力。而 Plsek 则从企业层面角度出发，将创造力定义为知识的联结和再安排以产生新的有用且能转化为产品或服务的知识的能力；Robinson 和 Stern 也从企业层面对创造力进行了研究，认为当公司员工未经过直接指导就做出新奇而有潜在使用价值的成果的时候，这个公司是有创造力的。

其实无论是在计划经济时代，还是在如今竞争白热化的市场经济中，衡量一个企业是否能够取得长足的发展，创造力都是其中一个至关重要的因素，而且我们应当认识到企业创造力的获得并不仅仅关系到企业的发展，企业中的团队和个人也会受到它的影响。所以，一个想要取得长远发展的企业一定是创造力十足的企业，一定是企业中全员创造力十足的企业。

8.3.2 创造力与知识创新的关系

创造力和知识创新的区别在于，前者是一个自然趋势，而后者是一个过程。在一个认知体系中，创造力的形成由知识创新构成，因为这种自然趋势通过新知识的产生促使变化的发生，换言之，通过修正和调整体系的认知系统，促使变化的发生。而有了创造力，才会有知识创新。

8.3.3 高新技术企业的创造力开发

从现有的文献资料来看，学者和专家们对创造力的定义是分三个层次进行的，这三个层次分别是员工个人、团队和企业，自然就有人理所当然地认为我们在进行创造力的开发时也是依照这三个层次单独进行的。其实这个想法本身并没有多大的问题，只是作为企业——追求利润的体系，为了能够将成本降到最低而将收益提到最高，同时也因为在企业内部明确区分个体、团队和企业三个层次还是有一定困难的——尽管在学术研究上非常容易区分，因而在企业内部进行的创造力开发通常并没有如此明显的界限。

(1)鼓励自发活动并建立相应的反馈系统

创造力是一种无法预估的力量，并不是说我们花费了时间、精力等资源在其中就可以取得成果。从根本上来说，创造力是一种很虚无的精神创造，因而我们无法确定它到底需要多久或是多少资源才能够获得。换言之，我们从来不能确切地知道创造力会在何时以何种方式在何种地方出现，很多时候，创造力是偶然出现的，它偶然地出现在一个偶然的时间和偶然的地方。但不可否认的是，创造力还是和知识有一定关联度的，所以企业为了鼓励创造力的出现，可以采取一定的机制来进行引导，即对出现在企业内部的创造性行为给予鼓励和支持，因为这就是创造力的表现。

(2)鼓励“非官方”活动并为其提供空间

据相关统计发现，创造力通常在一些“非官方”的活动中更容易出现。一般而言，“官方”的活动都有其确定的流程，在这些活动中只要按照流程来做就不会有任何不妥之处，而在“非官方”活动中，大多没有确定的流程，因而大家在“非官方”活动中往往为了效果而进行各种各样的试验，自然这种“各种各样的试验”就承载了创造性行为大规模爆发的时间和地点，因而企业为了创造力需要给这种“非官方”活动提供空间，以满足大家创造力的激情。

(3)重视偶然的发现

在生活中，我们有时会翻箱倒柜地找一件东西，却怎么也找不到，而当我们放弃寻找的时候，我们却往往能在不经意间发现，这种“有心栽花花不发，无心插柳柳成荫”的事件在创造力的发现上也是一样的道理。因而为了提高企业的创造力，将这种偶然的事件常态化，企业需要采取一定的措施去促进这种偶然的发现，如对这种偶然事件进行奖励等。

(4)提供多种多样的刺激用以激发员工的潜力

刺激可以点燃人们创造力的火花，给人们带来新鲜的视角并走向全新的方向。对于高新技术企业来说，刺激发生在企业与员工双向之间。一个企业可以通过各种方式来刺激员工，员工接受刺激并把它运用到适当的地方，这又会反馈给企业。这种双向的交流特别有利于员工创造力的发挥。

企业刺激的方式多种多样，一般来说，主要有以下几种：一是为员工提供多种方式的培训，包括正式培训和非正式培训。如集中脱产学习，在岗培训，举办多种形式、多种主题的讲座和特别活动等。二是不定期进行人事调动，实行岗位轮换，尤其是在技术、职能不同的部门之间进行轮调。这种轮调制度可以从多种角度帮助员工加深对业务活动的理解。三是为员工提供与外界刺激接触的机会。刺激可以来自于企业内部，也可以来自顾客和外部企业，如供应商、经销商，所有这些人都与企业存在某种联系，都会为企业带来某种刺激。四是引入内部竞争机制，为员工提供参与企业内部创新活动的机会。企业可以将创新团队分成若干个竞争小组，每个小组针对同一问题寻找不同的解决方案，然后讨论、评估再决定。这种做法一是极大地调动了员工的积极性，二是可以给参与团队的每一位员工以机会，尤其是那些默默无闻的员工，他们的创新设想需要引起其他人的注意，需要得到企业高层的支持。

(5)建立适当的沟通网络以促进企业内部的沟通

每个人都是需要沟通的，这就是为何人在长久不与外界沟通的情况下会出现癔症甚至是发疯的现象，我国古代的宫廷中也常常把小黑屋作为惩罚犯罪的严厉手段。沟通可以在人和人之间架起思想的桥梁，“你有一个思想，我有一个思想，交换之后我们各有两个思想”，而在今天，你有一个思想，我有一个思想，交换之后我们会有两个以上的思想，这就是“1 + 1 >2”的秘诀所在。所以，在企业内部为了鼓励企业员工之间的非正式性的沟通，激发他们思想碰撞出火花，我们需要建立适当的沟通网络以促进企业员工的非正式沟通，如一些常见的聚会、拓展训练等都是非常好的方式。

小　结

通过考察人力资源开发的文献，对基于知识的高新技术企业人力资源开发的内涵进行了界定，指出组织学习是基于知识的高新技术企业人力资源开发的重要途径，而创造力开发是其主要内容。企业可以从个体、团队、组织层面进行学习来实现知识创新。高新技术企业创造力开发的主要措施有：鼓励自发行动、鼓励“非官方”活动、重视偶然的发现、提供多种多样的刺激、建立适当的沟通网络等。

第9章

基于知识的高新技术企业人力资源激励

9.1 激励的相关理论

9.1.1 激励的概念

激励是一个心理学术语，是指持续激发人的动机的心理过程。它是指引个体产生明确的目标指向行为的内在动力。在某种内部或外部因素刺激的影响下，通过激励，可使人始终处于一种兴奋状态之中。激励这一概念用于管理学上，主要用于调动人的积极性。通过探讨人的心理和行为活动的客观规律，运用有效的激励手段来达到调动人的积极性的目的。

激发人的动机的心理过程的模式可以表示为：需要引起动机、动机引起行为，行为又指向一定的目标。这说明，人的行为都是由动机支配的，而动机则是由需要引起的，人的行为都是在某种动机的驱动下为了达到某个目标而有目的地活动。需要、动机、行为、目标四者之间的关系可以用图9－1来表示。

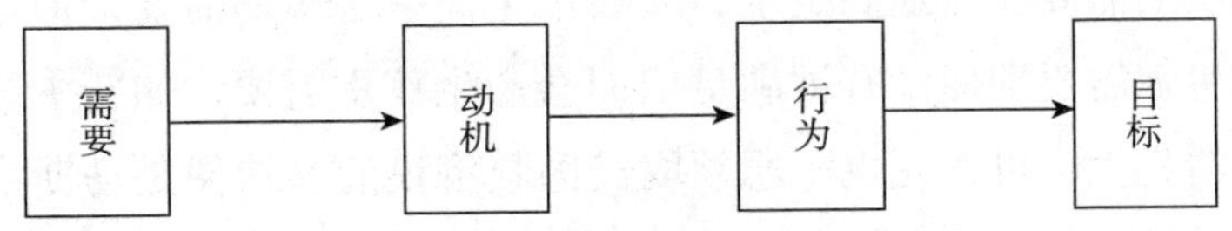

图9－1　动机激发的心理过程模式图

9.1.2 激励理论

(1)内容型激励理论

内容型激励理论主要研究人们需要的特殊报酬的类型、基本需要的内容以及有效刺激的方式等问题。“需要层次理论”(Need Hierarchy Theory)、“双因素理论”(Motivation - Hygiene Theory)、“成就需要理论”(Need Achievement Theory)等都属于内容型激励理论。

①需要层次理论

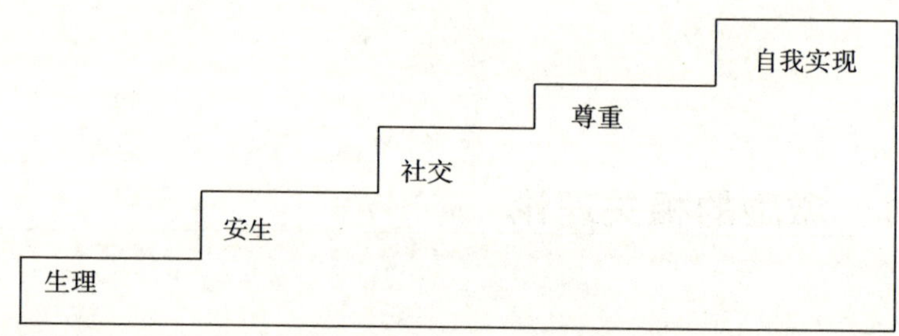

图9-2 人的基本需要

1943年，美国心理学家马斯洛在其出版的《人类动机的理论》一书中提出了著名的需要层次论。马斯洛认为，人都是有需要的，而且人的需要是有层次的，他将这些层次的需要按照人们对其需求的递进变化从低到高分为五个层次，即生理需要、安全需要、社交需要、尊重需要和自我实现需要；如图9-2所示。马斯洛认为，生理需要和安全需要是较低层次的需要，是由人的本能所驱使的，而社会需要、尊重需要和自我实现需要是在生理需要和安全需要满足以后才会出现的，这和中国古人讲求的“仓廪实而知礼节”有异曲同工之妙。基本说来，人的需要层次是按照马斯洛的需要层次进行发展的，但是人生总是有意外，所以也会有意外的情况。虽说只有低层次的需要相对地满足了，才会产生高一层次的需要，但是有些时刻人们的生理需要即便没有被满足依旧会产生尊重需要，如新中国成立之前，朱自清先生宁可饿死也不愿领取美国救济粮的事情便是马斯洛需要层次论的意外情况。同时马斯洛需要层次理论也告诉我们，越是上层的需求，满足的百分比越少，尤其是自我实现需要这一最高层次的需求，只有少数人才会满足这种层次的需要。毕竟对于芸芸众生来讲，普通人才是大多数，他们也许一生都只是在平凡的岗位上做着平凡的事情，特别是对于世界上的很多依旧处于贫困线下的居民来讲，满足基本的生理和安全需要已经是很难得的事情了。

西方管理心理学家宣称，马斯洛的需要层次论能够帮助企业家管理好业务。表9－1就是一张需要层次论同管理措施密切结合的参考表。

表9－1 需要层次论与管理措施相关表

需要的层次	诱因（追求的目标）	管理制度与措施
生理需要	薪水、健康的工作环境、各种福利	身体保健（医疗设备）、工作时间（休息）、住宅设施、福利设备
安全需要	职位的保障、意外的防止	启用保证、退休金制度、健康保险制度、意外保险制度
社交需要	友谊（良好的人际关系）、团队的接纳与组织的一致	协商制度、利润分配制度、团队活动制度、互助金制度、娱乐制度、教育训练制度
尊重需要	地位、名分、权力、责任、与他人薪水比之相对高低	人事考核制度、晋升制度、表彰制度、资金制度、选拔进修制度、委员会参与制度
自我实现需要	能发展个人特长的组织环境、具有挑战性的工作	决策参与制度、提案制度、研究发展计划、劳资会议

②双因素理论

双因素理论是美国心理学家弗雷德里克·赫茨伯格提出的。该理论之所以被称为双因素理论，是因为在这个理论中弗雷德里克·赫茨伯格提出了两种重要因素，即激励因素和保健因素，简称为“双因素理论”。在双因素理论中，弗雷德里克·赫茨伯格提出能够激发人的动机的因素有两类：一类为保健因素，是不具备激励作用的因素，但却是保持人的积极性使其维持工作现状的因素，即企业内部的这些因素可以保障企业内部的员工按照基本的工作流程进行工作，但是对于创新等并起不到实质性的作用，这些因素包括企业的工作环境、企业的福利政策等。另一类则为激励因素，弗雷德里克·赫茨伯格认为激励因素是能够影响人们工作的内在因素，企业如果有了激励因素就可以最大限度地对企业员工进行激励。一般而言，企业内部的激励因素是有关工作本身的，诸如工作本身的挑战、工作所能带给人的成就。一般而言，保健因素和马斯洛需要层次理论中的低层次需要相关，激励因素和马斯洛需要层次理论中的高层次需要相关。

③成就需要理论

成就需要理论是20世纪60年代麦克利兰提出的。麦克利兰是美国哈佛大学的一名高级心理学教授，在心理学的研究上颇有建树，成就需要理论就是麦克利兰从心理学的角度出发对人内在需求的研究，他认为人的基本需要大概分为三类，即权力需要、归属需要和成就需要。在成就需要理论中，麦克利兰将权力需要定义为影响和控制他人的愿望和驱动力，而归属需要则是寻求他人接纳并建立友好和亲密的人际关系的欲望，成就需要是以适当标准来追求卓越、实现目标和争取成功的内驱力。成就需要理论为资本家对企业中高级管理者进行激励提供了理论支撑。

④ERG理论

美国耶鲁大学的阿尔德弗(Alderfer)通过对工人进行大量的调查研究，在马斯洛提出的需要层次理论的基础上，提出了ERG理论。在ERG理论中，阿尔德弗认为，人的需要只有三种，即生存(Existence)的需要、相互关系(Relatedness)的需要和成长发展(Growth)的需要，取其首字母就成了我们现在所说的ERG理论。阿尔德弗认为，生存需要是最基本的、满足人们生存的物质需要，相互关系的需要是能够满足人们对于保持重要的人际关系的需要，而成长发展需要是表示个人谋求发展的内在愿望，是人对自身潜力探索的需要。阿尔德弗还认为，作为一名企业管理人员，应该了解员工的真实需要，这样不仅对员工有利，而且对企业的发展也有利。员工需要与工作结果之间的关系如图9-3所示。

(2)过程型激励理论

过程型激励理论是着重研究如何由需要引起动机、由动机引起行为、由行为导向目标的理论。换言之，过程理论认为激励是一个引导、改变和强化人的行为的过程。因此，过程理论首先阐述了人的行为过程，如图9-4所示。

基于对人类行为过程的研究，学者们提出了多种激励理论：

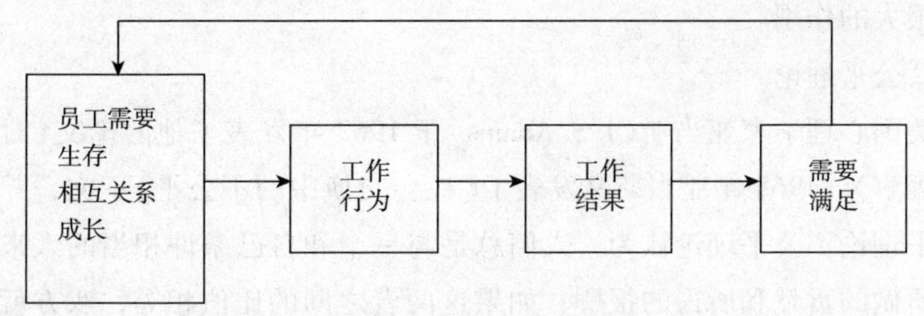

图9-3 阿尔德弗的需要与工作成果的关系图

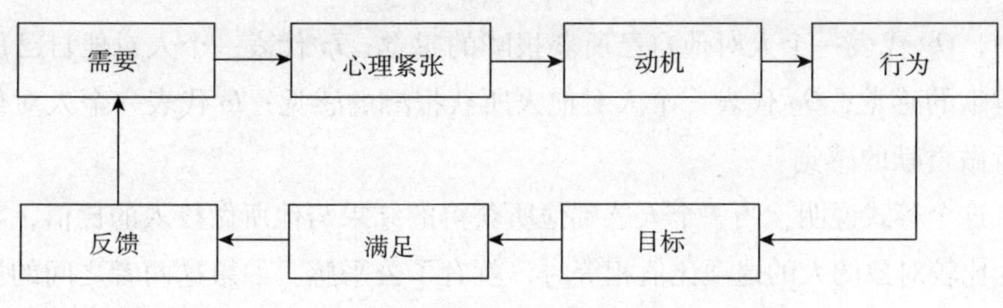

图9-4 人的行为过程

①期望理论

期望理论是美国学者佛隆(V. H. Vroom)在1964年所著的《工作与激励》一书中首先提出来的。这一理论认为，人的固定要求决定了他的行为和行为方式，工人的劳动是建立在对未来方向的某种期望的基础上的，这样就可以在个人活动与其结果之间建立某种联系。

期望理论可以用下列公式表示

$$激励力量 = \sum 效价 \times 期望值$$

用符号表示即为

$$M = \sum V \times E$$

式中，M 代表 Motivation(激励力量)，V 代表 Valence(效价)，E 代表 Expectancy(期望值)。效价是指个人对他所从事的工作或所要达到的目标价值的估价。期望值是指个人对某项目标能够实现的可能性的估计。因而，以上公式的含义就是，当一个人认为做某件事情是非常有价值的，而且他判断出自己获得这项结果的可能性也很大时，那么用这项结果来激励他就会起很大的作用。

②公平理论

美国心理学家亚当斯(J. S. Adams)于1963年发表了他的论文《对于公平的理解》，1965年亚当斯又发表了《社会交换中的不公平》一文，并提出了公平理论。公平理论认为，人们总是与一个和自己条件相当的人来比较各自所做的贡献和所得的报酬，如果这两者之间的比值相等，双方就都有公平感。亚当斯提出了公平关系的下述关系式

$$Op/Ip = Oo/Io$$

式中，Op 代表一个人对他自己所获报酬的感觉；Ip 代表一个人对他自己所做贡献的感觉；Oo 代表一个人对他人所获报酬的感觉；Io 代表一个人对他人所做贡献的感觉。

这个等式说明，当一个人感到他所获得的结果与他所做投入的比值，与作为比较对象的人的这项比值相等时，就有了公平感。如果这两者之间的比值不相等，一方的比值大于另一方，另一方就会产生不公平感，反之亦然。

③路径—目标理论

路径—目标理论(Path - goal Theory)是由宾夕法尼亚大学罗伯特·豪斯(Robert House)在1971年提出来的。该理论认为，领导者采用特定的措施，帮助下属通过一定的路径来实现目标。领导者所选择的措施应适合下属的需要和下属工作的环境。通过选择恰当的领导风格，提高下属对成功的期望和满意度。

路径—目标理论认为，不同类型的领导行为对下属的动机有不同的影响。某一领导行为对下属是否有激励作用，这取决于下属的特征和任务特征。

④行为改选型激励理论

行为改选型激励理论(Behavior Modification Theory)重点研究人的行为怎样转化和改造，如何使人的心理和行为变消极为积极的理论。主要有条件反射理论与归因理论。

美国心理学家斯金纳(B. F. Skitmer)提出了操作性条件反射的概念。这种条件反射的建立，特点是人或者动物必须通过自身的运动或操作才能得到强化，所以称为操作性条件反射。斯金纳认为人的行为是受到外部环境

刺激调节和控制的，改变外界刺激有助于改变行为。

归因理论(Attribution Theory)，是由行为的结果来推断行为的原因的过程。通过已成定局的成功或失败的结果，找出最佳的激励途径。归因过程是指人们理解自己和他人的行为的原因的方式。在对人的知觉过程中归因起了重要作用。

(3)综合激励模式

①波特—劳勒激励模型

1968年，劳勒和莱曼·波特提出了新的综合激励理论模式，即将行为主义激励论的外在激励和认知流派激励论的内在激励结合起来的新的模式，20世纪这一模式在更多专家和学者的努力下得到了进一步的完善。在完善之后的波特—劳勒激励模型中，奖酬分为内在奖酬和外在奖酬两种，而奖酬的价值既是员工对奖酬的满足，也是企业对员工所完成任务的重视程度，至于员工能否完成任务则取决于员工对任务的理解以及员工的能力、努力程度以及对企业奖酬的渴望程度。

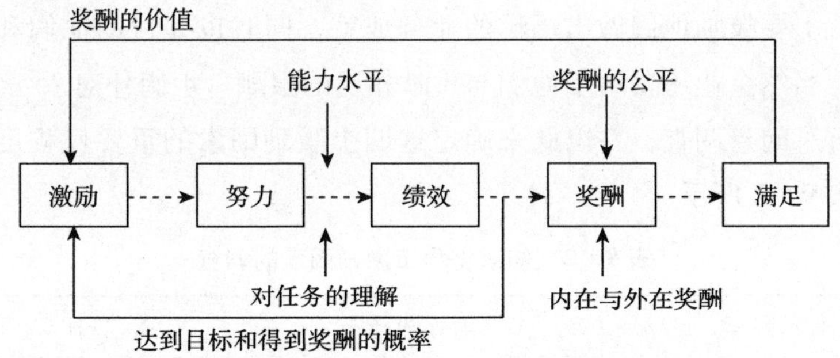

图9-5 波特—劳勒激励模型

②场动力论综合激励理论

勒温认为，一个人行为的方向和向量取决于环境和个人内部动力的乘积。激励分为内在激励(Intrinsic Motivation)和外在激励(Extrinsic Motivation)。内在激励是指以通过满足某一个人本身的兴趣、价值、成就感等因素来激励他自愿实施某项行为，这可以说是考虑了一个人的心理场的作用。外在激励是指以工资报酬、劳动条件、劳动福利等外在条件来刺激一个人的积极性，这是考虑了外在的环境。

9.2 知识型员工知识创新激励机制

与传统企业的员工相比，知识型员工的最大特点就在于其以知识创新为特征对企业价值创造的极大的贡献率。因此，知识型企业要想实现可持续发展，关键在于如何有效地调动知识型员工创新的积极性和主动性。这需要企业建立有效的激励知识型员工的知识创新机制。

9.2.1 国内外对知识型员工激励的研究

(1)国外的研究

坦姆仆通过研究认为影响知识型员工激励的因素有四点，并因此提出了知识型员工激励的四因素理论，这四因素是指工作自主、业务成就、个体成长和金钱财富。坦姆仆认为，要想对知识型员工进行全面激励就要建立一种工作自主的环境，也就是说企业要给知识型员工更多的自主性，在业务成就上要鼓励他们做出卓越的业务成就，同时也要帮助他们和企业一起成长，当然企业还要给予他们与贡献相当的报酬。坦姆仆对75名知识型员工进行了问卷调查，并以此来确定这四个激励因素的重要性程度。调查结果如表9-2所示。

表9-2 知识型员工激励因素的调查

激励因素	偏好选择	百分比(%)
工作自主	在企业中自由工作	50.51
个体成长	个体在企业中成长显著	33.74
业务成就	高业务成就	28.69
金钱财富	与贡献相当的工资等	7.07

资料来源：查尔斯·M. 萨维奇. 第五代管理[M]. 珠海：珠海出版社，1998：163.

安盛咨询公司也十分关注激励知识型员工的因素，为此安盛咨询公司与澳大利亚管理研究所曾耗费3年时间对澳大利亚、美国和日本多个行业的858名员工(其中包括160名知识型员工)进行了极为细致的分析，从中找出了位列前5名的因素，分别是报酬、工作性质、提升、与同事关系、影响决策，因而安盛咨询公司提出的知识型员工激励理论被称为五因素员工激励理论。

岑格海姆和斯格斯特在其研究中提出企业要赢得未来人才战争需要关注四个重要的人才激励因素，即诱人的公司发展前景、个人成长机会、良好的工作环境、全面的薪酬策略。他们在研究中指出，公司未来的良好发展前景能够牢牢地吸引员工，让他们感觉到在这里能够得到他们所需要的一切，公司提供良好的培训体系和职业发展体系，能够让员工得到不断的提高和成长，而良好的工作环境、愉快的工作氛围和良好的团队合作能够让员工不断体会到工作中的快乐，全面的薪酬策略即有竞争力的薪资、多元化的福利计划、额外的奖励制度和工作得到认可和嘉奖能够让知识型员工感觉到自己受到尊重和认可。

(2)国内的研究

马立荣和肖洪钧(2001)在其《知识工作者的激励机制设计》一文中针对知识工作者设计了一个激励模型，在该模型中，他们提出了四个激励因素，即组织环境、个体成长、精神奖励和物质奖励。具体来说，要想对知识型员工进行激励，就要从这四个因素着手，为知识型员工提供一种能够使他们感觉到积极向上的文化氛围，使得他们可以在这种氛围中进行知识共享。同时，为他们提高明确的个体成长目标，在促进他们潜能发挥的同时也促进企业的发展，更重要的是要为知识型员工的优秀工作成就提供一定的精神奖励和物质奖励。

张望军和彭剑锋(2001)对深圳华为技术有限公司、深圳润迅通信发展公司的150名研发人员和深圳天音通信发展有限公司的150名电话销售和客户服务人员进行了比较研究，根据统计的结果归纳出了知识型员工的主要激励因素，按重要性排序如下：工资报酬与奖励(31.880%)、个人的成长与发展(23.910%)、有挑战性的工作(10.145%)、公司的前途(7.9750%)以及有保障和稳定的工作(6.52%)。

郑超和黄牧立(2001)对我国国有企业中的知识型员工进行了研究。他们选取了知识型员工比较集中的一些机械厂、仪表厂等，采用坦姆仆提出的知识型员工四点激励因素进行调查，让这些企业的知识型员工对此进行排序，得出了各项激励因素的重要程度：金钱财富(48.12%)、个体发展(23.710%)、业务成就(22.300%)、工作自主(5.87%)。这一结果与坦姆仆的研究结论存在明显的差异。这也说明了文化的差异性影响着知识型员工的激励。

文魁和吴冬梅(2003)对中国知识型员工激励的需求因素与满意因素进行了对比研究。他们参考了坦姆仆的知识型员工激励模型，并根据中国国情加入了人际关系这一因素，对北京市的软件企业和生物制药企业的知识型员工进行了问卷调查，通过比较员工对这五种激励因素的需求重要程度和实际满足程度，来反映现有中国知识型员工激励机制上的不足。其比较结果如表9-3所示。

表9-3 五种激励因素需求度与满意度排序

位次	五因素需求度	五因素满意度
1	个体成长	业务成就
2	业务成就	工作自主
3	金钱财富	个体成长
4	工作自主	人际关系
5	人际关系	金钱财富

资料来源：文魁，吴冬梅．异质型人才的异常激励——北京市高科技企业人才激励机制调研报告[J]．管理世界，2003(10)．

杨春华(2004)通过对国内7家通信、软件等高科技企业调研发现：在我国高权力差距、低个人主义倾向、风险规避型的文化背景和经济转型环境下，影响知识型员工前五个激励因素是个人成长与发展、报酬、有挑战性和成就感的工作、公平、福利与稳定。而在美国高冒险精神、低权力差距、低集体主义的文化背景和高度发达的市场经济环境下，激励知识型员工的前四个因素依次为个体成长、工作自主、业务成就和金钱财富。由此可见，中外知识型员工都比较看重个体成长与发展及有挑战性和成就感这两个激励因素，但对工作自由、公平、金钱财富和报酬的重要性认识不尽相同。

陈井安和景光仪(2005)通过实证研究认为，业务成就、工作环境、薪酬福利和个人成长是我国知识型员工的四个主要激励因素，其调查结果表明，知识型员工认为激励其努力工作的因素依次如下：业务成就占51.3%，工作环境占48.8%，薪酬福利占47.7%，个人成长占4.7%。

孙新波、樊治平和秦尔东(2006)将知识型员工分为基层、中层、高层三大类，他们通过分析不同类型知识型员工的特征，构建了激励知识型员工的框架模型。

李军(2007)认为，对知识型员工的激励，必须从激励环、理论模型、激励方式与手段等方面进行系统性、动态性设计，以实现知识型员工和组织共同发展的目标。

综上所述，国内外学者主要从激励的影响因素(包括排序)、激励的重点、激励的模型等几个方面对知识型员工的激励进行了研究。这为知识型员工知识创新激励机制的构建打下了良好的理论基础。

9.2.2 知识型员工知识创新激励机制的构建

激励机制作为企业内部一种激励员工的制度，是指在组织系统中的一种能够激励主体系统运用多种规范化和相对固定化的激励手段，与激励客体相互作用、相互制约的结构、方式、关系及演变规律的总和。恰到好处的激励不仅可以将企业内部人才的潜能充分地激发出来，而且还能够提升企业形象，同时也可以为企业降低成本、提高企业利润。因此，知识型企业必须建立有效的激励机制来促进员工知识创新的作用的充分发挥，一般来说，这些激励机制的建立可分为外在和内在两个方面。

(1)外在激励机制

外在激励是指人们将工作作为满足自己需要的一种工具和手段，工作的过程和结果并不是员工所需要的直接对象，而只是得到企业认可和奖励的中介，企业根据员工的工作贡献所给予的最终奖酬才是员工所期望的目标。外在激励主要有以下几方面的措施：

①知识资本化激励

一般来说，我们将和工作本身有关的激励因素称为内部激励因素，而与工作本身无关的激励因素称为外部激励因素。薪酬作为一种和工作本身无关的因素自然属于外部激励因素，并且具有极强的外部竞争性，它不仅是知识型员工生存和发展的前提、追求更高层次需求、形成员工公平感的基础，而且还是一个人工作成就大小和社会地位高低的重要标志。但显然，高薪酬对于一般员工和知识型员工的激励是不一样的，在知识型员工的概念里，高薪酬大概只能称得上是一种保健因素而不是激励因素。所以为了充分调动知识型员工的积极性，除了制定一般的薪酬体系外，企业或组织还需要建立知识资本化激励制度，使得员工的知识技能给企业所带来的价值能够得到充分的体现，从而更好地对知识型员工进行激励。

从现有的企业进行知识资本化激励的措施来看，知识资本化激励的措施并不比一般的措施少，甚至相比而言，更加多种多样。例如，有的企业将员工的可持续贡献能力、业绩等因素纳入企业的股权分配中，使得具有持续贡献能力的知识型员工成为企业的一名股东，当然技术入股、知识股权期权制度等也很常见，这些激励方式的出现使得知识型员工不再仅仅是企业的一名打工者，他们更是企业的股东，是能够在企业战略决策中提供影响力的人群，这对于他们的激励作用无疑十分显著。

②职业发展体系激励

与其他类型的员工相比，知识型员工在尊重以及自我成就方面的需求更加强烈，因而作为一家能够全面激励知识型员工的企业应该在构建企业激励机制时考虑到这个因素，即企业应该为知识型员工的职业发展进行规划，以满足他们的自我成就需求。而要做到这些，则需要比较系统的运作，首先企业需要全面了解知识型员工的理想或是希望担任的岗位，并对他们自身进行分析找出不足的地方并为他们提供培训；其次则是为知识型员工提供晋升的机会，帮助他们尽快地升职到他们所希冀的岗位；最后是企业要根据知识型员工的希冀为他们做一份长远的职业发展规划以帮助他们在企业内部走得更远，毕竟对于一些知识型员工来讲，术业有专攻，他们也许对职业规划了解得并不是很多。

(2)内在激励机制

内在激励是相对于外在激励而言的。它通过创设一定的工作条件，让员工在工作中得到乐趣。这里的工作不是作为工具被使用的，而是作为直接满足人的活动、人的价值、人的全面发展的高层次需要的条件而使用的。内在的激励机制主要有以下几种：

①鼓励知识交流与沟通

一个重视知识创新的企业一定是重视沟通的企业，这便是沟通的魅力所在。对于知识型员工来讲，他们本身对和自己专业无关的问题关注度就少，和外界的沟通更少，因而相比一般员工而言，他们的生活更加压抑，因而为了保障他们的正常生活，企业需要鼓励他们与工作群体保持良好的沟通，这样他们就可以把自己的挫折感、满足感表达出来，释放情绪的同时也可以促进信息的传播。同时，企业也可以借助知识型员工和工作群体的沟通将企业对他们的认可表达出来，以此为他们带来激励。

②给予知识型员工一定的自主决策权

为了让知识型员工对工作抱有更大的热情，管理者可以适当地下放决策权，而且对他们下放决策权并不会给企业的决策带来不好的影响，毕竟知识型员工普遍具有扎实的专业能力，只要进行适当的引导他们就会做出正确的决策。

③给予知识型员工充分的创新空间

知识型员工在企业中一般从事的都是思维满满的工作，这种工作一般不需要受制于固定的工作时间抑或固定的工作场所，相反固定的工作时间以及固定的工作场所常常会限制知识型员工的工作热情及工作思路。因而为了激励这类知识型员工，企业可实行有灵活性的工作安排，方便这类知识型员工的工作。

④采用提案制度

为了充分发挥知识型员工在企业事务中的积极性，并增加他们的参与度，企业可以采用“提案制度”就其所提出的目标和方针来征求他们的意见，而且企业还可以组织成员或是小组或是团队对他们所提出的提案进行评比和打分，以提高他们对企业工作的参与度和满意度。

⑤实施创新失败容忍机制

创新的激励机制不仅包括创新成功奖励机制，而且还包括创新失败容忍机制。虽然企业是一个逐利的机构，但谁都不可能完全保证每一个试验、每一次新产品或是新服务都会得到顾客的认可，因而企业需要对知识型员工的创新失败实施一定的容忍失败机制，即在适当的范围内允许员工有试错的机会。当然，为了保证企业的利润，这个试错的机会一定是有限制性的，不仅是试错的次数有限制，试错的时间以及试错的范围都要有所规定，以提高企业内部创新成功的概率。

9.3 知识创新团队的激励机制

9.3.1 知识团队与知识创新团队

20世纪80年代以来，企业的经营环境面临着越来越多的不确定性，许多组织开始意识到“团队”结构在处理这一问题上的优势，自此以团队为对象的工作设计成为一个热门课题。根据现有的文献资料，我们发现德鲁克是最先提出建立“学习型团队”的专家学者，他在研究和表述中将“团队”作为组织学习的基本单位。随着彼得·德鲁克对“学习型”团队的研究被越来越多地了解，学习型团队的研究者开始越来越多，学习型团队也成为团队研究中的一个主流。Katzenbach & Smith 指出，学习型团队是由这样一些少数员工组成的群体，他们在技能上互为补充，工作上相互协作，并采用相同的方法实现同一目标。Quick 则认为，一个团队最显著的特征包括以下几个方面：团队成员各自拥有专业技能，成员之间相互支持、相互沟通、互相合作，团队意识强，能够将团队目标放在最高的优先位置。蒋蓉华(2003)认为，企业中的团队可以帮助企业将员工的知识转化为企业的智力资本。王蔷和任庆涛(2004)提出，知识型企业内部的知识团队，其实质是知识价值链(对知识选择、吸收、记忆、转化和创新等活动形成的链条)的外在表现。

随着知识经济的迅速发展，实践中产生了基于知识创新的团队化设计需求。在这种背景下，知识创新团队应运而生，它是指以知识型员工为主要成员，以知识、技能的交叉、共享为手段，将团队成员各自拥有的特定知识资源重构、整合成为具有特定创新能力的团队知识能力，来解决复杂的知识性任务的组织动态创新单元。现代企业中的研发与开发团队、管理咨询团队及一些高管团队都是知识创新型团队的重要体现形式。

9.3.2 知识创新团队的特性

知识创新团队是由知识型员工为主体所构成的团队，因而和传统的团队相比有诸多不同，或者说相比于传统团队，知识创新团队的特征更为显著。综合来看，知识创新团队的特征有如下几点：

(1)知识创新团队成员具有高动态性

在知识经济时代，知识型员工的工作内容及工作方式都发生了很大的变化。和一般员工相比，知识型员工对自己职业的忠诚较高而对企业忠诚较低，他们醉心的是自己的事业，特别是他们作为企业智力资本的承载体，在面对企业时有了越来越多的筹码进行谈判，而企业作为知识型员工的雇用者，他们并不能确切地了解到知识型员工的智力资本价值如何，更不能跟知识型员工保持全天候的接触，所以企业面对知识型员工的谈判筹码越来越少。为了解决这一问题，增加企业对知识型员工的了解，企业可以在对外招聘知识型员工的同时在企业内部进行培训来培育自己的知识型员工，当然也要在企业中组建知识型员工感兴趣的知识创新团队，以使他们的智力资本能够得到充分发挥。

知识创新团队并不是因人而设，而是因企业岗位需求而设，而企业中之所以要组建知识创新团队大多因为有相关的新业务或是新项目，但是不同的新业务或是新项目对人才的要求肯定是不同的，而不同新业务以及新项目的持续周期也是不同的，所以为了保障企业知识创新团队的高效率运作，该团队的小组成员一定是处于较高频次的流动中，即知识创新团队成员具有高动态性。

(2)知识创新团队变动性的目标使得成员构成需求极为模糊

我们知道知识创新团队成员往往会高频次地流动，因为知识创新团队所负责业务或者项目的不同，团队的发起人员会有变化，团队的小组成员会有变化，团队的目标会有变化，团队所面临的环境也会有所变化。但是，无论这些变化如何发生，知识创新团队都有满足多种利益相关者的需求，这些利益相关者主要有企业外部的顾客、企业内部和该团队工作有交接的其他部门，企业的管理者、企业的股东等。而且他们的需求并不相同，有时甚至是相反的。例如，企业有可能希望开发的新产品价格更高，而顾客则可能希望新产品价格越低等。所以当这些不同的人员的不同需求聚在一起时，就会导致知识创新团队目标的变动性极大，而成员构成需求也就极为模糊。

(3)充分考虑知识型员工的价值性以协定和价值观的手段管理知识创新团队

①传统的管理手段难以满足管理知识创新团队的需要

美国管理学者弗莱姆博士提出了我们至今仍在使用的典型性“权威管理”方式，他的研究结果证明在我们的企业中有这样四种权威方式，即正常权威、“钱袋”权威、技术权威和制度权威。正常权威是指在企业中由企业的高层管理者向团队负责人所表示的明确支持，使得团队成员确信该团队的工作是受到上级肯定的从而好好工作，这是职能上的权威；“钱袋”权威是指团队负责人通过金钱对团队成员进行激励，使得团队成员好好工作；技术权威是指团队负责人是团队所负责问题中的高级技术人员，团队成员由于对负责人的技术崇拜而好好工作；制度权威是指团队负责人会将团队中不好好工作的人按照企业的相关制度进行严格办理，那么团队成员为了能够保住自己的工作将会好好工作。但是，在知识创新团队中，由于知识型员工的独特属性，这些权威将会统统消失，因而团队负责人再用传统的管理手段对知识创新团队进行管理的话并不会取得预期效果。

②协定管理

既然传统的管理手段难以满足管理知识创新团队的需要，那么我们势必要寻找能够满足知识创新团队管理需要的新手段。台湾学者施振荣认为，知识创新团队的组织形式是一种“知识联网”结构，在这种结构中，团队负责人与成员之间是契约关系和伙伴关系，而不是传统的金字塔组织方式中的权力关系和隶属关系，所以负责人不能依靠传统的管理手段对知识创新团队进行管理，而是要依靠协定对团队成员进行管理。

9.3.3 知识创新团队的优势

以“复杂性创新”为目标的知识创新团队，是与知识经济时代企业知识管理和创新活动特征相匹配的组织选择。与传统的组织形式相比，其优势在于：

(1)集体知识优化

相较于传统员工的工作，知识型员工的工作具有高度复杂性和不确定性。即便这样，有时为了促成任务目标的完成，具备多种技能和经验的知识型员工还需要共同努力。Prahalad 和 Hamel 认为，核心能力是“组织中的集体知识，尤其是协同不同的产品生产技能，以及对多样化的技术进行集成的知识”。企业通过整合其团队成员的技巧与经验而构成的知识总量要远远超过了个别成员知识量的总和。这种整合提高了知识创新团队的灵活性和反应能力，使团队能够很好地面对品质和顾客服务等方面创新的挑战。

(2)智力资源选用

从结构性、行为性和科学性出发，知识创新团队形成了一种适应不确定环境、促进动态创新的组织形态。Berg 和 Carr 等通过大量的研究认为，相比传统员工而言，知识型员工更喜欢自由、更希望能够接触企业的决策层，因而他们更喜欢扁平化的、无官僚制的企业。为了鼓励知识型员工的创造性，很多企业都在积极地为他们创造这些条件，而知识创新团队就是为满足知识型员工需求的一种存在，这个存在使得知识型员工可以在他们喜欢的制度内工作同时企业又可以通过这种制度将知识型员工的创新等纳入企业中来，将知识型员工纳入企业的智力资源中。

(3)动态结构单元构建

企业中不同于原有结构的知识创新团队的建立是企业中具有动态结构单元的体现，这种动态结构单元的构建可以在企业中保持一种较高的效率同时又可对知识型员工进行良好的管理，因而这种制度可以在企业中进行推行，将企业分成模块化的动态结构单元，使得企业可以高效率地运转。

9.3.4 知识创新团队的激励模型

在现代契约理论中我们知道企业和团队以及员工之间是存在契约关系的，企业之所以能够将不同的团队、员工组织在一起也是基于契约的作用，当然，这些契约有的是明确的契约条文规定，有的是隐性的契约默契。而随着企业和团队以及员工之间不断地进行“再谈判”，契约的具体条文将会发生改变，按照现在民主化的进程来说，企业和员工之间的契约将会越来越公平，自然企业和知识创新团队以及员工之间的关系也会越来越平等。契约对知识创新团队的知识型员工的激励流程如图9-6所示。

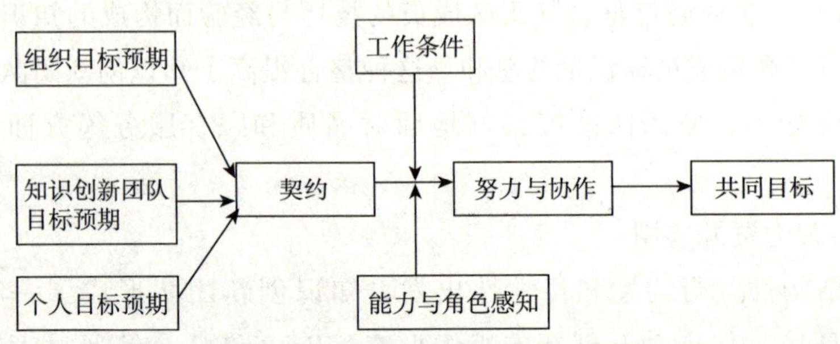

图9-6　知识创新团队的激励机制模型

从图9-6来看，契约对于知识创新团队和知识型员工的激励是不同的。组织目标预期、知识创新团队目标预期以及个人目标预期共同作用于契约，即企业和知识创新团队以及知识型员工之间契约的形成是和三方之间的目标预期有直接关系的，三方的目标预期越相近，则达成契约的可能越大；反之，则达成契约的可能性越小。同时契约达成之后，为了保证契约中所约定的目标预期能够实现，同样需要三方的共同努力。为此，企业需要为知识创新团队提供相应的工作条件，知识型员工需要提供自己的能力与角色感知，而知识创新团队则需要负责将团队中知识型员工的努力和协作组织在一起，使得共同目标可以达成。当然，若是企业提供的工作条件不够好，那么知识型员工极有可能不付出与角色相对应的能力，那么共同目标就无法完成；同样若是知识型员工没有参与团队中协作，那么知识创新团队的作用也就无法体现，企业也不会再为他们提供适宜的工作条件。总而言之，企业、知识创新团队、知识型员工三方需要共同按照契约来推进目标，最后的目标才能够完成，即企业获得知识创新团队的成果，知识创新团队得到组织认可，而知识创新团队中的知识型员工得到组织的激励。

9.3.5 知识创新团队的激励流程

要想使知识型员工得到激励，仅仅采用内部激励或是外部激励是不够的，只有将两种方式结合起来，才能够真正激励到知识型员工。而知识创新团队作为知识型员工的集合体，也需要两种激励方式并举，但相比对知识型员工的激励，知识创新团队的激励要更为系统，图9－7就是一个系统的激励知识创新团队的流程。

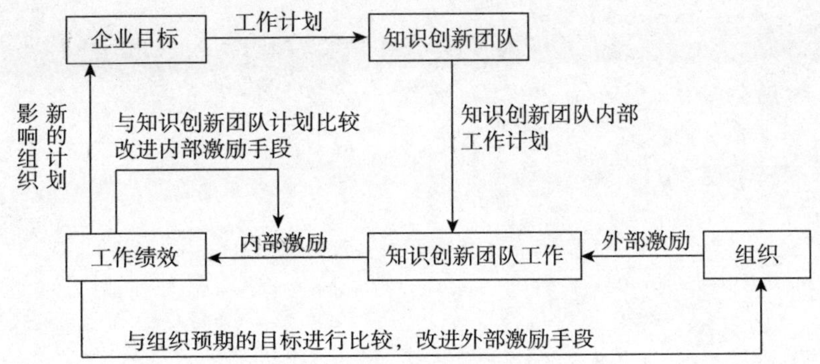

图9－7 知识创新团队的激励流程

从图9－7中我们可以看出知识创新团队的工作计划是从企业目标中衍生出来的，而且企业具有明显的逐利性以及激励的反馈性。知识创新团队按照企业目标制订自己的工作计划时受企业激励的影响，同时知识创新团队工作计划的执行情况也会受到企业激励的影响，而若是知识创新团队的工作计划执行得不够彻底，那么企业将改进对知识创新团队的内外部激励措施，使得知识创新团队的工作绩效得以满足企业目标的需要。因为知识创新团队的工作绩效对企业的目标有着直接的影响，企业对知识创新团队进行内外部激励以实现企业目标，知识创新团队会按照企业给予激励的多寡而付出相应的工作绩效。所以企业对知识创新团队的激励过程也是企业和知识创新团队进行博弈的过程，这个博弈和之前他们签订的契约也是相互促进的关系。

小 结

本章通过对国内外学者所进行的知识型员工激励研究文献回顾，按照激励的影响因素(包括排序)、激励的重点、激励的模型等几个方面对知识型员工激励方面的内容进行了梳理及分析，并在此基础上提出了作者的一些拙见，希望能给读者的相关研究带来一些帮助。

第10章

基于知识的高新技术企业人力资源绩效评价

基于知识创新的高新技术企业人力资源管理的最终目的是使企业提升知识创新能力，进而获取竞争优势，因此企业可以从不同角度来评价自身及其人力资源的绩效，本章从知识创新能力的角度来进行评价。

10.1 评价内容与原理

10.1.1 评价内容——知识创新能力

能力是生命体在生物遗传与文化遗传的基础上从事活动以探索、认知世界的功能与力量。在以人为的前提下，生命体包含两个概念，其一是个体，其二是群体。所以，个体能力指的就是个体在生物遗传与文化遗传的基础上从事活动以探索、认知世界的功能与力量，群体能力指的就是群体在生物遗传与文化遗传的基础上从事活动以探索、认知世界的功能与力量。当然在探索和认知世界过程中，群体能力是个体能力的总和，但并不是简单的相加，这种群体能力在如今的知识时代更加突出，特别是在知识型高新技术企业的知识创新活动中，单个知识型员工对事物的探索和认知有可能是偏颇的，是不受市场认可的，但是知识创新团队中群体对事物进行探索并进行批判性的评价和改进后所得到的成果比较容易得到市场认可。

10.1.2 模糊综合层次评价原理

知识创新能力是一个很抽象的概念，对其进行操作化处理所获得的指标，并不像一些抽象层次低的术语那样具备非此即彼的特征，因此对其进行评价时运用模糊评价法。模糊数学方法是指用模糊集理论描述事物的方法，由美国系统科学家查德(L. A. Zadeh)提出。模糊评价法采用多值逻辑，即一个对象属于某个等级程度，不仅可以是 0 或 1，还可以是其中间值。评价结果将特征函数改成“隶属函数”

$$u_A(x):\ 0 \leqslant u_A(x) \leqslant 1$$

式中，A 称为“模糊集合”，(x) 称为对 X 的“隶属度”。

运用模糊评价法对被测对象的知识创新能力进行评价时，主要突出企业发展战略和目标管理，而对知识创新活动过程中的一些具体行为则运用模糊原理进行测评。

假定有如下两个有限论域

$$U=[U_1,\ U_2,\ \cdots,\ U_n]$$
$$V=[V_1,\ V_2,\ \cdots,\ V_n]$$

其中，U、V 代表两个集合，U 为评价要素集合，V 为评价结果集合。

模糊变换为

$$X_0\tilde{R}=Y$$

式中，X 是 U 上的模糊子集，代表评价要素，Y 是 V 上的模糊子集，$\tilde{R}$ 代表评价结果，为评价矩阵。由于知识创新能力具有复杂性与模糊性的特点，因此适合用此种方法给出模糊量化结果。

美国萨迪教授经过多年研究，得出了一种不同于查德的方法，即我们所说的层次分析法(Ana－Hierarehy Process，AHP)。这是一种从系统角度出发的方法，采用的是定性和定量分析相结合的分析方式。根据具有递阶结构的目标、子目标、约束条件等用两两比较法确定判断矩阵，然后把矩阵最大特征根所属特征向量的分量作为系数，综合给出各方案权重。此法源于以下原理：

给定有限集 S，T，这里，S 是独立属性集合，T 是对象集合。

假设

$$\forall S_i \in S,\ \exists$$

相对重要性指数

$W_j > 0 > 0, j = 1,2,\cdots$，并且$\sum_{j=1} = 1$

假设

$\forall t_j \in T, \exists$，相对于$S_j$的“权”$\omega_{ij} > 0, i = 1,2,\cdots,m$，并且$\sum_{i=1}^{m} \omega_{ij} = 1$

则W_{ij}的凸组合表示t_j对于S的相对重要性程度。

下面将此原理与模糊数学法结合在一起，构造出知识型企业创新能力模糊综合评价模型。

10.1.3　知识创新能力模糊综合评价模型

(1)知识创新能力系统的评价假设

假设决定知识型企业创新能力的要素是评估系统内一个相互关联的系统，那么我们可以根据AHP法建立知识创新能力的评价指标体系层次结构模型，见图10－1。在该模型中，我们将有关各要素按不同属性自上而下

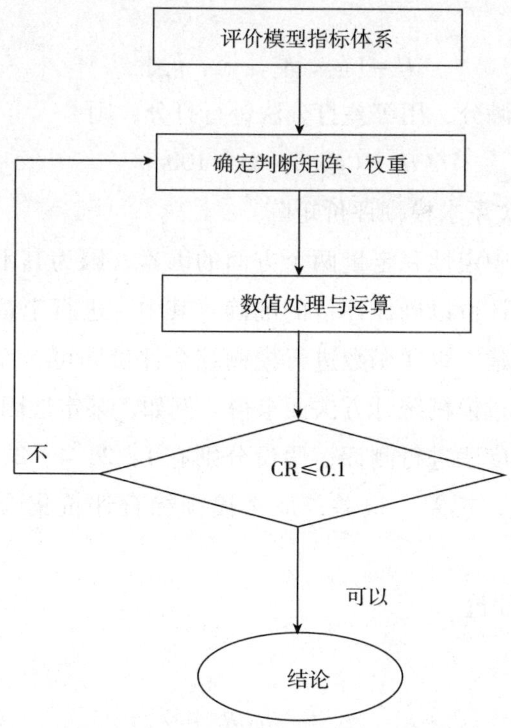

图10－1　改进的模糊AHP法程序系统结构

分成三层，且保证下一层次诸要素既从属于上层要素，同时又支配下层要素。上层是能力评价目标，中间层是分解的几个维度，下层是具体的知识创新能力评价指标体系。

(2)建立数学模型

根据数学模型，运用 AHP 法与模糊数学法确定各指标的权重。各指标的权重是用定量的形式来表示的，它表示各个因素在集合中所占的比重，即重要程度。各个指标的权重分配是否合理将影响到评价结果的合理性，因此，权重的分配应该科学。可以采用德尔菲法对选定的专家组进行德尔菲问卷调查，确定各指标分值，并按归一化要求对各因素赋予相应的权重。

(3)建立模糊评价集和测量“标度向量”

确定评价集

$$V = [V_1, V_2, \cdots, V_n]$$

假设

$$H = [h_1, h_2, \cdots, h_n]$$

若以 100 分为满分，用等差打分法进行打分，则

$$H_i = (n + 1 - i) \times 100/n$$

(4)确立隶属关系求模糊评价矩阵

对于评价因素中定性和定量两个方面的因素，因为其不同特性，我们要将它们进行分开评价以确保评价的准确。其中，进行定量因素的评价相对比较简单，只要建立隶属函数进行模糊综合评价即可，而定性因素的模糊综合评价则要通过模糊统计方法而求得。例如，某定性因素选择了 10 位相关专家用五级标度法进行测评，假设分别有 1，2，4，2，1 位专家认为很好、较好、一般、较差、很差，那么模糊综合评价集合为(0.1，0.2，0.4，0.2，0.1)。

(5)模糊综合评价

利用公式

$$\tilde{b}_i = \tilde{a}_i o \tilde{R}_i$$

可求得第一层次各因素的模糊综合评价集合，其中 $\tilde{a}_i$是指标要素子集 u_I 的

权重集合。为了统筹兼顾各种因素的影响，利用“加权求和型”广义模糊算子 M((・,⊕))来计算

$$\tilde{b}_i = \tilde{a}_i o \tilde{R}_i = b_{ij} = (\mu_{u_1}(v_1), \mu_{ui}(V_2), \cdots, \mu_{ui}(V_3))$$

式中，i=1，2，3，…，n。

$$\mu_{u_i}(v_k) = \min(1, \sum_{j=1}^{r_i} a_{ij}\mu_{ij}(v_k))$$

式中，$i=1$，2，3，…，n　$k=1$，2，3，4，5。

这时的权重集和知识创新能力评价模糊集都满足归一化条件，因此运算⊕可变成普通加法，这种运算可以最大限度地保留已有信息。

在一级模糊评判的基础上，可以求得第一层次要素集合

$$U = [U_1, U_2, \cdots, U_n]$$

的模糊综合评价矩阵

$$\tilde{R} = [\tilde{b}_1, \tilde{b}_2, \cdots, \tilde{b}_n]^T$$

以及知识创新程度的模糊综合评判集合

$$\tilde{B} = \tilde{A}_0 \tilde{R}$$

其中，$\tilde{A}$ 是指标要素集 u 的权重集。

(6)求出知识创新能力的分数

知识创新能力分数为

$$E = \sum_{i=1}^{m} b_i^2 a_1 \sum_{i=1}^{m} b_i^2$$

10.2 知识型员工知识创新能力评价

高新技术企业内部如何评价知识型员工的创新能力，或者如何对知识型员工的创新能力进行描述，这不仅关系到知识型员工对企业的贡献，也关系到企业自身的发展。所以我们需要对知识型员工的知识创新能力进行系统、科学的评价，并尽可能地将这种评价定量描述出来，这样高新技术企业才可以对知识型员工论功行赏，而知识型员工也可以确定自己对企业的价值。

10.2.1 知识型员工知识创新能力评价的原则

指标体系的选取决定知识型员工的创新能力能否被科学的评价出来，因而在制定指标体系时我们要注意以下几项原则以确保指标体系能够真正地反映出知识型员工的创新能力。

(1)系统性原则

知识型员工的创新能力需要从多方面进行评测，为了避免在选取指标时我们无法确定该选哪些或是不该选哪些，我们在制定指标体系时就需要确立选取指标的系统性，以确保这些指标可以确切地反映出知识型员工的创新能力。

(2)科学性原则

知识型员工创新能力评价指标体系的建立是一个系统性的工程，这个工程不仅浩大而且繁杂，因而为了确保选取的指标能够反映出知识型员工的创新能力，相关人员在进行指标的选取时还要注意指标的科学性，不要选取一些伪科学的指标，以免给后续的评价带来这样或那样的问题。

(3)独立性原则

选取能够评价知识型员工创新能力的指标是一件浩大而又繁杂的工程，为了确保相关人员在选取指标以及在后续的指标评价中做重复的工作，浪费人力、物力和财力，那么在选取指标时就要注意指标的独立性，既确保每一个指标都被选取出来，又要确保指标没有重复。

(4)可比性原则

因为要进行最后的总评，因而在选取指标时还要注意指标的可比性，即某一个被选取的指标要和其他被选取的指标具有可比性，即这些指标的值或是结果可以放在同一个公式中进行常见的加、减、乘、除，毕竟进行知识型员工创新能力评价要的是最后一个结果。

(5)可行性原则

可行性原则是指在选取知识型员工创新能力指标时要确保被选取的指标是可以被赋值的，或者说是可以被测量的。很多指标在选取时的确很能够反映出知识型员工的创新能力，可是在进行测评时我们却无法将其量化或者描述出来，那么我们自然就无法准确地知道知识型员工此项指标的大小或者强弱。

10.2.2 知识型员工知识创新能力评价指标体系的构建

知识型员工知识创新能力评价指标体系主要包含与此相关的直接或间接的各项指标，这些指标主要包括基础知识把握力、创新智力、创新意识力和创新方法运用力。

(1)基础知识把握力

基础知识是知识型员工进行知识创新的基础，如果没有基础知识，进行知识创新就无从说起。因而对基础知识的把握力可以在一定程度上决定知识型员工的知识创新能力。当然，一般而言，具备高知识创新能力的知识型员工所掌握的基础知识有专业性极强的专业知识，还要有其他和专业性相关的辅助知识，单纯只有专业知识或是辅助知识并不能有效地进行知识创新。

(2)创新智力

创新智力主要包括企业员工的自学能力、研究能力、思维能力、表达能力与组织管理能力等，是能够将基础知识转化为创新能力的点化者。之所以把创新智力列为知识型员工知识创新能力的评价指标之一，就是因为知识型员工只有对基础知识的把握力不够，还需要有创新智力，否则知识型员工就如同空守着一间装满财富的屋子却没有钥匙一般。

(3)创新意识力

创新意识力主要包括人生价值、创新欲望、顽强力和检验能力等。常言道：不想当将军的士兵不是好士兵。所以，不想进行创新的知识型员工自然也就不是一名合格的知识型员工。所以作为一名合格的知识型员工，他不仅要掌握创新所需的基础知识，还要有创新智力；除此之外，他还要在主观上有创新的意识，这样他才会主动地进行知识创新。

(4)创新方法运用力

创新方法是指能够进行知识创新的方法，常用的有归纳法、演绎法、反问法、比较法、实验法等，作为创新所使用的一种方法，它能够帮助知识型员工更快地找到创新的节点并进行创新。

将上述知识型员工知识创新能力指标体系以递阶层次结构显示（见图10-2），便构成了知识型员工创新能力评价的指标体系，只要高新技术企业按照其侧重点不同进行赋值就可以得出知识型员工的知识创新能力。

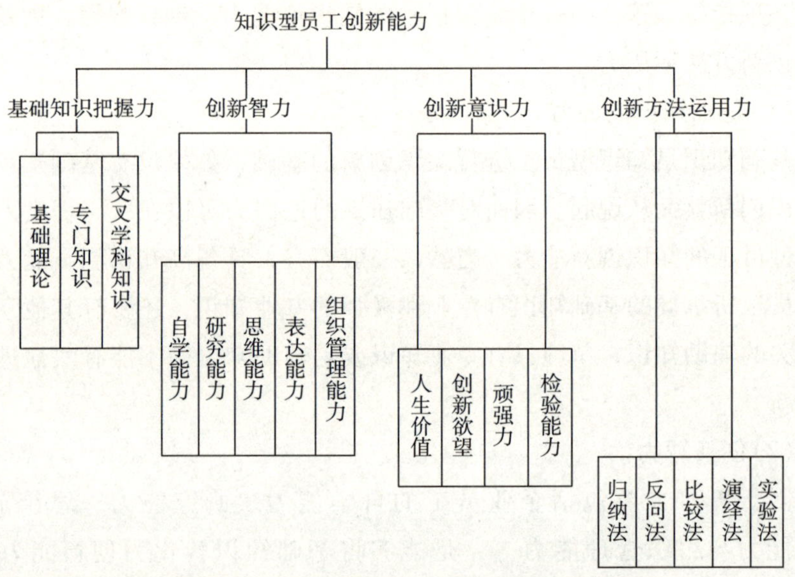

图10-2 知识型员工知识创新能力评价指标体系

10.2.3 知识型员工知识创新能力的模糊综合评价

一般而言，高新技术企业所制定的评价知识型员工创新能力的因素并不是完全可以被准确计量的，很多时候只是被模糊处理，所以在对高新技术企业的知识型员工创新能力进行评价时，我们需要对其进行模糊评价。

（1）采用多种方法对指标进行处理

通常，我们将指标分为定性和定量两种。定量指标在统计时一般十分方便，而对于定性指标，其分级定量就需要十分谨慎。一般而言，为了为定性指标定量化，我们通常采用以下几种方法：

①语义差异量表。这种形式将处于两端、意义相反的形容词中间分为

五个等级，并在[0，1]上对这五个等级分别赋分，如通过语义差异量表对员工的自信心进行评分(见图10－3)，我们就可以比较明显地对定性的自信心程度定量化。

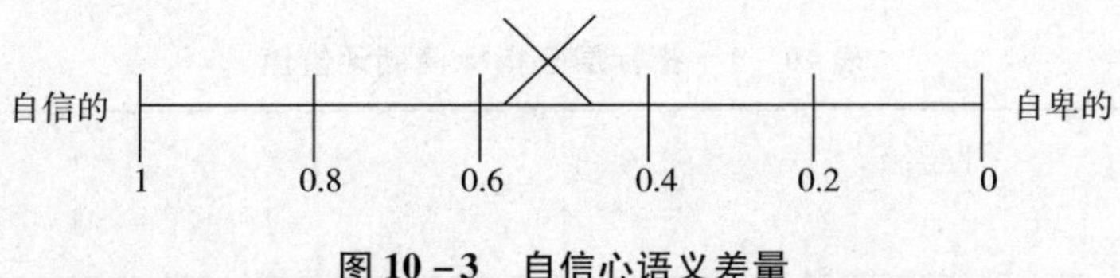

图10－3　自信心语义差量

②德尔菲法。即采用背对背的通信方式征询专家小组成员的预测意见，经过几轮征询，使专家小组的预测意见趋于集中，最后得出结论。因为结论是由专业小组给出的，因而也叫作专家小组法。

③AHP方法。这种方法可以通过对归纳法、演绎法、反问法、比较法、实验法的评分来对知识型员工创新方法运用力进行评价。

当然，还有问卷调查、李克特量表等方法，企业可根据自己所选取的指标选用最适合的方法进行量化。

(2)运用多级模糊综合评价方法

运用模糊评价法构建知识型员工知识创新能力的模糊综合评价模型，有以下几个步骤：

①确定评价知识型员工知识创新能力等级向量的评语，$V=[V_1, V_2, \cdots, V_t, \cdots, V_n]$，其中$t=1, 2, \cdots, m$，$m$为向量评语中评语数目，此模型中，$m=4$，$V=$[优、良、一般、差]。

②将因素$U=[U_1, U_2, \cdots, U_n]$按其属性分为$s$个子集，此模型中$s=4$，分别为基础知识把握力、创新智力、创新意识力、创新方法运用力，其中我们还可将因素所包含的第三层指标包含其内，即$U_k=[U_{k1}, U_{k2}, \cdots, U_{kj}, \cdots, U_{knk}]$，其中$k=1, 2, \cdots, s$，$j=1, 2, \cdots, n_k$，$n_k$表示的是$U_k$所包含的第三层指标的数目。

③继续对构成每个第三层指标U_{kj}下面的构成指标即第四层指标进行模糊评判，最后得出每层指标的向量矩阵，求出指标的权重，具体求取的方法按照矩阵进行计算即可得出，本例中经过计算，知识型员工创新能力评价值$Z=(0.4, 0.5, 0.6, 0.4)$。

④对 Z 值进行归一化处理，同时对定性指标的不同等级进行赋值，最后就可得出知识型员工的创新能力值。表 10－1 是指标层各指标的模糊评价值。

表 10－1　指标层各指标模糊评价值

指标 \ 评定级	优	良	一般	差
基础理论（A_1）	0.20	0.30	0.40	0.10
专门知识（A_2）	0.40	0.20	0.20	0.20
交叉学科知识（A_3）	0.10	0.30	0.50	0.10
选择信息能力（B_{11}）	0.20	0.30	0.30	0.20
阅读能力（B_{12}）	0.50	0.10	0.10	0.30
观察能力（B_{22}）	0.30	0.50	0.10	0.30
分析能力（B_{21}）	0.40	0.30	0.20	0.10
实践能力（B_{23}）	0.10	0.20	0.50	0.20
设计能力（B_{24}）	0.35	0.25	0.20	0.20
计算机使用能力（B_{25}）	0.20	0.25	0.25	0.30
逻辑思维能力（B_{31}）	0.30	0.30	0.20	0.20
形象思维力（B_{32}）	0.20	0.10	0.40	0.30
创新思维能力（B_{33}）	0.40	0.50	0.10	0.00
口头表达能力（B_{41}）	0.60	0.30	0.10	0.00
书面表达能力（B_{42}）	0.10	0.20	0.60	0.10
数理计算能力（B_{43}）	0.10	0.20	0.50	0.20
沟通协作能力（B_{51}）	0.60	0.20	0.10	0.10
适应能力（B_{52}）	0.25	0.20	0.25	0.30
领导能力（B_{53}）	0.20	0.30	0.35	0.15
决策能力（B_{54}）	0.30	0.30	0.25	0.15

续表

指标 \ 评定级	优	良	一般	差
自我价值（C_{11}）	0.40	0.30	0.25	0.05
社会价值（C_{12}）	0.35	0.35	0.15	0.15
兴趣（C_{21}）	0.20	0.30	0.30	0.20
好奇心（C_{22}）	0.20	0.20	0.30	0.30
敬业精神（C_{23}）	0.30	0.30	0.20	0.20
冒险精神（C_{24}）	0.50	0.20	0.10	0.20
自信心（C_{31}）	0.50	0.30	0.20	0.00
承受力（C_{32}）	0.20	0.30	0.30	0.20
果断性（C_{33}）	0.30	0.25	0.25	0.20
坚韧性（C_{34}）	0.35	0.20	0.25	0.20
发现错误的能力（C_{41}）	0.30	0.20	0.25	0.25
改正错误的能力（C_{42}）	0.40	0.30	0.10	0.20
归纳法（D_1）	0.30	0.20	0.30	0.20
反问法（D_2）	0.10	0.20	0.60	0.10
比较法（D_3）	0.30	0.30	0.20	0.20
演绎法（D_4）	0.30	0.30	0.30	0.10
实验法（D_5）	0.40	0.20	0.20	0.20

10.3 知识型高新技术企业知识创新能力评价

10.3.1 知识型高新技术企业知识创新能力评价指标体系的构建

通过对高新技术企业的调查和分析，并结合高新技术企业中知识型员工创新能力的评价指标体系，我们认为评价高新技术企业创新能力的指标体系应该包括以下几方面。

(1)企业知识存量水平

高新技术企业和其他一般企业最重要的区别就是知识，因而当提到高新技术企业时我们最先想到的就是这个企业拥有极大的知识存量。而高新技术企业之所以能够向市场接二连三地推出新产品和企业的知识存量也有极大的关系，因而把企业知识存量水平列为评价高新技术企业的指标毫无疑义。

(2)知识吸收能力

知识存量水平是高新技术企业进行新产品开发的基础条件，而对知识的吸收能力则决定着企业的知识存量有多少能够被企业所吸收和利用，因而知识的吸收能力被列为评价高新技术企业创新能力的第二个指标。

(3)知识转移能力

知识转移能力是指知识在组织内部和组织之间相互转移的能力。由于企业不同组织之间知识的差异性，所以进行沟通和交流就很有可能为彼此提供新的想法，这便是企业的知识转移能力，因而我们将此作为评价高新技术企业创新能力的第三个指标。

(4)企业的学习能力

和知识型员工的学习能力相同，学习是企业获取新知识的重要渠道之一。因此企业的学习能力是我们评价高新技术企业创新能力的第四个指标。

(5)场效应力

场效应力是指组织提供的一种氛围、一种目标、一种文化等。若是一个高新技术企业的场效应力是支持创新的，那么肯定会给企业的创新能力带来正面效应；反之，则会为企业的创新带来负面效应。因而我们将此作为评价高新技术企业创新能力的第五个指标。

(6)领导力

企业的领导力是企业向员工推荐企业的战略意图或者说是企业目标的能力，这种能力帮助企业去说服员工为企业的创新而努力。

知识型企业知识创新能力评价指标体系结构见图10－3。

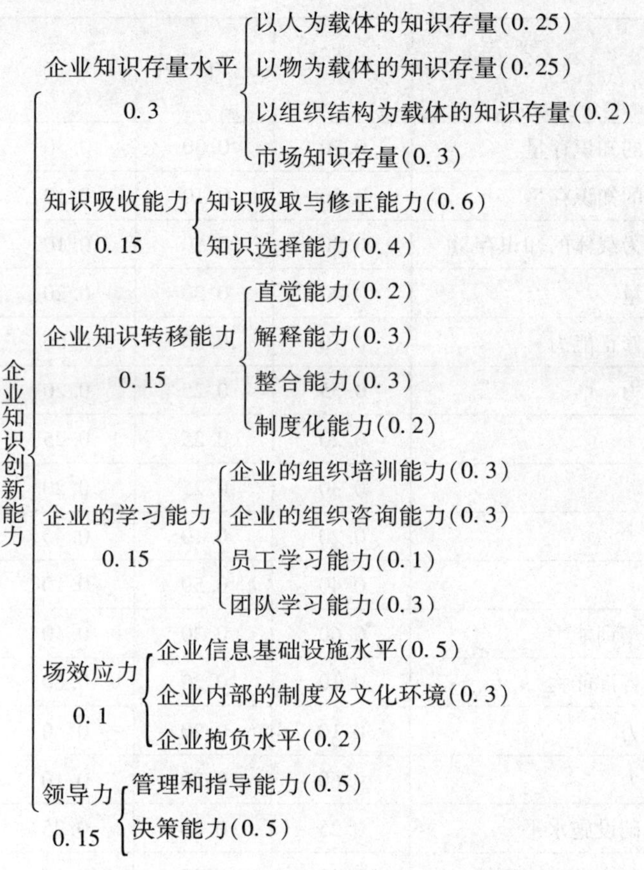

图10－4 知识型企业知识创新能力评价指标体系

10.3.2 知识型高新技术企业知识创新能力模糊综合评价

知识型企业知识创新能力的计量过程与知识型员工的知识创新能力的计量过程相同，以表10－2为例进行计算，结果为79.12(分)，于是我们得出，该企业知识创新能力综合评价结果为良好。

表 10 -2 知识型高新技术企业知识创新能力指标层各模糊评价值

指标 \ 评定级	优	良	一般	差
以人为载体的知识存量	0.20	0.30	0.30	0.20
以物为载体的知识存量	0.50	0.10	0.10	0.30
以组织结构为载体的知识存量	0.30	0.50	0.10	0.10
市场知识存量	0.40	0.30	0.20	0.10
知识吸取与修正能力	0.10	0.20	0.50	0.20
知识选择能力	0.35	0.25	0.20	0.20
直觉能力	0.20	0.25	0.25	0.30
解释能力	0.30	0.25	0.20	0.20
整合能力	0.20	0.10	0.40	0.30
制度化能力	0.40	0.50	0.10	0.00
企业的组织培训能力	0.60	0.30	0.10	0.00
企业的组织咨询能力	0.10	0.20	0.60	0.10
员工学习能力	0.10	0.20	0.50	0.20
团队学习能力	0.60	0.20	0.10	0.10
企业信息基础设施水平	0.25	0.20	0.25	0.30
企业内部的制度及文化环境	0.20	0.30	0.35	0.15
企业抱负水平	0.30	0.30	0.25	0.15
管理和指导能力	0.40	0.30	0.25	0.05
决策能力	0.35	0.35	0.15	0.15

小 结

由于创新能力中定性指标很多，再加上很多指标并不能确切的定义及测量，因而为了对高新技术企业以及企业中的知识型员工的创新能力进行评价，我们将模糊综合层次评价原理运用到创新能力的评价中来，以便对创新能力进行一个基础的评价。

第11章

基于知识的高新技术企业人力资源管理案例分析

本章的案例分析是借鉴开封特耐股份有限公司基于知识的角度，在人力资源管理上所获得的成功和相关经验，具体、形象地体现出高新技术企业在基于知识的人力资源管理中所取得的优势和创造的价值，从而有效地证明基于知识的高新技术企业人力资源管理研究有利于实现高新技术企业的持续、高速发展。

下面，笔者结合开封特耐股份有限公司的实际情况，从注重创新、研发，绩效与薪酬激励机制，企业文化建设以及员工培训和教育四个方面来进行分析和论述。

11.1 开封特耐股份有限公司概况

“系统细致”“团结高效”“对客户负责”“对股东负责”“创一流企业”和“勇于创新”的企业理念是开封特耐股份有限公司每一位员工的工作心得。

11.1.1 公司企业文化发展简况

开封特耐股份有限公司（以下简称“公司”）前身是创建于1971年的开封市特种耐火材料公司。1994年6月20日，开封市特种耐火材料公司经开封市体改委汴体改字【1994】81号文件批复，整体改制为开封特耐集团股份有限公司。2003年4月，开封特耐集团股份有限公司正式更名为开封特耐股份有限公司。公司主要产品包括高纯铝镁尖晶石、活性 $\alpha-Al_2O_3$ 微粉、白刚玉、纯铝酸钙水泥、莫来石、锆莫来石、氧化铝空心球、不定形耐火浇注料及其制品和耐火砖9个系列395个规格，最终应用于钢铁、建材、化工等高温行业。

创业初期，公司在全国近百家同行业企业中排名榜尾，依靠公司领导提出的“系统细致、团结高效”的精神，公司员工凝聚了强大的力量，在短短的二十几年内，从生产低档原料的零起点开始，赶超了国内同行，跃居榜首。之后，公司领导提出了“不居第一不罢休，位居第一不止步”的口号，鼓动全体员工继续奋斗，保持国内耐火原料同行业中的领军地位。

11.1.2 企业文化的发展

董事长张长喜同志以“团结高效，系统细致；对客户负责，对股东负责；创一流企业”为企业文化的建设方向，激发了全体员工“干大事，创大业”的奋进思想，增强加快发展的紧迫感和使命感，使公司员工面貌、企业面貌发生了巨大变化。这其中，有正规的员工军训，有美化家园的义务劳动，有为了公司出口产品生产线早日开工而夜以继日的艰苦工作，有开封特耐国际商贸洽谈会的成功举办，有公司发展“瓶颈”的巨大考验，所有这一切都为公司实现发展规划目标打下了坚实的基础。

多年来，公司在广大职工中持续开展“群众性经济技术创新工程”和“安康杯”活动。先后下发了《关于广泛开展“群众性经济技术创新工程”活动的通知》《关于深入开展“安康杯”竞赛活动的实施意见》《关于广泛开展求创新、出精品、增效益、争先进竞赛活动的通知》的文件，掀起了全员参与管理和劳动竞赛高潮。在抓好群众性的技术创新、产品创新、市场创新、管理创新的基础上，不断提高产品质量，不断提高技术创新能力，不断提高管理水平和市场信誉。为公司实现各项经济指标，持续创出历史新高做出了积极的贡献。

职工技协活动充满了生命力和创新力，公司连续17年不间断地开展群众性技术改革、技术创新活动，每年创经济效益数百万元，广大职工为企业发展发挥了自己的聪明才智。公司多次被省总工会授予先进单位称号。

公司最高管理者一直倡导“送给员工最大的福利就是知识和培训”。所以公司对员工学习非常支持。为鼓励和支持员工提高各项技能和知识水平，公司从各项政策和制度上给予支持和倾斜，如公司出资选派骨干人员到河南大学攻读在职MBA，带课题入学，实现上学充电与科研攻关相结合，加快了知识更新和人才储备。公司设有专门培训教室，培训设施齐全，在员工培训时对培训师给予高额的补贴。对通过自学考取的各类资质，公司优先承认，并和员工岗薪挂钩。通过在政策和制度上的鼓励和支持，实现员工提高技能、公司得到发展的双赢结果。

在历年河南省质量技术监督局组织的产品定检和抽检中，公司均顺利通过。开封特耐股份有限公司认真贯彻国家的方针政策，制定各项内部控制制度，严格按照国家的财税法规办事，足额缴纳各项税金，受到了税收主管部门的好评，公司先后荣获河南省高新技术企业、河南省民营科技企业先进单位、河南省第八批认定企业技术中心、河南省火炬计划先进单位、河南省出口重点企业、河南省科技创新十佳单位、河南省改革开放三十年功勋企业、国家级守合同重信用单位、河南省 AAA 质量诚信企业等一系列殊荣。

公司重视职业安全健康方面的资金投入，年投入资金 100 多万元，建立了公司、分厂(或部门)、班组三级安全管理网络，各种劳动防护用品配备齐全，各种防护设施配备齐全，并定期组织各种安全检查，每日由安全员进行日检，每月、节假日前组织大型安全检查，并对检查中发现的隐患进行及时整改。近三年来，公司无重大伤亡事故和重大火灾事故，轻伤事故率低于 3%。

公司非常注重环保工作，并定期进行各种形式的宣传。作业环境得到不断净化、绿化、美化。环境保护管理符合国家和行业主管部门有关的法律、法规，达标排放。

公司在推进精品工程的同时，严格遵守国家法律、法规，如在纳税、环境保护、劳动法安全法工会法遵守等各方面均走在同行业和本地域的前列。

公司连续多年被开封市工商局评为纳税大户和优秀诚信单位，市环保局在多年的监控跟踪中反映公司排放指标一直符合国家标准。公司多年致力于保护员工劳动安全、不断改善员工工作环境和工作条件，并为员工提供各类安全防护措施。公司是典型的加工企业，由于公司安全防护到位，所以从未发生过重伤或重伤以上安全事故。

自 2003 年始，公司与韩国 KC 公司联合设立了一项总额超过 100 万元的奖学金，每年给河南大学捐赠 10 万元助学金，从 2006 年增加到了每年 15 万元；2005 年公司还与开封高中签署共建协议，为开封高中的贫困学生设立每年 6 万元的捐赠奖学金；连续三年为当年的高考文、理科状元奖励笔记本电脑。这些举措，不仅把爱心和公司重视人才教育的理念播种在古城开封重点高中、大学的千万学子的心中，也为公司未来的发展与壮大奠定了人才基础，创造了无法估量的无形资产。

11.2 开封特耐股份有限公司基于知识的人力资源开发战略分析

开封特耐股份有限公司经过短短十几年的时间发展就拥有国内外多项资质，获得了国内外多项荣誉，生产产品涉及市场各个领域，业务范围广，规模大，在市场上占据了绝对的优势，成为国内规模比较大的耐火材料公司，并被评选为河南省重点高新技术企业。根据开封特耐股份有限公司所取得的成功，着重从其在人力资源开发战略上进行分析研究，发现开封特耐股份有限公司在基于知识角度的人力资源开发战略上有非常独特的举措。开封特耐股份有限公司凭借其注重科研、创新技术，完善绩效、薪酬激励机制，深化企业文化建设，加强对员工培养、教育力度等方面的特有的基于知识的人力资源开发战略，使公司管理规范，治理有效，员工创造价值巨大等，从而令公司发展迅猛，持续位居市场行业首位。

11.2.1 注重创新及研发

开封特耐股份有限公司非常注重对科研、专业技术的创新能力开发以及对创新人才的培养工作，建立了一系列创新技术和创新人才鼓励措施。经过不断尝试、积累经验，建立了创新人才培养机制，与高校展开合作，聘请高校人才当技术顾问，对科研人员提供专业、舒适的研发环境。同时公司上下倡导创新技术研发行为，鼓励科研人才自行开发创造、创新，研发出独特的相关应用技术。而且，公司还加大对研发工作的资金投入，每年研发经费都成比例递增，不断完善和鼓励对创新技术和创新人才的开发、培养工作，还建立了创新能力与创新成果相关联的激励机制，这些都能说明开封特耐股份有限公司对创新技术、创新知识和创新人才的重视。当然，在这些鼓励创新的一系列举措下，公司也创造了较好的科研成果。

下面，笔者将结合开封特耐股份有限公司的具体情况和具体数据，对注重科研、创新技术开发和创新人才培养的基于知识的人力资源开发战略进行详细论述和分析。

开封特耐股份有限公司对于科研、创新技术开发和创新人才培养的人力资源开发战略主要是从三个方面着手的：一是着力构建研发创新人才培养机制，着重培养科研创新人才；二是加大对专业技术的创新研发投入，鼓励研发人员创造新的应用技术；三是建立创新能力与创新成果相关联的绩效激励机制。

(1)着力构建研发创新人才培养机制，着重培养科研创新人才

开封特耐股份有限公司提倡创新，注重创新，在创新人才的培养机制上构建了一套既定的培养计划，以求从思想观念上培养员工的创新观念，增强员工的创新意识和创新技能。

首先，在全公司倡导树立创新人才观的理念。公司从上到下都剔除守旧传统观念的束缚，建立创新人才观，鼓励人才敢于创新、善于创新、主动创新、自觉创新，开发创新潜能。此外，公司还注重员工创新能力的培养，开设了“创新能力培养的辅助课程”，帮助员工丰富知识、扩大知识面，提高对事物的理解和应变能力，教育培训课程还向员工讲述了自信心、责任感、坚忍不拔的意志和团队协作等能力的重要性，为员工培养创新能力打下基础。不仅如此，公司还增加了对员工创新思维的训练，以便更好地激发员工的创新思维，启发创新灵感。

其次，建设创新人才实践基地。开封特耐股份有限公司设立了科研工作站，为科研人员提供了良好的科研、实践地基，为培养研发的创新人才提供了条件，激发了人才创新的积极性和主动性，也为公司研发、生产了大量的新型产品，创造了新的技术和技能，提高了公司的竞争力，增加了公司的绩效。

最后，构建了创新人才评选体系。公司充分考虑员工的创新意识、创

新能力因素，将员工的考核、评选与员工创新成果相结合，尊重、鼓励员工的创新精神，为公司的创新人才培养机制的建设顺利运行提供保障。

(2)加大对专业技术的创新研发投入，鼓励研发人员创造新的应用技术

为鼓励员工创新，公司加大科研投入，购进新设备，开设新课程，增加科研经费，给高级科研人员提供出国深造机会，等等。开封特耐股份有限公司在科研经费上的投入，每年都在大幅度地增加。

开封特耐股份有限公司在科研项目上的投入较大，并且有逐年递增的趋势。这都说明开封特耐股份有限公司乐于为专业技术的创新研发工作创造条件，并用实际行动来证明公司为积极鼓励研发人员创造新的应用技术而努力。

(3)建立创新能力与创新成果相关联的绩效激励机制

开封特耐股份有限公司还建立了创新能力与创新成果相关联的绩效激励机制，充分考虑员工创新意识、创新能力，结合员工的创新成果和创新绩效，运用多种有效的方法和手段，最大限度地激励员工创新的开发、创造。该公司不仅对员工的创新成果给予物质奖励，还将人才专利、技术成果评价等要素加入激励机制，为员工所做出的贡献最大限度地给予鼓励。在其建立的创新能力与创新成果相关联的绩效激励机制中，主要进行了四种关联绩效激励方式：一是实行期权、股权激励机制。期权、股权激励机制是开封特耐股份有限公司以公司股权为利益载体，根据员工的创新能力和其在创新研发中所取得的成果进行分析，依据其创新成果所取得的成效或是获得的绩效或者是所做出的贡献的大小进行评价并以此为根据赋予创新人才以股票期权的行权价格购买本公司的股票，将员工的收益与公司的利益紧密联系起来，给创新人才更大的获利空间。二是实行创新成果有偿转移激励机制。创新成果有偿转移激励机制是指将创新人才的创新成果转化为货币或是股权，以货币或股权的获利价值有偿地鼓励创新人才积极主动地创新。三是物质、立法激励机制。公司直接对创新人才的创新能力和创新成果给予一定的物质奖励，或是通过立法保障创新员工的利益，为创新人员制定工资优惠、岗位津贴、休假等政策。四是精神激励机制。对员工的创新能力和创新成果的高低给予员工出国深造、升职加薪、特殊权力

授予等奖励，以从精神上鼓励员工重视创新，加大创新力度。

11.2.2 完善绩效与薪酬激励机制

激励机制是通过一套理性化的制度，以各种有效的激励手段，激发人的需要、动机、欲望，使人能保持高昂的情绪，努力发挥潜力和才能而为追求某一特定的目标努力、奋进，最终达成目标。激励机制是使员工和企业达到双赢的明智措施，通过激励机制，员工和企业都能相互刺激，相互激励，相互监督，实现双方获利。激励机制隐性地作用于企业本身，使企业运行处于一定的状态，影响着企业的生存和发展。激励机制对企业具有助长作用和致弱作用。一方面，激励机制能找准员工的真正所需，了解员工的意愿和期望，并将满足员工所需与期望的行为与公司的期望目标相结合，让员工主动、积极地工作，为达到公司期望和目标而不断努力，具有积极的助长作用。只有在这样的激励机制作用下，企业才能不断发展，不断壮大。另一方面，激励机制也具有消极的致弱作用，不完善、不健全的激励制度无法充分地满足员工的需求和期望，不能很好地将对员工的需求和希望的满足与公司的目标相统一，无法有效地调动员工的积极性和主动性，使员工诚心负责地完成工作，提高公司绩效，对公司的发展、壮大有消极的影响，使公司发展受到限制和制约，最终走向衰败。因此，良好的激励机制对公司的壮大和发展具有积极的作用，是公司人力资源开发战略中必须注意和完善的关键环节。

开封特耐股份有限公司深知激励机制的重要性，创造性地建立了绩效、薪酬激励机制，多方位、全面地为员工提供完善的绩效、薪酬激励制度，严格贯彻按劳取酬和岗位绩效相一致的原则，有效地将企业的目标与员工的需求和期望紧密结合起来，从绩效激励、薪酬激励的两个激励方式满足员工的需求和期望，使公司员工积极主动地为公司做贡献，为发展、壮大公司而努力。

(1)绩效激励机制

开封特耐股份有限公司建立了完善的绩效激励机制，对不同岗位、创造不同价值的员工都建立了不同类型、不同程度的绩效激励，为员工提供了全面的绩效激励体系，充分地实现员工价值，更大范围地满足员工需求和期望，提高员工的满意程度和未来的成就感，从而实现企业的最终经营目标。

开封特耐股份有限公司在绩效激励机制方面主要是从对员工在科研、生产、销售、创新等方面所创造的价值、获得的绩效出发，主要从物质激励和精神激励两个方面激励员工，刺激员工的责任感和成就感，为公司的发展做贡献。在物质激励方面，主要是通过对员工创造成果的肯定，将员工的工作绩效或工作能力或目标的完成情况或是其给公司创造的价值与其收入挂钩，给予员工物质或金钱奖励。精神激励则是给员工颁发荣誉证书给予表彰，设有“年终奖、研发专利奖、总裁特殊贡献奖”或是提供培训、晋升的机会或是提供员工出国深造等机会，迎合员工心理、精神上的满足感或是给员工追求未来的机会和希望，给员工提供广阔的事业发展平台及晋升空间。

(2)薪酬激励机制

开封特耐股份有限公司在薪酬激励机制上，主要建立了年薪激励、减时提薪和带薪休假激励、期权股权激励、立法福利激励等薪酬激励方法。①年薪激励。开封特耐股份有限公司推行了年薪制，有效地防止领导、管理人员的懈怠和偷懒，增强他们对公司的责任感和使命感。②减时提薪和带薪休假。开封特耐股份有限公司对有突出贡献的人员提供了适当减少工作时间，或是带薪休假的优惠政策，使员工更有自己的支配时间，提高员工的满意度，使员工拥有轻松、舒适的心情，主动积极地提高工作效率，增加工作绩效。③期权股权激励。通过期权股权交易将公司利益与员工自身利益紧紧捆在一起，让员工也加入到企业的管理中来，提高员工的实现感。④立法福利激励。开封特耐股份有限公司建立了立法福利机制：对特殊岗位设有岗位津贴；对普通员工设有伙食补贴、免费班车等福利；高温季节发放高温补助费；法定节假日发放过节费；员工还可享有婚假、产假、年假等带薪假期；按照国家及地方规定为员工参保，为实现员工更大的福利和权益，公司为全员购买年金，此外还免费为全体职员进行年度体检等。通过这些方法，开封特耐股份有限公司有着优于其他行业的绩效、薪酬激励机制，公司形象好，所以更容易培养人才、吸引才和留住人才，使公司拥有更多的自觉、主动的，与公司荣辱成败共存亡的高新技术人才，为公司的发展贡献力量。

11.2.3 深化企业文化建设

文化，在《辞海》中是从广义和狭义两个方面来解释的：从广义上来讲，文化是指人类在社会历史发展中所创造的物质财富和精神财富的总和，更特指精神财富，如文学、艺术、教育、科学等。从狭义上来讲，文化则是一种社会的意识形态，以及与之相适应的制度与组织机构。企业文化则是包括企业环境、企业形象建设、企业价值观、企业精神、企业发展战略的综合体现，是企业团体凝聚力的黏合剂，是企业得以持续发展的核心要素。企业文化的建设使企业拥有好的工作环境，和谐的工作氛围，积极向上的学习态度，企业成员都能在舒适、健康的环境中工作，同时在和谐的企业氛围中，提倡学习、创新精神；企业文化建设也使企业拥有自己本身的价值观，使企业的每个员工都能将企业的荣辱、成败与自身利益相融合，产生高度的责任感和目标感，从而热爱企业，积极主动地提高工作质量，创新产品和技能，为企业做贡献；企业文化建设还凝聚着企业精神和企业的发展战略，有着企业自身的行为规范和目标准则，在企业的精神驱动下，企业员工的价值观与企业的价值观相融合，有效地提倡企业的特色文化、经营理念、历史传统、道德规范、价值观念等发展企业自身的精神财富，从而更好地创造物质财富。不仅如此，企业文化的建设还包括对企业的发展战略和企业内部管理的建设。企业自身的发展战略根据企业情况的不同而不同，企业文化不仅仅是在企业价值观、企业环境、企业特色文化方面，更是企业在不断的完善和发展过程中形成的一套独特适用的发展战略和内部管理，这表明企业未来的发展方向和企业成就的高度，也是企业文化建设中的核心建设。

开封特耐股份有限公司充分地认识到了企业文化建设对企业发展的重要性，把深化企业文化建设摆在企业人力资源开发战略的重要地位，从环境建设、形象建设、核心价值观、企业精神、发展战略、内部管理等方面不断完善和提高，从而提高企业文化建设，发扬企业美德，增加员工责任感和上进心，增强企业的凝聚力。

笔者主要从该公司在企业环境建设，形象建设，深化企业核心价值观，丰富企业精神，明确、清晰的企业发展战略五个方面具体分析，开封特耐股份有限公司在人力资源开发战略上对于深化企业文化建设方面所做的努力。

(1)环境建设

开封特耐股份有限公司不仅为员工提供了舒适、整洁明净的高品质的工作环境，还为员工建设了休息室、休闲区，令员工在工作之余得到良好的休息和放松，提高了生活质量，而且有助于提高工作效率，此外该公司还积极组织多项活动，丰富员工业余生活，使员工在活动中不断磨合和沟通，增强公司的凝聚力。

(2)形象建设

开封特耐股份有限公司注重公司的法制建设，严格按照国家的有关规定和相关的规章制度进行研发、生产、经营和销售。在公司发展的过程中，注重产品质量和服务的提高，不断地为顾客着想，积极地创新研发大量满足顾客各种需求的产品，并且都保证质量，保证服务态度和服务品质，提高公司在群众中的形象。对于企业管理人员，该公司也有一系列的行为规范、要求，不断提高领导、管理人员的综合素质，使其公司的上层建筑也有好的形象，这也对公司整体形象的提高有很大的帮助。开封特耐股份有限公司还每年向公众公开其年度报告，报告内容涉及公司的基本情况，会计、业务数据，股东、领导管理人员的基本情况、持股收益情况以及公司的一些相关政策、规划等情况，公开、透明地向公众说明公司基本状况，接受公众的检查监督，这是开封特耐股份有限公司企业文化建设的独到之处。

(3)深化企业核心价值观

开封特耐股份有限公司在实践、发展过程中，形成了创新、诚信、责任、人本的价值观，提倡“有创新才有发展”“诚信为人，诚信做事”“你兴我荣，你盛我欣，你哀我耻”等观念。公司全体从上自下都倡导创新，支持创新，鼓励创新。该公司也向员工展现诚信的价值观，提出公司员工要将诚信作为为人处世的基本准则，在待人接物上要讲诚信，只有具备诚信的企业才能持久稳定地发展。责任是公司对员工的基本要求，只有将公司的利益与个人利益相统一，员工才会积极主动地为公司做贡献。以人为本是开封特耐股份有限公司的核心观念，公司尊重人才，从员工权益出发为员工提供好的企业环境，使员工能更好地为企业服务。

(4)丰富企业精神

开封特耐股份有限公司有着丰富的企业精神，如团结协作、爱岗敬岗、便捷社会、敢于拼搏等。公司不断地丰富其自身的企业精神，使员工都能本着团结合作、爱岗敬岗、便捷社会、敢于拼搏的精神品质，为企业和顾客服务，实现自身价值和公司价值。

(5)明确、清晰的企业发展战略

开封特耐股份有限公司有着明确、清晰的企业发展战略，从产品的研发、产品使用范围、业务范围、产品的生产、销售等都有一系列的目标和战略计划。为使公司能更好地发展壮大，该公司设计并完成了详细的企业发展蓝图；并根据目标制订了系列的完整的发展战略计划和明确、清晰的战略步骤，为企业更好的发展和企业文化的深化打下了坚实的基础。

11.2.4 加大员工培养及教育力度

提高人力资源质量最直接的手段就是培训和教育。企业的发展、壮大与企业高素质人才储备量的多少、人力资源开发战略的优劣有直接的关系。想要提高企业竞争力，发展壮大企业，就必须重视对员工的培养和教育。开封特耐股份有限公司从重视学习型员工培养，到加大培训、教育投入力度，拓展多样化培训、教育形式，注重人生观、职业道德教育，积极开展心理教育培训，加强员工培养、教育力度，试图培养创新、学习型、有价值观、职业道德高尚的人才，储备大量优秀人才，获得较多的企业绩效，实现更多的企业价值。

(1)重视学习型员工的培养

开封特耐股份有限公司非常重视培养学习型员工，倡导互帮互学，不断学习创新的精神，为员工提供了优越的学习环境，营造了良好的学习氛围。

学习型员工的培养有助于企业更好地应对国际、国内竞争。在竞争力强，信息更新快的时代，培养学习型员工，使员工具备快速学习、吸收知识的能力，迅速地将知识转化为适应新时代发展的产品或技术，提高公司的竞争力。

学习型员工的培养也能提高企业的创新能力。学习是创新的源泉。学习型员工能快速地消化知识，掌握新的科技文化知识，不断地更新观念、更新思维，创造新产品、新技术，提高企业绩效，使企业顺应历史发展规律，甚至走在世界的前沿，不被竞争激烈的市场淘汰。

学习型员工也是具有较高素质的员工，在企业的组织管理过程中能积极参与企业建设，不断学习知识，扩大知识面，在不断更新的信息社会中推动导企业的发展。

学习型员工的培养也有助于企业文化的建设，学习之风弥漫整个公司，公司上下都知道学习的重要性，互相帮助，形成良好的企业风气。

(2)加大培训、教育投入力度

开封特耐股份有限公司对于培训、教育投入较大，通过培训、教育为公司培养创新研发、技术、管理人才，为发展企业、壮大企业、管理企业做准备。加大培训、教育投入力度，充实员工知识，提高员工素质，为企业储备大量高素质优秀人才。

(3)拓展多样化培训、教育形式

开封特耐股份有限公司为员工设计了不同形式的培训、教育，拓展了多样化员工的培训、教育形式，开展了不同形式的培训、教育，为不同类别、不同需求的员工提供不同形式的培训。一是与职业生涯相关的阶段性培训。开封特耐股份有限公司为企业员工设计了与职业生涯相关的阶段性培训，根据员工在不同阶段所需的知识、技能等的不同要求，以及员工对不同阶段的需求设计阶段性培训，有利于员工持续性学习，满足不同时期工作岗位对员工的要求。二是新员工培训。这是公司对新招员工的培训，向员工介绍公司发展概况、公司领导情况、公司组织情况、企业文化、产品内容、规章制度、行为规范等，使员工更快、更全面地了解公司。三是短期培训。这是公司为向员工传达某一新的理念或新的规划向员工开展的短期培训。四是脱产培训。公司选派有潜力的员工离开工作岗位进入教育机构进行脱产培训。五是海外培训。公司根据业务发展需求和对员工培养的要求，将有潜力的关键技术研发人员送到国外参加培训，有助于他们开阔视野，学习、掌握国外先进知识，回国为企业和国家创造更高价值。

(4)注重人生观、职业道德教育

开封特耐股份有限公司注重人生观、职业道德教育，提高员工对人生价值、企业价值的认识。注重对员工人生观的培养，让员工能有个积极的人生态度，将对社会的责任和贡献放在首位，而对自己的责任放在次位，有牺牲小我成就大我的人生价值观。在职业道德方面，教育员工要爱岗敬岗，诚实守信，要有责任感，对企业怀有基本的忠诚，以集体为荣，充分发挥自身价值，为企业创造价值。

(5)积极开展心理教育培训

开封特耐股份有限公司注重心理教育培训，并积极开展培训。心理教育培训是对员工的心理承受能力、积极乐观心态、坚强意志等方面的培训。开展员工心理教育培训，提高员工的心理承受能力，使员工面对困难、挫折能顶住压力，不灰心丧气，积极地面对，在实践中不断成长进步，拥有正确的观念和健康的心态，为企业做出贡献。

参考文献

[1]王方华．知识管理论[M]．太原：山西经济出版社，1999.

[2][日]野中郁次郎，竹内广隆．创造知识的公司——日本公司是如何建立创新动力学的[M]．北京：科学技术部国际合作司，1999.

[3]黄顺基，苏越，黄展骥．逻辑与知识创新[M]．北京：中国人民大学出版社，2002.

[4]苏新宁．组织的知识管理[M]．北京：国防工业出版社，2004.

[5]杨善林．企业管理学汇[M]．北京：高等教育出版社，2004.

[6][美]乔治·冯·克罗，[日]野中郁次郎，[日]一城一雄．实现知识创新[M]．北京：机械工业出版社，2004.

[7][美]迈克尔·J. 马奎特．创建学习型组织5要素[M]．邱昭良译．北京：机械工业出版社，2003.

[8]戴维·D. 杜波依斯，威廉·J. 思韦尔，德博拉·乔·金·斯特恩，等．基于胜任力的人力资源管理[M]．于广涛，等译．北京：中国人民大学出版社，2006.

[9][美]维娜·艾莉．知识的进化[M]．刘民慧，等译．珠海：珠海出版社，1998.

[10]迈诺尔夫·迪尔克斯，阿里安娜·贝图安·安托尔，等．组织学习与知识创新[M]．上海社会科学院知识与信息课组译．上海：上海人民出版社，2001.

[11]何传启，张凤．知识创新——竞争新焦点[M]．北京：经济管理出版社，2001.

[12]苗明杰．知识型企业成长与创新[M]．上海：上海人民出版社，2006.

[13]赵曙明．人力资源管理研究[M]．北京：中国人民大学出版社，2001.

[14]迈克尔·比尔，等．管理人力资本[M]．北京：华夏出版社，1998.

[15]彼得·德鲁克．21 世纪的管理挑战[M]．上海：上海三联书店，2000.

[16]张兰霞．新管理理论丛林[M]．沈阳：辽宁人民出版社，2001.

[17]［英］R. Meredith Belbin. 管理团队：成败启示录[M]．郑海涛，译．北京：机械工业出版社，2001.

[18]廖泉文．人力资源发展系统[M]．济南：山东人民出版社，2000.

[19]谢晋宇．人力资源开发概论[M]．北京：清华大学出版社，2005.

[20][日]野中郁次郎，竹内弘高．创造知识的企业[M]．李萌，高飞译．北京：知识产权出版社，2006.

[21]乔治·旺·科鲁夫，等．知识创新——价值的源泉[M]．北乔译．北京：经济管理出版社，2003.

[22]俞文钊．现代激励理论与应用[M]．大连：东北财经大学出版社，2006.

[23]查尔斯·M. 萨维奇．第五代管理[M]．珠海：珠海出版社，1998.

[24]孙新波，樊治平，秦尔东．知识员工激励理论与实务[M]．北京：经济管理出版社，2006.

[25]郑国铎，企业员工管理方法研究组．企业员工激励方法[M]．北京：中国经济出版社，2002.

[26]黄健．造就组织学习力[M]．上海：上海三联书店，2003.

[27][美]詹姆斯·弗莱姆．组织机构中的项目管理[M]．郭宝柱，译．北京：世界图书出版公司，2000.

[28]刘助柏，梁辰．知识创新学[M]．北京：机械工业出版社，2005.

[29]东斌．激励 创造 供给——关于高新技术产业化的研究报告[M]．北京：中国经济出版社，2001.

[30]李严锋，麦凯．薪酬管理[M]．大连：东北财经大学出版

社，2002.

[31]胡君辰．人力资源开发与管理教学案例精选[M]．上海：复旦大学出版社，2001.

[32]张德．人力资源开发与管理[M]．北京：清华大学出版社，2001.

[33]龚荒，杨政军，等．管理学[M]．徐州：中国矿业大学出版社，2005.

[34]周三多．管理学[M]．北京：高等教育出版社，2000.

[35]韦伯．组织理论与管理[M]．台北：长桥出版社，1979.

[36]李怀祖．管理研究方法论(第2版)[M]．西安：西安交通大学出版社，2004.

[37]罗锐韧．哈佛管理全集[M]．北京：企业管理出版社，1997.

[38]郑伯壎，郭建志．组织价值观与个人工作效能符合度研究途径[J]．王重鸣，等．海峡两岸之企业文化[M]．台北：远流出版社，1998.

[39]李宝元．人力资本与经济发展[M]．北京：北京师范大学出版社，2001.

[40]魏杰．企业前沿问题——现代企业管理方案[M]．北京：中国发展出版社，2001.

[41]石磊．战略性人力资源管理：系统思考及观念创新(第二版)[M]．四川：西南财经大学出版社，2011.

[42][美]F. W. 泰罗．科学管理原理[M]．胡隆祖，等，译．北京：中国社会科学出版社，1984.

[43]王重鸣．管理心理学[M]．北京：人民教育出版社，2000.

[44]彭剑锋，荆小娟．员工素质模型设计[M]．北京：中国人民大学出版社，2003.

[45]安托尼特·D. 露西亚，理查德·莱普辛格．胜任：员工胜任能力模型应用手册[M]．北京：北京大学出版社，2004.

[46]Lyle M. Spencer，Sige M. Spencer. 才能评鉴法：建立卓越的绩效模式[M]．魏梅金译．汕头：汕头大学出版社，2003.

[47]查尔斯，汉迪．超越确定性：组织变革的观念[M]．徐华，黄云译．北京：华夏出版社，2000．

[48]Neville Bain，Bill Mabey. 人的优势——更好的遴选与业绩改善经营成果[M]. 北京：经济管理出版社，2001.

[49]曾德明，等. 高新技术企业 R & D 管理 [M]. 北京：清华大学出版社，2009.

[50]孙健敏. 人力资源管理[M]. 北京：高等教育出版社，2004.

[51]葛玉辉，陈悦明. 人力资本原理——基于经济与管理的视角[M]. 北京：经济管理出版社，2010.

[52][美]赖尔·约克斯. 战略人力资源开发[M]. 胡英坤，孙宁译. 大连：东北财经大学出版社，2007.

[53]李祚，李红. 人力资源测量与评价工程[M]. 大连：大连理工大学出版社，2011.

[54]杜栋，庞庆华. 现代综合评价方法与案例精选[M]. 北京：清华大学出版社，2005.

[55][美]加里·德斯勒. 人力资源管理[M]. 北京：清华大学出版社，2005.

[56]况志华，张洪卫. 人员素质测评[M]. 上海：上海交通大学出版社，2006.

[57]杨政燕. 人力资源规划与设计操作手册[M]. 北京：中国纺织出版社，2007.

[58]侯荔江. 西部企业人力资源开发[M]. 北京：社会科学文献出版社，2005.

[59]王关义，刘益. 现代企业管理[M]. 北京：清华大学出版社，2009.

[60]海克曼. 提升人力资本投资的政策[M]. 曾湘泉，等译. 上海：复旦大学出版社，2003.

[61]萧鸣政. 中国政府人力资源开发概论[M]. 北京：北京大学出版社，2004.

[62]格里·约翰逊，凯万·斯科尔斯. 战略管理[M]. 王军，等译. 北京：人民邮电出版社，2004.

[63]冻禹，方美琪. 信息时代的经济学与管理学[M]. 北京：清华大

学出版社，2005.

[64]安应民．企业人力资本投资与管理[M]．北京：人民出版社，2003.

[65]邓志海．联想人力资源管理[M]．内蒙古人民出版社，2002.

[66]孙健．海尔的管理模式[M]．北京：企业管理出版社，2002.

[67][美]韦尔奇．杰克·韦尔奇自传[M]．曹彦博，等译．北京：中信出版社，2001.

[68]Becker G. S，. Human capital[M]. New York：Columbia University Press，1964.

[69] March J. G，. Simon HA. Organizations [M]. New York：Wiley，1958.

[70]Irving Fisher. The Nature of Capital and Income [M]. New York and London：Macmillan Company，1906 .

[71]Byham，W. C.，& Moyer，R. P. Using Competencies to Build A Successful Organization[M]. Development Dimensions International Inc，2005.

[72]罗布·戈菲．人员管理[M]．吴雯芳译．北京：中国人民大学出版社，2000.

[73]美国加州旧金山州立大学．21世纪的人力资源管理[M]．现代企业与商业经营管理编译组译．北京：中央广播电视大学出版社，1998.

[74]经济日报工商部，法国苏伊士里昂水务集团．新经济革命[M]．北京：经济日报出版社，2000.

[75]尼尔·M. 格拉斯．管理宗师——卓越管理的新思路[M]．北京：中国标准出版社，2002.

[76]米尔科维奇，杰里·纽曼．薪酬管理(第六版)[M]．北京：中国人民大学出版社，2002.

[77]郑耀洲．知识员工的报酬管理[M]．北京：中国机械工业出版社，2006.

[78]孙新波，樊治平，秦尔东．知识员工激励理论与实务[M]．北京：经济管理出版社，2006.

[79]辞海(缩印本)[M]．上海：上海辞书出版社，1979.

[80]刘正周．管理激励[M]．上海：上海财经大学出版社，1998.

[81][美]鲁迪·拉格斯，丹·霍尔特休斯．知识优势[M]．吕巍，等译．北京：机械工业出版社，2002.

[82]陈学彬．论金融机构激励约束机制[M]．上海：复旦大学出版社，2006.

[83]崔振南．激励机制与管理层持股[M]．北京：中国经济出版社，2000.

[84]陈清泰，吴敬琏．股票期权激励制度法规政策研究报告[M]．北京：中国财经出版社，2001.

[85]支晓强，蒋顺才．企业激励制度[M]．北京：中国人民大学出版社，2004.

[86][美]托马斯·戴伊．谁掌管美国——里根年代[M]．北京：世界知识出版社，1985.

[87]华尔街日报社．杰克·韦尔奇谈员工激励[C]//顶级 CEO 的原则[M]．胡林英译．北京：中信出版社，2003.

[88][美]科斯，等．财产权利与制度变迁[C]//朱克江．经营者薪酬激励制度研究[M]．北京：中国经济出版社，2002.

[89]史金平．国有企业：委托代理与激励约束[M]．北京：中国经济出版社，2001.

[90]易宪荣．交易行为与和约选择[M]．北京：经济科学出版社，1998.

[91]樊纲．市场机制与经济效率[M]．上海：上海三联书店、上海人民出版社，1995.

[92][美]戴维·M. 克雷普斯．博弈论与经济模型[M]．邓方译．北京：商务印书馆，2006.

[93]李家军．信用风险控制的博弈[M]．西安：西北工业大学出版社，2006.

[94]孙健．管理核心员工的艺术[M]．北京：企业管理出版社，2003.

[95]朱克江．经营者薪酬激励制度研究[M]．北京：中国经济出版社，2002.

[96]周芬棉．高管纷纷辞职套现——法律不能眼看股市沦为圈钱机器[N]．法制日报，2008－02－22.

[97]“中国企业人才优先开发战略研究”课题组．创新人才激励方式[N]．中国经济时报，2005－10－24.

[98][美]爱尔菲·科恩．为什么奖励计划不起作用[A]．//[美]克尔．薪酬与激励：哈佛商业评论20年最佳文章精选[C]．边婧，等译．北京：机械工业出版社，2005.

[99]陈企盛，代义国．让员工为你打拼[M]．北京：中国纺织出版社，2004.

[100]王伟强．鼓励——管理的最佳艺术[N]．市场报，2005－01－18.

[101]胡迟．利益相关者激励：理论/方法/案例[M]．北京：经济管理出版社，2003.

[102]孙健．学习型员工的培育[M]．北京：企业管理出版社，2003.

[103]赵振宇．神奇的杠杆——激励理论与方法[M]．武汉：湖北人民出版社，2001.

[104]企业员工管理方法研究组．企业员工培训方法[M]．北京：中国经济出版社，2002.

[105]梭伦．以人为本——管人的艺术[M]．北京：中国纺织出版社，2002.

[106]陈东升．员工激励的金点子[M]．北京：企业管理出版社，2002.

[107]成中英．C理论：中国管理哲学[M]．北京：中国人民大学出版社，2006.

[108]张仁德，霍洪喜，等．企业文化概论[M]．天津：南开大学出版社，2001.

[109]斯蒂芬·罗宾斯．组织行为学[M]．孙建敏，等译．北京：中国人民大学出版社，1998.

[110]建立新的机制，激励创新人才[N]．经济日报，2006－02－22.

[111][英]理查德·威廉姆斯．业绩管理[M]．赵正斌，胡蓉译．沈

阳：东北财经大学出版社，1998.

[112]托马斯·B. 威尔逊．薪酬框架——美国 39 家一流企业的薪酬驱动战略和秘密体系[M]. 陈红斌，等译．北京：华夏出版社，2001.

[113]周其仁．真实世界的经济学[M]. 北京：中国发展出版社，2002.

[114]陈郁．所有权、控制权与激励[M]. 上海：上海三联书店、上海人民出版社，2000.

[115]张维迎．企业理论与中国企业改革[M]. 北京：北京大学出版社，1999.

[116]李录堂．管理学原理[M]. 西安：陕西人民出版社，1998.

[117]现代企业管理精要全书．人力资源·组织结构卷[M]. 海口：南方出版社，2004.

[118]杜漪，马全，陈利叶．基于知识管理的高新技术企业核心竞争力研究[J]. 科技管理研究，2009(2)：24－26.

[119]韩涛，李从东．企业知识理论视角下的企业进化及其机制研究[J]. 西安电子科技大学学报(社会科学版)，2009(3)：23－26.

[120]张同健，简传红．知识转化研究述评[J]. 湖北三峡职业技术学院学报，2009(6)：68－72.

[121]中国统计局．中国统计年鉴 2009[M]. 北京：中国统计出版社，2010.

[122]王秋林，侯延爽，谭小宏．基于企业价值观的个人与组织匹配作用机制研究[J]. 管理观察，2009，27：235－236.

[123]张功富．企业价值与外部环境的关系——来自中国上市公司的经验数据[J]. 郑州航空工业管理学院学报，2005，26(6)：8－21.

[124]徐刚强．基于企业战略的业务流程整合研究[J]. 科技成果管理与研究，2009，9：21－22.

[125]彭建平，谢康．企业管理制度能力评价模型及其有效性研究[J]. 科技管理研究，2010(3)：37－39.

[126]刘良灿，张同建．我国上市企业公司治理评价体系经验性解析[J]. 会计之友，2011(1)：92－94.

[127]杨扬，杨畅．业务流程质量的评价方法[J]．西北大学学报(自然科学版)，2003，33(5)：531－534.

[128]冯晓青．利益平衡论：知识产权法的理论基础[J]．知识产权，2003，13(6)：16－19.

[129]锥园园，田树军，于小丹．区域知识产权竞争力及评价指标体系研究[J]．科技管理研究，2011(14)：68－75.

[130]马慧民，王鸣涛，叶春明．高科技企业知识产权综合实力评价指标体系研究[J]．科技进步与对策，2009，26(3)：106－108.

[131]仲伟来，陈德华．我国新型制造企业技术研发能力综合评价研究[J]．吉林师范大学学报(人文社会科学版)，2003，3：96－98.

[132]曾繁华，曹诗雄．跨国公司全球技术开发竞争力绩效评价指标研究[J]．科技进步与对策，2007，24(1)：53－55.

[133]吴少华．企业人力资源规划的控制与评价[J]．中国商贸，2010，(8)：57－58

[134]贾楠．基于AHP的人力资源规划动态能力评价模型[J]．中国电力教育，2010(19)：229－231.

[135]奚著．如何评价招聘工作的效果[J]．人力资源开发，2010(2)：93－94.

[136]于飞．人力资源管理评价指标体系研究与模糊评价[J]．广西广播电视大学学报，2007，18(2)：36－39.

[137]叶文娟．浅谈基于知识管理的人力资源管理[J]．人力资源，2008，(2)：296－297.

[138]张军．知识型员工的薪酬激励问题与对策分析[J]．中外企业家，2009，(7)：31－33.

[139]黄岳钧．基于BP人工神经网络的企业人员素质综合评价模型研究[D]．湘潭：湘潭大学，2008.

[140]周露．中层人力资源管理者胜任力研究[J]．现代管理科学，2010，(1)：6－8.

[141]黄杰．国内人力资源管理者胜任力模型的构建[D]．浙江大学，2010.

[142]郑晓明，于海波，王明娇．中国企业人力资源专业人员胜任力的结构与测量[J]．中国软科学，2010，（11）：168－181.

[143]黄丽霞．基于战略视角的我国企业人力资源管理者胜任力模型的构建与比较分析[D]．北京：首都经济贸易大学，2011.

[144]周福战．基于知识的高新技术企业人力资源管理活动研究[D]．大连理工大学，2011.

[145]胡芳．高科技企业人力资源经理胜任特征模型研究[D]．长沙：湖南大学．2008.

[146]张新，王润孝．高新技术企业人力资源管理创新研究[J]．生产力研究，2006，（11）．240－241.

[147]张涛，桂平．高新技术企业人力资源的管理与创新[J]．科技进步与对策，2011，（3）：16－18.

[148]王川．高科技企业人力资源经理胜任特征模型研究[D]．湖南大学，2008.

[149]胡雯丽．战略成本管理模式在我国企业的应用及其优化研究[D]．广州：广东工业大学，2011.

[150]聂会平．人力资源柔性及其对组织绩效的作用研究[D]．武汉：武汉理工大学，2009.

[151]殷圣仪，姚春序．人力资源管理效能对企业绩效影响的实证研究[J]．浙江理工大学学报，2011，28(4)：45－52.

[152]李鑫．SHRM 对企业绩效影响机理的实证研究——基于山东省 151 家企业的问卷调查[J]．管理工程学报，2010，24(3)：50－54.

[153]王朝晖，罗新星．战略人力资源管理内部契合及中介机制研究：一个理论框架[J]．管理科学，2008，21(6)：58－65.

[154]刘静，胡星，曾超．人力资源外包管理的演进、效应及实施策略[J]．生产力研究，2011，（11）.

[155]吕建中．外包——企业获得竞争优势的手段[J]．北京工商大学学报，2012，17(6)：47－50.

[156]鲁耀斌．项目管理原理与应用[M]．大连：东北财经大学出版社，2011.

[157]南希. 高新技术企业人力资源外包风险研究[D]. 西安：长安大学，2011.

[158]陶涛. 基于核心竞争力理论的企业业务外包战略研究[D]. 湖南大学，2011.

[159]韩素贞. 论国有大型企业人力资源管理现状与对策分析[J]. 经营管理者，2010，11：74－76.

[160]朱舟. 人力资源管理教程[M]. 上海：上海财经大学出版社，2001.

[161]徐宏玲. 人力资源管理[M]. 北京：中国物价出版社，2002.

重要术语索引表

S

Z

河南大学商学院学术文库

以学立业　以德惠人

工商管理系列

书名：突发事件信息传播管理研究

书号：978-7-5136-3924-8

作者：武澎

出版时间：2015 年 8 月

书名：网络采购中多属性逆向拍卖评标行为与机制研究

书号：978-7-5136-3973-6

作者：刘旭旺

出版时间：2015 年 9 月

人力资源系列

书名：公立医院护理人员人力资源开发研究——基于胜任力的战略人力资源管理

书号：978-7-5136-4061-9

作者：李敏　葛斌

出版时间：2016 年 1 月

书名：绩效考核公平感对员工反生产行为的影响机制研究

书号：978-7-5136-4157-9

作者：张永军　乔占军　杨柳

出版时间：2016 年 4 月

书名：基于知识视阈下的高新技术企业人力资源管理研究

书号：978-7-5136-4126-5

作者：何静

出版时间：2016 年 5 月

财会金融系列

书名：模型不确定下的中国最优利率规则研究

书号：978-7-5136-4047-3

作者：田建强

出版时间：2015 年 12 月